Diogenes Taschenbuch 140/8

de
te
be

Arthur Schopenhauer

Zürcher Ausgabe

Werke in zehn Bänden

Band VIII

Non multa
[Nicht vielerlei]

Der Text folgt der
historisch-kritischen Ausgabe von Arthur Hübscher
(3. Auflage, Brockhaus, Wiesbaden 1972)
Die editorischen Materialien
besorgte Angelika Hübscher
Redaktion von Claudia Schmölders,
Fritz Senn und Gerd Haffmans

Parerga und Paralipomena:

kleine philosophische Schriften,

von Arthur Schopenhauer.

Erster Band.

Zweiter Teilband:

»Aphorismen zur Lebensweisheit«

Diogenes

Diese Ausgabe erscheint mit Förderung
der Schopenhauer-Gesellschaft e. V. und des Schopenhauer-Archivs
(Sitz: Frankfurt am Main).

Ein Glossar der wichtigsten wissenschaftlichen Begriffe
und Fremdwörter findet sich jeweils im Anhang
der Bände IV, VI und X.
Nachbemerkungen von Angelika Hübscher zur *Welt als Wille und Vorstellung*, zu den *Kleineren Schriften* und *Parerga und Paralipomena* jeweils am Schluß der einzelnen Bände.
Ein Namenregister am Schluß des X. Bandes.

Umschlag: Selbstbildnis Schopenhauers, um 1855.

50/78/E/2
ISBN 3 257 20428 0

Inhalt

Einleitung.

Ich nehme den Begriff der Lebensweisheit hier gänzlich im immanenten Sinne, nämlich in dem der Kunst, das Leben möglichst angenehm und glücklich durchzuführen, die Anleitung zu welcher auch Eudämonologie genannt werden könnte: sie wäre demnach die Anweisung zu einem glücklichen Daseyn. Dieses nun wieder ließe sich allenfalls definiren als ein solches, welches, rein objektiv betrachtet, oder vielmehr (da es hier auf ein subjektives Urtheil ankommt) bei kalter und reiflicher Ueberlegung, dem Nichtseyn entschieden vorzuziehn wäre. Aus diesem Begriff desselben folgt, daß wir daran hiengen, seiner selbst wegen, nicht aber bloß aus Furcht vor dem Tode; und hieraus wieder, daß wir es von endloser Dauer sehn möchten. Ob nun das menschliche Leben dem Begriff eines solchen Daseyns entspreche, oder auch nur entsprechen könne, ist eine Frage, welche bekanntlich meine Philosophie verneint; während die Eudämonologie die Bejahung derselben voraussetzt. Diese nämlich beruht eben auf dem angeborenen Irrthum, dessen Rüge das 49. Kapitel im 2. Bande meines Hauptwerks eröffnet. Um eine solche dennoch ausarbeiten zu können, habe ich daher gänzlich abgehn müssen von dem höheren, metaphysisch-ethischen Standpunkte, zu welchem meine eigentliche Philosophie hinleitet. Folglich beruht die ganze hier zu gebende Auseinandersetzung gewissermaaßen auf einer Ackommodation, sofern sie nämlich auf dem gewöhnlichen, empirischen Standpunkte bleibt und dessen Irrthum festhält. Demnach kann auch ihr Werth nur ein bedingter seyn, da selbst das Wort Eudämonologie nur ein Euphemismus ist – Ferner macht auch dieselbe keinen Anspruch auf Vollständigkeit; theils weil das Thema unerschöpflich ist; theils weil ich sonst das von Andern bereits Gesagte hätte wiederholen müssen.

Als in ähnlicher Absicht, wie gegenwärtige Aphorismen, abgefaßt, ist mir nur das sehr lesenswerthe Buch des Cardanus *de utilitate ex adversis capienda* [Vom Nutzen des Unglücks] erinnerlich, durch welches man also das hier Gegebene vervollständigen kann. Zwar hat auch Aristoteles dem 5. Kapitel des 1. Buches seiner Rhetorik eine kurze Eudämonologie eingeflochten: sie ist jedoch sehr nüchtern ausgefallen. Benutzt habe ich diese Vorgänger nicht; da Kompiliren nicht meine Sache ist; und um so weniger, als durch dasselbe die Einheit der Ansicht verloren geht, welche die Seele der Werke dieser Art ist. – Im Allgemeinen freilich haben die Weisen aller Zeiten immer das Selbe gesagt, und die Thoren, d. h. die unermeßliche Majorität aller Zeiten, haben immer das Selbe, nämlich das Gegentheil, gethan: und so wird es denn auch ferner bleiben. Darum sagt Voltaire: *nous laisserons ce monde-ci aussi sot et aussi méchant que nous l'avons trouvé en y arrivant.* [Wir werden diese Welt ebenso dumm und schlecht zurücklassen, wie wir sie bei unserer Ankunft vorgefunden haben.]

Kapitel 1.

Grundeintheilung.

Aristoteles hat *(Eth. Nicom. I, 8)* die Güter des menschlichen Lebens in drei Klassen getheilt, – die äußeren, die der Seele und die des Leibes. Hievon nun nichts, als die Dreizahl beibehaltend sage ich, daß was den Unterschied im Loose der Sterblichen begründet sich auf drei Grundbestimmungen zurückführen läßt. Sie sind:

1) Was Einer ist: also die Persönlichkeit, im weitesten Sinne. Sonach ist hierunter Gesundheit, Kraft, Schönheit, Temperament, moralischer Charakter, Intelligenz und Ausbildung derselben begriffen.

2) Was Einer hat: also Eigenthum und Besitz in jeglichem Sinne.

3) Was Einer vorstellt: unter diesem Ausdruck wird bekanntlich verstanden, was er in der Vorstellung Anderer ist, also eigentlich wie er von ihnen vorgestellt wird. Es besteht demnach in ihrer Meinung von ihm, und zerfällt in Ehre, Rang und Ruhm.

Die unter der ersten Rubrik zu betrachtenden Unterschiede sind solche, welche die Natur selbst zwischen Menschen gesetzt hat; woraus sich schon abnehmen läßt, daß der Einfluß derselben auf ihr Glück, oder Unglück, viel wesentlicher und durchgreifender seyn werde, als was die bloß aus menschlichen Bestimmungen hervorgehenden, unter den zwei folgenden Rubriken angegebenen Verschiedenheiten herbeiführen. Zu den ächten persönlichen Vorzügen, dem großen Geiste, oder großen Herzen, verhalten sich alle Vorzüge des Ranges, der Geburt, selbst der königlichen, des Reichthums u. dgl. wie die Theater-Könige zu den wirklichen. Schon Metrodorus, der erste Schüler Epikurs, hat ein Kapitel überschrieben: περι του μειζονα ειναι την παρ' ἡμας αιτιαν προς ευδαιμονιαν της εκ των πραγματων. *(Majorem esse causam ad felicitatem eam, quae est ex nobis, eâ, quae ex rebus oritur* [Darüber, daß die aus uns selbst kommende Ursache der Glückseligkeit größer ist als die, welche von den Dingen her kommt.] – Vgl. *Clemens Alex. Strom. II, 21, p. 362* der Würzburger Ausgabe der *opp. polem.*) Und allerdings ist für das Wohlseyn des Menschen, ja, für die ganze Weise seines Daseyns, die Hauptsache offenbar Das, was in ihm selbst besteht, oder vorgeht. Hier nämlich liegt unmittelbar sein inneres Behagen, oder Unbehagen, als welches zunächst das Resultat seines Empfindens, Wollens und Denkens ist; während alles außerhalb Gelegene doch nur mittelbar darauf Einfluß hat. Daher afficiren die selben äußern Vorgänge, oder Verhältnisse, Jeden ganz anders, und bei gleicher Umgebung lebt doch Jeder in einer andern Welt. Denn nur mit seinen eigenen Vorstellungen, Gefühlen und Willensbewegungen hat er es unmittelbar zu thun: die Außendinge haben nur, sofern sie diese veranlassen, Einfluß auf ihn. Die Welt, in der Jeder lebt, hängt zunächst ab von seiner Auffassung derselben, richtet sich daher nach der Verschiedenheit der Köpfe: dieser gemäß wird sie arm, schaal und flach, oder reich, interessant und bedeutungsvoll ausfallen. Während z. B. Mancher den Andern beneidet um die interessanten Begebenheiten, die ihm in seinem Leben aufgestoßen sind, sollte er ihn vielmehr um die Auffassungsgabe beneiden, welche jenen Begebenheiten die Bedeutsamkeit verlieh, die sie in seiner Beschreibung haben: denn die selbe Begebenheit, welche in einem geistreichen Kopfe sich so interessant darstellt, würde, von einem flachen Alltagskopf aufgefaßt, auch nur eine schaale Scene aus der Alltagswelt seyn. Im höchsten Grade zeigt sich Dies bei manchen Gedichten Goethes und Byron's, denen offenbar reale Vorgänge zum Grunde liegen: ein thörichter Leser ist im Stande dabei den Dichter um die allerliebste Begebenheit zu beneiden, statt um die mächtige Phantasie, welche aus einem ziemlich alltäglichen Vorfall etwas so Großes und Schönes zu machen fähig war. Desgleichen sieht der Melancholikus eine Trauerspielscene, wo der Sanguinikus nur einen interessanten Konflikt und der Phlegmatikus etwas Unbedeutendes vor sich hat. Dies Alles beruht darauf, daß jede Wirklichkeit, d. h. jede erfüllte Gegenwart, aus zwei Hälften besteht, dem Subjekt und dem Objekt, wiewohl in so nothwendiger und enger Verbindung, wie Oxygen und Hydrogen im Wasser. Bei völlig gleicher objektiver Hälfte, aber verschiedener subjektiver, ist daher, so gut wie im umgekehrten Fall, die gegenwärtige Wirklichkeit eine ganz andere: die schönste und beste objektive Hälfte bei stumpfer, schlechter subjektiver, giebt doch nur eine schlechte Wirklichkeit und Gegenwart; gleich einer schönen Gegend in schlechtem Wetter, oder im Reflex einer schlechten *Camera obscura* [Lochkamera]. Oder planer zu reden: Jeder steckt in seinem Bewußtseyn, wie in seiner Haut, und lebt unmittelbar nur in demselben: daher ist ihm von außen nicht sehr zu helfen. Auf der Bühne spielt Einer den Fürsten, ein Anderer den Rath, ein Dritter den Diener, oder den Soldaten, oder den General u. s. f. Aber diese Unterschiede sind bloß im Aeußern vorhanden: im Innern, als Kern einer solchen Erscheinung, steckt bei Allen das Selbe: ein armer Komödiant, mit seiner Plage und Noth. Im Leben ist es auch so: Die Unterschiede des Ranges und Reichthums geben Jedem seine Rolle zu spielen; aber keineswegs entspricht dieser eine innere Verschiedenheit des Glücks und Behagens; sondern auch hier steckt in Jedem der selbe arme Tropf, mit seiner Noth und Plage, die wohl dem Stoffe nach bei Jedem eine andere ist, aber der Form, d. h. dem eigentlichen Wesen nach, so ziemlich bei Allen die selbe; wenn auch mit Unterschieden des Grades, die sich aber keineswegs nach Stand und Reichthum, d. h. nach der Rolle richten. Weil nämlich Alles, was für den Menschen daist und vorgeht, unmittelbar immer nur in seinem Bewußtseyn daist und für dieses vorgeht; so ist offenbar die Beschaffenheit des Bewußtseyns selbst das zunächst Wesentliche, und auf dieselbe kommt, in den meisten Fällen, mehr an, als auf die Gestalten, die darin sich darstellen. Alle Pracht und Genüsse, abgespiegelt im dumpfen Bewußtseyn eines Tropfs, sind sehr arm, gegen das Bewußtseyn des Cervantes, als er in einem unbequemen Gefängnisse den Don Quijote schrieb. – Die objektive Hälfte der Gegenwart und Wirklichkeit steht in der Hand des Schicksals und ist demnach veränderlich: die subjektive sind wir selbst: daher sie im Wesentlichen unveränderlich ist. Demgemäß trägt das Leben jedes Menschen, trotz aller Abwechselung von außen, durchgängig den selben Charakter und ist einer Reihe Variationen auf ein Thema zu vergleichen. Aus seiner Individualität kann Keiner heraus. Und wie das Thier, unter allen Verhältnissen, in die man es setzt, auf den engen Kreis beschränkt bleibt, den die Natur seinem Wesen unwiderruflich gezogen hat, weshalb z. B. unsere Bestrebungen, ein geliebtes Thier zu beglücken, eben wegen jener Gränzen seines Wesens und Bewußtseyns, stets innerhalb enger Schranken sich halten müssen; – so ist es auch mit dem Menschen: durch seine Individualität ist das Maaß seines möglichen Glückes zum Voraus bestimmt. Besonders haben die Schranken seiner Geisteskräfte seine Fähigkeit für erhöhten Genuß ein für alle Mal festgestellt. (Vgl. W. a. W. u. V. Bd. 2, S. 73 [Bd. III uns. Ausg., S. 89]). Sind sie eng, so werden alle Bemühungen von außen, Alles was Menschen, Alles was das Glück für ihn thut, nicht vermögen, ihn über das Maaß des gewöhnlichen, halb thierischen Menschenglücks und Behagens hinaus zu führen: auf Sinnengenuß, trauliches und heiteres Familienleben, niedrige Geselligkeit und vulgären Zeitvertreib bleibt er angewiesen: sogar die Bildung vermag im Ganzen, zur Erweiterung jenes Kreises, nicht gar viel, wenn gleich etwas. Denn die höchsten, die mannigfaltigsten und die anhaltendesten Genüsse sind die geistigen; wie sehr auch wir, in der Jugend, uns darüber täuschen mögen; diese aber hängen hauptsächlich von der angeborenen Kraft ab. – Hieraus also ist klar, wie sehr unser Glück abhängt von Dem, was wir s i n d, von unserer Individualität; während man meistens nur unser Schicksal, nur Das, was wir h a b e n, oder was wir v o r s t e l l e n, in Anschlag bringt. Das Schicksal aber kann sich bessern: zudem wird man, bei innerm Reichthum, von ihm nicht viel verlangen: hingegen ein Tropf bleibt ein Tropf, ein stumpfer Klotz ein stumpfer Klotz, bis an sein Ende, und wäre er im Paradiese und von Huris [schönen Mädchen] umgeben. Deshalb sagt Goethe:

Volk und Knecht und Ueberwinder,
Sie gestehn, zu jeder Zeit,
Höchstes Glück der Erdenkinder
Sei nur die Persönlichkeit.

W. O. D i v a n [Buch Suleika].

Daß für unser Glück und unsern Genuß das Subjektive ungleich wesentlicher, als das Objektive sei, bestätigt sich in Allem: von Dem an, daß Hunger der beste Koch ist und der Greis die Göttin des Jünglings gleichgültig ansieht, bis hinauf zum Leben des Genies und des Heiligen. Besonders überwiegt die Gesundheit alle äußern Güter so sehr, daß wahrlich ein gesunder Bettler glücklicher ist, als ein kranker König. Ein aus vollkommener Gesundheit und glücklicher Organisation hervorgehendes, ruhiges und heiteres Temperament, ein klarer, lebhafter, eindringender und richtig fassender Verstand, ein gemäßigter, sanfter Wille und demnach ein gutes Gewissen, Dies sind Vorzüge, die kein Rang oder Reichthum ersetzen kann. Denn was Einer für sich selbst ist, was ihn in die Einsamkeit begleitet und was Keiner ihm geben, oder nehmen kann, ist offenbar für ihn wesentlicher, als Alles, was er besitzen, oder auch was er in den Augen Anderer seyn mag. Ein geistreicher Mensch hat, in gänzlicher Einsamkeit, an seinen eigenen Gedanken und Phantasien vortreffliche Unterhaltung, während von einem Stumpfen die fortwährende Abwechselung von Gesellschaften, Schauspielen, Ausfahrten und Lustbarkeiten, die marternde Langeweile nicht abzuwehren vermag. Ein guter, gemäßigter, sanfter Charakter kann unter dürftigen Umständen zufrieden seyn; während ein begehrlicher, neidischer und böser es bei allem Reichthum nicht ist. Nun aber gar Dem, welcher beständig den Genuß einer außerordentlichen, geistig eminenten Individualität hat, sind die meisten der allgemein angestrebten Genüsse ganz überflüssig, ja, nur störend und lästig. Daher sagt Horaz von sich:

Gemmas, marmor, ebur, Tyrrhena sigilla, tabellas,
Argentum, vestes Gaetulo murice tinctas,
Sunt qui non habeant, est qui non curat habere;

[Elfenbein, Marmor, Geschmeide, tyrrhenische Statuen, Bilder,
Silbergerät und Gewänder, gefärbt mit gätulischem Purpur,
Viele entbehren dergleichen, doch einer begehrt sie durchaus nicht.
Epist., II, 2, 180.]

und Sokrates sagte, beim Anblick zum Verkauf ausgelegter Luxusartikel: »Wie Vieles giebt es doch, was ich nicht nöthig habe.«

Für unser Lebensglück ist demnach Das, was wir *sind*, die Persönlichkeit, durchaus das Erste und Wesentlichste; – schon weil sie beständig und unter allen Umständen wirksam ist: zudem aber ist sie nicht, wie die Güter der zwei andern Rubriken, dem Schicksal unterworfen, und kann uns nicht entrissen werden. Ihr Werth kann insofern ein absoluter heißen, im Gegensatz des bloß relativen der beiden andern. Hieraus nun folgt, daß dem Menschen von außen viel weniger beizukommen ist, als man wohl meint. Bloß die allgewaltige Zeit übt auch hier ihr Recht: ihr unterliegen allmälig die körperlichen und die geistigen Vorzüge: der moralische Charakter allein bleibt auch ihr unzugänglich. In dieser Hinsicht hätten denn freilich die Güter der zwei letztern Rubriken, als welche die Zeit unmittelbar nicht raubt, vor denen der ersten einen Vorzug. Einen zweiten könnte man darin finden, daß sie, als im Objektiven gelegen, ihrer Natur nach, erreichbar sind und Jedem wenigstens die Möglichkeit vorliegt, in ihren Besitz zu gelangen; während hingegen das Subjektive gar nicht in unsere Macht gegeben ist, sondern, *jure divino* [nach göttlichem Recht] eingetreten, für das ganze Leben unveränderlich fest steht; so daß hier unerbittlich der Ausspruch gilt:

> Wie an dem Tag, der dich der Welt verliehen,
> Die Sonne stand zum Gruße der Planeten,
> Bist alsobald und fort und fort gediehen,
> Nach dem Gesetz, wonach du angetreten.
> So mußt du seyn, dir kannst du nicht entfliehen,
> So sagten schon Sibyllen, so Propheten;
> Und keine Zeit und keine Macht zerstückelt
> Geprägte Form, die lebend sich entwickelt.
>
> Goethe [»Urworte, Orphisch«].

Das Einzige, was in dieser Hinsicht in unserer Macht steht, ist, daß wir die gegebene Persönlichkeit zum möglichsten Vortheile benutzen, demnach nur die ihr entsprechenden Bestrebungen verfolgen und uns um die Art von Ausbildung bemühen, die ihr gerade angemessen ist, jede andere aber meiden, folglich den Stand, die Beschäftigung, die Lebensweise wählen, welche zu ihr passen.

Ein herkulischer, mit ungewöhnlicher Muskelkraft begabter Mensch, der durch äußere Verhältnisse genöthigt ist, einer sitzenden Beschäftigung, einer kleinlichen, peinlichen Handarbeit, obzuliegen, oder auch Studien und Kopfarbeiten zu treiben, die ganz anderartige, bei ihm zurückstehende Kräfte erfordern, folglich gerade die bei ihm ausgezeichneten Kräfte unbenutzt zu lassen, der wird sich zeitlebens unglücklich fühlen; noch mehr aber der, bei dem die intellektuellen Kräfte sehr überwiegend sind, und der sie unentwickelt und ungenutzt lassen muß, um ein gemeines Geschäft zu treiben, das ihrer nicht bedarf, oder gar körperliche Arbeit, zu der seine Kraft nicht recht ausreicht. Jedoch ist hier, zumal in der Jugend, die Klippe der Präsumtion [Anmaßung] zu vermeiden, daß man sich nicht ein Uebermaaß von Kräften zuschreibe, welches man nicht hat.

Aus dem entschiedenen Uebergewicht unserer ersten Rubrik über die beiden andern geht aber auch hervor, daß es weiser ist, auf Erhaltung seiner Gesundheit und auf Ausbildung seiner Fähigkeiten, als auf Erwerbung von Reichthum hinzuarbeiten; was jedoch nicht dahin mißdeutet werden darf, daß man den Erwerb des Nöthigen und Angemessenen vernachlässigen sollte. Aber eigentlicher Reichthum, d. h. großer Ueberfluß, vermag wenig zu unserm Glück; daher viele Reiche sich unglücklich fühlen; weil sie ohne eigentliche Geistesbildung, ohne Kenntnisse und deshalb ohne irgend ein objektives Interesse, welches sie zu geistiger Beschäftigung befähigen könnte, sind. Denn was der Reichthum über die Befriedigung der wirklichen und natürlichen Bedürfnisse hinaus noch leisten kann ist von geringem Einfluß auf unser eigentliches Wohlbehagen: vielmehr wird dieses gestört durch die vielen und unvermeidlichen Sorgen, welche die Erhaltung eines großen Besitzes herbeiführt. Dennoch aber sind die Menschen tausend Mal mehr bemüht, sich Reichthum, als Geistesbildung zu erwerben; während doch ganz gewiß was man *ist*, viel mehr zu unserm Glücke beiträgt, als was man *hat*. Gar Manchen daher sehn wir, in rastloser Geschäftigkeit, emsig wie die Ameise, vom Morgen bis zum Abend bemüht, den schon vorhandenen Reichthum zu vermehren. Ueber den engen Gesichtskreis des Bereichs der Mittel hiezu hinaus kennt er nichts: sein Geist ist leer, daher für alles Andere unempfänglich. Die höchsten Genüsse, die geistigen, sind ihm unzugänglich: durch die flüchtigen, sinnlichen, wenig Zeit, aber viel Geld kostenden, die er zwischendurch sich erlaubt, sucht er vergeblich jene andern zu ersetzen. Am Ende seines Lebens hat er dann, als Resultat desselben, wenn das Glück gut war, wirklich einen recht großen Haufen Geld vor sich, welchen noch zu vermehren, oder aber durchzubringen, er jetzt seinen Erben überläßt. Ein solcher, wiewohl mit gar ernsthafter und wichtiger Miene durchgeführter Lebenslauf ist daher eben so thöricht, wie mancher andere, der geradezu die Schellenkappe zum Symbol hatte.

Also was Einer an sich selber hat ist zu seinem Lebensglücke das Wesentlichste. Bloß weil Dieses, in der Regel, so gar wenig ist, fühlen die meisten von Denen, welche über den Kampf mit der Noth hinaus sind, sich im Grunde ebenso unglücklich, wie Die, welche sich noch darin herumschlagen. Die Leere ihres Innern, das Fade ihres Bewußtseyns, die Armuth ihres Geistes treibt sie zur Gesellschaft, die nun aber aus eben Solchen besteht; weil *similis simili gaudet* [gleich und gleich sich gern gesellt: schon Homer, *Odyssee*, XVII, 218]. Da wird dann gemeinschaftlich Jagd gemacht auf Kurzweil und Unterhaltung, die sie zunächst in sinnlichen Genüssen, in Vergnügungen jeder Art und endlich in Ausschweifungen suchen. Die Quelle der heillosen Verschwendung, mittelst welcher so mancher, reich ins Leben tretende Familiensohn, sein großes Erbtheil, in oft unglaublich kurzer Zeit durchbringt, ist wirklich keine andere, als nur die Langeweile, welche aus der eben geschilderten Armuth und Leere des Geistes entspringt. So ein Jüngling war äußerlich reich, aber innerlich arm in die Welt geschickt und strebt nun vergeblich, durch den äußern Reichthum den innern zu ersetzen, indem er Alles von außen empfangen wollte, – den Greisen analog, welche sich durch die Ausdünstung junger Mädchen zu stärken suchen. Dadurch führte denn am Ende die innere Armuth auch noch die äußere herbei.

Die Wichtigkeit der beiden andern Rubriken der Güter des menschlichen Lebens brauche ich nicht hervorzuheben. Denn der Werth des Besitzes ist heut zu Tage so allgemein anerkannt, daß er keiner Empfehlung bedarf. Sogar hat die dritte Rubrik, gegen die zweite, eine sehr ätherische Beschaffenheit; da sie bloß in der Meinung Anderer besteht. Jedoch nach Ehre, d. h. gutem Namen, hat Jeder zu streben, nach Rang schon nur Die, welche dem Staate dienen, und nach Ruhm gar nur äußerst Wenige. Indessen wird die Ehre als ein unschätzbares Gut angesehn, und der Ruhm als das Köstlichste, was der Mensch erlangen kann, das goldene Fließ der Auserwählten: hingegen den Rang werden nur Thoren dem Besitze vorziehn. Die zweite und dritte Rubrik stehn übrigens in sogenannter Wechselwirkung; sofern das *habes, habeberis* [Hast du, so giltst du] des Petronius [*Satiren*, 77, 6] seine Richtigkeit hat und, umgekehrt, die günstige Meinung Anderer, in allen ihren Formen, oft zum Besitze verhilft.

Kapitel II.

Von Dem, was Einer ist.

Daß Dieses zu seinem Glücke viel mehr beiträgt, als was er hat, oder was er vorstellt, haben wir bereits im Allgemeinen erkannt. Immer kommt es darauf an, was Einer sei und demnach an sich selber habe: denn seine Individualität begleitet ihn stets und überall, und von ihr ist Alles tingirt [eingefärbt], was er erlebt. In Allem und bei Allem genießt er zunächst nur sich selbst: Dies gilt schon von den physischen; wie viel mehr von den geistigen Genüssen. Daher ist das Englische *to enjoy one's self* ein sehr treffender Ausdruck, mit welchem man z. B. sagt *he enjoys himself at Paris,* also nicht »er genießt Paris«, sondern »er genießt sich in Paris.« – Ist nun aber die Individualität von schlechter Beschaffenheit; so sind alle Genüsse wie köstliche Weine in einem mit Galle tingirten Munde. Demnach kommt, im Guten wie im Schlimmen, schwere Unglücksfälle bei Seite gesetzt, weniger darauf an, was Einem im Leben begegnet und widerfährt, als darauf, wie er es empfindet, also auf die Art und den Grad seiner Empfänglichkeit in jeder Hinsicht. Was Einer in sich ist und an sich selber hat, kurz die Persönlichkeit und deren Werth, ist das alleinige Unmittelbare zu seinem Glück und Wohlseyn. Alles Andere ist mittelbar; daher auch dessen Wirkung vereitelt werden kann, aber die der Persönlichkeit nie. Darum eben ist der auf persönliche Vorzüge gerichtete Neid der unversöhnlichste, wie er auch der am sorgfältigsten verhehlte ist. Ferner ist allein die Beschaffenheit des Bewußtseyns das Bleibende und Beharrende, und die Individualität wirkt fortdauernd, anhaltend, mehr oder minder in jedem Augenblick: alles Andere hingegen wirkt immer nur zu Zeiten, gelegentlich, vorübergehend, und ist zudem auch noch selbst dem Wechsel und Wandel unterworfen: daher sagt Aristoteles: ἡ γαρ φυσις βεβαια, ου τα χρηματα *(nam natura perennis est, non opes).* [Denn die Natur ist zuverlässig, nicht das Geld.] *Eth.*

Eud. VII, 2. Hierauf beruht es, daß wir ein ganz und gar von außen auf uns gekommenes Unglück mit mehr Fassung ertragen, als ein selbstverschuldetes: denn das Schicksal kann sich ändern; aber die eigene Beschaffenheit nimmer. Demnach also sind die subjektiven Güter, wie ein edler Charakter, ein fähiger Kopf, ein glückliches Temperament, ein heiterer Sinn und ein wohlbeschaffener, völlig gesunder Leib, also überhaupt *mens sana in corpore sano* [ein gesunder Geist in gesundem Körper] *(Juvenal. Sat. X, 356)*, zu unserm Glücke die ersten und wichtigsten; weshalb wir auf die Beförderung und Erhaltung derselben viel mehr bedacht seyn sollten, als auf den Besitz äußerer Güter und äußerer Ehre.

Was nun aber, von jenen Allen, uns am unmittelbarsten beglückt, ist die Heiterkeit des Sinnes: denn diese gute Eigenschaft belohnt sich augenblicklich selbst. Wer eben fröhlich ist hat allemal Ursache es zu seyn: nämlich eben diese, daß er es ist. Nichts kann so sehr, wie diese Eigenschaft, jedes andere Gut vollkommen ersetzen; während sie selbst durch nichts zu ersetzen ist. Einer sei jung, schön, reich und geehrt; so frägt sich, wenn man sein Glück beurtheilen will, ob er dabei heiter sei: ist er hingegen heiter; so ist es einerlei, ob er jung oder alt, gerade oder pucklich, arm oder reich sei; er ist glücklich. In früher Jugend machte ich ein Mal ein altes Buch auf, und da stand: »Wer viel lacht ist glücklich, und wer viel weint ist unglücklich«, – eine sehr einfältige Bemerkung, die ich aber, wegen ihrer einfachen Wahrheit doch nicht habe vergessen können, so sehr sie auch der Superlativ eines *truism's* [Gemeinplatzes] ist. Dieserwegen also sollen wir der Heiterkeit, wann immer sie sich einstellt, Thür und Thor öffnen: denn sie kommt nie zur unrechten Zeit; statt daß wir oft Bedenken tragen, ihr Eingang zu gestatten, indem wir erst wissen wollen, ob wir denn auch wohl in jeder Hinsicht Ursache haben, zufrieden zu seyn; oder auch, weil wir fürchten, in unsern ernsthaften Ueberlegungen und wichtigen Sorgen dadurch gestört zu werden: allein was wir durch diese bessern ist sehr ungewiß; hingegen ist Heiterkeit unmittelbarer Gewinn. Sie allein ist gleichsam die baare Münze des Glückes und nicht, wie alles Andere, bloß der Bankzettel; weil nur sie unmittelbar in der Gegenwart beglückt; weshalb sie das höchste Gut ist für Wesen, deren Wirklichkeit die Form einer untheilbaren Gegenwart zwischen zwei unendlichen Zeiten hat. Demnach sollten wir die Erwerbung und Beförderung dieses

Gutes jedem andern Trachten vorsetzen. Nun ist gewiß, daß zur Heiterkeit nichts weniger beiträgt, als Reichthum, und nichts mehr, als Gesundheit: in den niedrigen, arbeitenden, zumal das Land bestellenden Klassen, sind die heitern und zufriedenen Gesichter; in den reichen und vornehmen die verdrießlichen zu Hause. Folglich sollten wir vor Allem bestrebt seyn, uns den hohen Grad vollkommener Gesundheit zu erhalten, als dessen Blüthe die Heiterkeit sich einstellt. Die Mittel hiezu sind bekanntlich Vermeidung aller Excesse und Ausschweifungen, aller heftigen und unangenehmen Gemüthsbewegungen, auch aller zu großen oder zu anhaltenden Geistesanstrengung, täglich zwei Stunden rascher Bewegung in freier Luft, viel kaltes Baden und ähnliche diätetische Maaßregeln. Ohne tägliche gehörige Bewegung kann man nicht gesund bleiben: alle Lebensprocesse erfordern, um gehörig vollzogen zu werden, Bewegung sowohl der Theile, darin sie vorgehn, als des Ganzen. Daher sagt Aristoteles mit Recht: ὁ βιος εν τῃ κινησει εστι [*de anima*, I 2]. Das Leben besteht in der Bewegung und hat sein Wesen in ihr. Im ganzen Innern des Organismus herrscht unaufhörliche, rasche Bewegung: das Herz, in seiner komplicirten doppelten Systole und Diastole [Zusammenziehung und Ausdehnung], schlägt heftig und unermüdlich; mit 28 seiner Schläge hat es die gesammte Blutmasse durch den ganzen großen und kleinen Kreislauf hindurch getrieben; die Lunge pumpt ohne Unterlaß wie eine Dampfmaschine; die Gedärme winden sich stets im *motus peristalticus* [in Wurmbewegung]; alle Drüsen saugen und secerniren [sondern] beständig [ab], selbst das Gehirn hat eine doppelte Bewegung mit jedem Pulsschlag und jedem Athemzug. Wenn nun hiebei, wie es bei der ganz und gar sitzenden Lebensweise unzähliger Menschen der Fall ist, die äußere Bewegung so gut wie ganz fehlt; so entsteht ein schreiendes und verderbliches Mißverhältniß zwischen der äußern Ruhe und dem innern Tumult. Denn sogar will die beständige innere Bewegung durch die äußere etwas unterstützt seyn: jenes Mißverhältniß aber wird dem analog, wenn, in Folge irgend eines Affekts, es in unserm Innern kocht, wir aber nach außen nichts davon sehn lassen dürfen. Sogar die Bäume bedürfen, um zu gedeihen, der Bewegung durch den Wind. Dabei gilt eine Regel, die sich am kürzesten lateinisch ausdrücken läßt: *omnis motus, quo celerior, eo magis motus* [Je schneller eine Bewegung ist, desto mehr ist sie Bewegung]. – Wie sehr unser Glück von der Heiterkeit der Stimmung und diese vom Gesundheitszustande abhängt, lehrt die Vergleichung des Eindrucks, den die nämlichen äußern Verhältnisse, oder Vorfälle, am gesunden und rüstigen Tage auf uns machen, mit dem, welchen sie hervorbringen, wann Kränklichkeit uns verdrießlich und ängstlich gestimmt hat. Nicht was die Dinge objektiv und wirklich sind, sondern was sie für uns, in unserer Auffassung, sind, macht uns glücklich oder unglücklich: Dies eben besagt Epiktets ταρασσει τους ανθρωπους ου τα πραγματα, αλλα τα περι των πραγματων δογματα *(commovent homines non res, sed de rebus opiniones)* [Nicht die Dinge beunruhigen die Menschen, sondern die Meinungen über die Dinge: *Enchiridion*, cap. 5]. Ueberhaupt aber beruhen 9/10 unsers Glückes allein auf der Gesundheit. Mit ihr wird Alles eine Quelle des Genusses: hingegen ist ohne sie kein äußeres Gut, welcher Art es auch sei, genießbar, und selbst die übrigen subjektiven Güter, die Eigenschaften des Geistes, Gemüthes, Temperaments, werden durch Kränklichkeit herabgestimmt und sehr verkümmert. Demnach geschieht es nicht ohne Grund, daß man, vor allen Dingen, sich gegenseitig nach dem Gesundheitszustande befrägt und einander sich wohlzubefinden wünscht: denn wirklich ist Dieses bei Weitem die Hauptsache zum menschlichen Glück. Hieraus aber folgt, daß die größte aller Thorheiten ist, seine Gesundheit aufzuopfern, für was es auch sei, für Erwerb, für Beförderung, für Gelehrsamkeit, für Ruhm, geschweige für Wollust und flüchtige Genüsse: vielmehr soll man ihr Alles nachsetzen.

So viel nun aber auch zu der, für unser Glück so wesentlichen Heiterkeit die Gesundheit beiträgt, so hängt jene doch nicht von dieser allein ab: denn auch bei vollkommener Gesundheit kann ein melancholisches Temperament und eine vorherrschend trübe Stimmung bestehn. Der letzte Grund davon liegt ohne Zweifel in der ursprünglichen und daher unabänderlichen Beschaffenheit des Organismus, und zwar zumeist in dem mehr oder minder normalen Verhältniß der Sensibilität zur Irritabilität und Reproduktionskraft [Erneuerungskraft]. Abnormes Uebergewicht der Sensibilität wird Ungleichheit der Stimmung, periodische übermäßige Heiterkeit und vorwaltende Melancholie herbeiführen. Weil nun auch das Genie durch ein Uebermaaß der Nervenkraft, also der Sensibilität, bedingt ist; so hat Aristoteles ganz richtig bemerkt, daß alle ausgezeichnete und überlegene

Menschen melancholisch seien: παντες ὁσοι περιττοι γεγονασιν ανδρες, η κατα φιλοσοφιαν, η πολιτικην, η ποιησιν, η τεχνας, φαινονται μελαγχολικοι οντες [Alle Menschen, die sich ausgezeichnet haben – in der Philosophie, der Politik, der Dichtkunst oder in den bildenden Künsten – scheinen Melancholiker zu sein] *(Probl. 30, 1).* Ohne Zweifel ist dieses die Stelle, welche Cicero im Auge hatte, bei seinem oft angeführten Bericht: *Aristoteles ait, omnes ingeniosos melancholicos esse* [Aristoteles sagt, daß alle genialen Menschen Melancholiker sind] *(Tusc. I, 33).* – Die hier in Betrachtung genommene, angeborene, große Verschiedenheit der Grund-Stimmung überhaupt aber hat S h a k e s p e a r e sehr artig geschildert:

Nature has fram'd strange fellows in her time:
Some that will evermore peep through their eyes,
And laugh, like parrots, at a bag-piper;
And others of such vinegar aspect,
That they'll not show their teeth in way of smile,
*Though Nestor swear the jest be laughable.**
Merch. of Ven. Sc. I.

Eben dieser Unterschied ist es, den P l a t o durch die Ausdrücke δυσκολος [mürrisch] und ευκολος [heiter] bezeichnet. Derselbe läßt sich zurückführen auf die bei verschiedenen Menschen sehr verschiedene Empfänglichkeit für angenehme und unangenehme Eindrücke, in Folge welcher der Eine noch lacht bei Dem, was den Andern fast zur Verzweiflung bringt: und zwar pflegt die Empfänglichkeit für angenehme Eindrücke desto schwächer zu seyn, je stärker die für unangenehme ist, und umgekehrt. Nach gleicher Möglichkeit des glücklichen und des unglücklichen Ausgangs einer Angelegenheit, wird der δυσκολος beim unglücklichen sich ärgern, oder grämen, beim glücklichen aber sich nicht freuen; der ευκολος hingegen wird über den unglücklichen sich nicht ärgern, noch grämen, aber über den glücklichen sich freuen. Wenn dem δυσκολος von zehn Vor-

* Die Natur hat, in ihren Tagen, seltsame Käuze hervorgebracht, Einige, die stets aus ihren Aeugelein vergnügt hervorgucken und, wie Papageien über einen Dudelsackspieler lachen, und Andere von so sauertöpfischem Ansehn, daß sie ihre Zähne nicht durch ein Lächeln bloß legen, wenn auch Nestor selbst schwüre, der Spaaß sei lachenswerth.

haben neun gelingen; so freut er sich nicht über diese, sondern ärgert sich über das Eine mißlungene: der ευκολος weiß, im umgekehrten Fall, sich doch mit dem Einen gelungenen zu trösten und aufzuheitern. – Wie nun aber nicht leicht ein Uebel ohne alle Kompensation ist; so ergiebt sich auch hier, daß die δυσκολοι, also die finstern und ängstlichen Charaktere, im Ganzen, zwar mehr imaginäre, dafür aber weniger reale Unfälle und Leiden zu überstehn haben werden, als die heitern und sorglosen: denn wer Alles schwarz sieht, stets das Schlimmste befürchtet und demnach seine Vorkehrungen trifft, wird sich nicht so oft verrechnet haben, als wer stets den Dingen die heitere Farbe und Aussicht leiht. – Wann jedoch eine krankhafte Affektion des Nervensystems, oder der Verdauungswerkzeuge, der angeborenen δυσκολια [mürrischen Gemütsverfassung] in die Hände arbeitet; dann kann diese den hohen Grad erreichen, wo dauerndes Mißbehagen Lebensüberdruß erzeugt und demnach Hang zum Selbstmord entsteht. Diesen vermögen alsdann selbst die geringsten Unannehmlichkeiten zu veranlassen; ja, bei den höchsten Graden des Uebels, bedarf es derselben nicht ein Mal; sondern bloß in Folge des anhaltenden Mißbehagens wird der Selbstmord beschlossen und alsdann mit so kühler Ueberlegung und fester Entschlossenheit ausgeführt, daß der meistens schon unter Aufsicht gestellte Kranke, stets darauf gerichtet, den ersten unbewachten Augenblick benutzt, um, ohne Zaudern, Kampf und Zurückbeben, jenes ihm jetzt natürliche und willkommene Erleichterungsmittel zu ergreifen. Ausführliche Beschreibungen dieses Zustandes giebt *Esquirol, des maladies mentales.* Allerdings aber kann, nach Umständen, auch der gesundeste und vielleicht selbst der heiterste Mensch sich zum Selbstmord entschließen, wenn nämlich die Größe der Leiden, oder des unausweichbar herannahenden Unglücks, die Schrecken des Todes überwältigt. Der Unterschied liegt allein in der verschiedenen Größe des dazu erforderlichen Anlasses, als welche mit der δυσκολια in umgekehrtem Verhältniß steht. Je größer diese ist, desto geringer kann jener seyn, ja am Ende auf Null herabsinken: je größer hingegen die ευκολια [heitere Gemütsverfassung] und die sie unterstützende Gesundheit, desto mehr muß im Anlaß liegen. Danach giebt es unzählige Abstufungen der Fälle, zwischen den beiden Extremen des Selbstmordes, nämlich dem des rein aus krankhafter Steigerung der angeborenen δυσκολια entspringenden, und dem des Gesunden und Heiteren, ganz aus objektiven Gründen.

Der Gesundheit zum Theil verwandt ist die Schönheit. Wenn gleich dieser subjektive Vorzug nicht eigentlich unmittelbar zu unserm Glücke beiträgt, sondern bloß mittelbar, durch den Eindruck auf Andere; so ist er doch von großer Wichtigkeit, auch im Manne. Schönheit ist ein offener Empfehlungsbrief, der die Herzen zum Voraus für uns gewinnt: daher gilt besonders von ihr der Homerische Vers:

Ουτοι αποβλητ' εστι θεων ερικυδεα δωρα,
Ὁσσα κεν αυτοι δωσι, ἑκων δ'ουκ αν τις ἑλοιτο.

[Nicht zu verachten sind der Götter herrliche Gaben,
Die sie allein nur verleihen, die keiner erwirbt nach Belieben.
Ilias, III, 65.]

Der allgemeinste Ueberblick zeigt uns, als die beiden Feinde des menschlichen Glückes, den Schmerz und die Langeweile. Dazu noch läßt sich bemerken, daß, in dem Maaße, als es uns glückt, vom einen derselben uns zu entfernen, wir dem andern uns nähern, und umgekehrt; so daß unser Leben wirklich eine stärkere, oder schwächere Oscillation [Schwingung] zwischen ihnen darstellt. Dies entspringt daraus, daß Beide in einem doppelten Antagonismus zu einander stehn, einem äußern, oder objektiven, und einem innern, oder subjektiven. Aeußerlich nämlich gebiert Noth und Entbehrung den Schmerz; hingegen Sicherheit und Ueberfluß die Langeweile. Demgemäß sehn wir die niedere Volksklasse in einem beständigen Kampf gegen die Noth, also den Schmerz; die reiche und vornehme Welt hingegen in einem anhaltenden, oft wirklich verzweifelten Kampf gegen die Langeweile.† Der innere, oder subjektive Antagonismus derselben aber beruht darauf, daß, im einzelnen Menschen, die Empfänglichkeit für das Eine in entgegengesetztem Verhältniß zu der für das Andere steht, indem sie durch das Maaß seiner Geisteskräfte bestimmt wird. Nämlich Stumpfheit des Geistes ist durchgängig im Verein mit Stumpfheit der Empfindung und

† Das Nomadenleben, welches die unterste Stufe der Civilisation bezeichnet, findet sich auf der höchsten im allgemein gewordenen Touristenleben wieder ein. Das erste ward von der Noth, das zweite von der Langenweile herbeigeführt.

Mangel an Reizbarkeit, welche Beschaffenheit für Schmerzen und Betrübnisse jeder Art und Größe weniger empfänglich macht: aus eben dieser Geistesstumpfheit aber geht andererseits jene, auf zahllosen Gesichtern ausgeprägte, wie auch durch die beständig rege Aufmerksamkeit auf alle, selbst die kleinsten Vorgänge in der Außenwelt sich verrathende innere Leerheit hervor, welche die wahre Quelle der Langenweile ist und stets nach äußerer Anregung lechzt, um Geist und Gemüth durch irgend etwas in Bewegung zu bringen. In der Wahl desselben ist sie daher nicht ekel; wie Dies die Erbärmlichkeit der Zeitvertreibe bezeugt, zu denen man Menschen greifen sieht, imgleichen die Art ihrer Geselligkeit und Konversation, nicht weniger die vielen Thürsteher und Fensterkucker. Hauptsächlich aus dieser inneren Leerheit entspringt die Sucht nach Gesellschaft, Zerstreuung, Vergnügen und Luxus jeder Art, welche Viele zur Verschwendung und dann zum Elende führt. Vor diesem Abwege bewahrt nichts so sicher, als der innere Reichthum, der Reichthum des Geistes: denn dieser läßt, je mehr er sich der Eminenz nähert, der Langenweile immer weniger Raum. Die unerschöpfliche Regsamkeit der Gedanken aber, ihr an den mannigfaltigen Erscheinungen der Innen- und Außenwelt sich stets erneuerndes Spiel, die Kraft und der Trieb zu immer andern Kombinationen derselben, setzen den eminenten Kopf, die Augenblicke der Abspannung abgerechnet, ganz außer den Bereich der Langenweile. Andererseits nun aber hat die gesteigerte Intelligenz eine erhöhte Sensibilität zur unmittelbaren Bedingung, und größere Heftigkeit des Willens, also der Leidenschaftlichkeit, zur Wurzel: aus ihrem Verein mit diesen erwächst nun eine viel größere Stärke aller Affekte und eine gesteigerte Empfindlichkeit gegen die geistigen und selbst gegen körperliche Schmerzen, sogar größere Ungeduld bei allen Hindernissen, oder auch nur Störungen; welches alles zu erhöhen die aus der Stärke der Phantasie entspringende Lebhaftigkeit sämmtlicher Vorstellungen, also auch der widerwärtigen, mächtig beiträgt. Das Gesagte gilt nun verhältnißmäßig von allen den Zwischenstufen, welche den weiten Raum vom stumpfesten Dummkopf bis zum größten Genie ausfüllen. Demzufolge steht Jeder, wie objektiv, so auch subjektiv, der einen Quelle der Leiden des menschlichen Lebens um so näher, als er von der andern entfernter ist. Dem entsprechend wird sein natürlicher Hang ihn anleiten, in dieser Hinsicht, das Objektive dem Subjektiven möglichst anzupassen, also gegen d i e Quelle der Leiden, für welche er die größere Empfänglichkeit hat, die größere Vorkehr zu treffen. Der geistreiche Mensch wird vor Allem nach Schmerzlosigkeit, Ungehudeltseyn [Ungeschorensein], Ruhe und Muße streben, folglich ein stilles, bescheidenes, aber möglichst unangefochtenes Leben suchen und demgemäß, nach einiger Bekanntschaft mit den sogenannten Menschen, die Zurückgezogenheit und, bei großem Geiste, sogar die Einsamkeit wählen. Denn je mehr Einer an sich selber hat, desto weniger bedarf er von außen und desto weniger auch können die Uebrigen ihm seyn. Darum führt die Eminenz des Geistes zur Ungeselligkeit. Ja, wenn die Qualität der Gesellschaft sich durch die Quantität ersetzen ließe; da wäre es der Mühe werth, sogar in der großen Welt zu leben: aber leider geben hundert Narren, auf Einem Haufen, noch keinen gescheuten Mann. – Der vom andern Extrem hingegen wird, sobald die Noth ihn zu Athem kommen läßt, Kurzweil und Gesellschaft, um jeden Preis, suchen und mit Allem leicht vorlieb nehmen, nichts so sehr fliehend, wie sich selbst. Denn in der Einsamkeit, als wo Jeder auf sich selbst zurückgewiesen ist, da zeigt sich was er a n s i c h s e l b e r hat: da seufzt der Tropf im Purpur unter der unabwälzbaren Last seiner armsäligen Individualität; während der Hochbegabte die ödeste Umgebung mit seinen Gedanken bevölkert und belebt. Daher ist sehr wahr was S e n e k a sagt: *omnis stultitia laborat fastidio sui* [Alle Dummheit leidet an ihrem eigenen Überdruß] *(ep. 9* [§ 22]); wie auch Jesus Sirachs [22, 12] Ausspruch: »Des Narren Leben ist ärger, denn der Tod.« Demgemäß wird man, im Ganzen, finden, daß Jeder in dem Maaße gesellig ist, wie er geistig arm und überhaupt gemein ist.† Denn man hat in der Welt nicht viel mehr, als die Wahl zwischen Einsamkeit und Gemeinheit. Die geselligsten aller Menschen sollen die Neger seyn, wie sie eben auch intellektuell entschieden zurückstehn: nach Berichten aus Nord-Amerika, in Französischen Zeitungen *(le Commerce, Octbr. 19, 1837)*, sperren die Schwarzen, Freie und Sklaven durch einander, in großer Anzahl, sich in den engsten Raum zusammen, weil sie ihr schwarzes Stumpfnasengesicht nicht oft genug wiederholt erblicken können.

† Was die Menschen gesellig macht, ist eben ihre innere Armuth.

Dem entsprechend, daß das Gehirn als der Parasit, oder Pensionair, des ganzen Organismus auftritt, ist die errungene freie Muße eines Jeden, indem sie ihm den freien Genuß seines Bewußtseyns und seiner Individualität giebt, die Frucht und der Ertrag seines gesammten Daseyns, welches im Uebrigen nur Mühe und Arbeit ist. Was nun aber wirft die freie Muße der meisten Menschen ab? Langeweile und Dumpfheit, so oft nicht sinnliche Genüsse, oder Albernheiten dasind, sie auszufüllen. Wie völlig werthlos sie ist, zeigt die Art, wie sie solche zubringen: sie ist eben das *ozio lungo d'uomini ignoranti* [die Langeweile der Unwissenden] des Ariosto [*Orlando furioso*, XXXIV, 75]. Die gewöhnlichen Leute sind bloß darauf bedacht, die Zeit zuzubringen; wer irgend ein Talent hat, – sie zu benutzen. – Daß die beschränkten Köpfe der Langenweile so sehr ausgesetzt sind, kommt daher, daß ihr Intellekt durchaus nichts weiter, als das Medium der Motive für ihren Willen ist. Sind nun vor der Hand keine Motive aufzufassen da; so ruht der Wille und feiert der Intellekt; dieser, weil er so wenig wie jener auf eigene Hand in Thätigkeit geräth: das Resultat ist schreckliche Stagnation aller Kräfte im ganzen Menschen, – Langeweile. Dieser zu begegnen, schiebt man nun dem Willen kleine, bloß einstweilige und beliebig angenommene Motive vor, ihn zu erregen und dadurch auch den Intellekt, der sie aufzufassen hat, in Thätigkeit zu versetzen: diese verhalten sich demnach zu den wirklichen und natürlichen Motiven, wie Papiergeld zu Silber; da ihre Geltung eine willkürlich angenommene ist. Solche Motive nun sind die Spiele, mit Karten u. s. w., welche zu besagtem Zweck erfunden worden sind. Fehlt es daran, so hilft der beschränkte Mensch sich durch Klappern und Trommeln, mit Allem, was er in die Hand kriegt. Auch die Cigarre ist ihm ein willkommenes Surrogat der Gedanken. – Daher also ist, in allen Ländern, die Hauptbeschäftigung aller Gesellschaft das Kartenspiel geworden: es ist der Maaßstab des Werthes derselben und der deklarirte Bankrott an allen Gedanken. Weil sie nämlich keine Gedanken auszutauschen haben, tauschen sie Karten aus und suchen einander Gulden abzunehmen. O, klägliches Geschlecht! Um indessen auch hier nicht ungerecht zu seyn, will ich den Gedanken nicht unterdrücken, daß man zur Entschuldigung des Kartenspiels allenfalls anführen könnte, es sei eine Vorübung zum Welt- und Geschäftsleben, sofern man dadurch lernt, die vom Zufall unabänderlich gegebenen Umstände (Karten) klug zu benutzen, um daraus was immer angeht zu machen, zu welchem Zwecke man sich denn auch gewöhnt, Contenance zu halten [Haltung zu bewahren], indem man zum schlechten Spiel eine heitere Miene aufsetzt. Aber eben deshalb hat andererseits das Kartenspiel einen demoralisirenden Einfluß. Der Geist des Spiels nämlich ist, daß man auf alle Weise, durch jeden Streich und jeden Schlich, dem Andern das Seinige abgewinne. Aber die Gewohnheit im Spiel so zu verfahren wurzelt ein, greift über in das praktische Leben, und man kommt allmälig dahin, in den Angelegenheiten des Mein und Dein es eben so zu machen und jeden Vortheil, den man eben in der Hand hält, für erlaubt zu halten, sobald man nur es gesetzlich darf. Belege hiezu giebt ja das bürgerliche Leben täglich. – Weil also, wie gesagt, die freie Muße die Blüthe, oder vielmehr die Frucht des Daseyns eines Jeden ist, indem nur sie ihn in den Besitz seines eigenen Selbst einsetzt, so sind Die glücklich zu preisen, welche dann auch etwas Rechtes an sich selber erhalten; während den Allermeisten die freie Muße nichts abwirft, als einen Kerl, mit dem nichts anzufangen ist, der sich schrecklich langweilt, sich selber zur Last. Demnach freuen wir uns, »ihr lieben Brüder, daß wir nicht sind der Magd Kinder, sondern der Freien.« (Gal. 4, 31.)

Ferner, wie das Land am glücklichsten ist, welches weniger, oder keiner, Einfuhr bedarf; so auch der Mensch, der an seinem innern Reichthum genug hat und zu seiner Unterhaltung wenig, oder nichts, von außen nöthig hat; da dergleichen Zufuhr viel kostet, abhängig macht, Gefahr bringt, Verdruß verursacht und am Ende doch nur ein schlechter Ersatz ist für die Erzeugnisse des eigenen Bodens. Denn von Andern, von außen überhaupt, darf man in keiner Hinsicht viel erwarten. Was Einer dem Andern seyn kann, hat seine sehr engen Gränzen: am Ende bleibt doch Jeder allein, und da kommt es darauf an, wer jetzt allein sei. Auch hier gilt demnach was Goethe (Dicht. u. Wahrh. Bd. 3, S. 474) im Allgemeinen ausgesprochen hat, daß, in allen Dingen, Jeder zuletzt auf sich selbst zurückgewiesen wird, oder wie Oliver Goldsmith sagt:

Still to ourselves in ev'ry place consign'd,
Our own felicity we make or find.

[Nur auf uns selbst sind wir stets angewiesen,
An allen Orten und zu allen Zeiten,
Darum, willst du Glückseligkeit genießen,
So kannst du sie nur selber dir bereiten.]
(The Traveller v. 431 sq.)

Das Beste und Meiste muß daher Jeder sich selber seyn und leisten. Je mehr nun Dieses ist, und je mehr demzufolge er die Quellen seiner Genüsse in sich selbst findet, desto glücklicher wird er seyn. Mit größtem Rechte also sagt Aristoteles: ἡ ευδαιμονια των αυταρκων εστι *(Eth. Eud. VII, 2)*, zu deutsch: das Glück gehört Denen, die sich selber genügen. Denn alle äußern Quellen des Glückes und Genusses sind, ihrer Natur nach, höchst unsicher, mißlich, vergänglich und dem Zufall unterworfen, dürften daher, selbst unter den günstigsten Umständen, leicht stocken; ja, Dieses ist unvermeidlich, sofern sie doch nicht stets zur Hand seyn können. Im Alter nun gar versiegen sie fast alle nothwendig: denn da verläßt uns Liebe, Scherz, Reiselust, Pferdelust und Tauglichkeit für die Gesellschaft: sogar die Freunde und Verwandten entführt uns der Tod. Da kommt es denn, mehr als je, darauf an, was Einer an sich selber habe. Denn Dieses wird am längsten Stich halten. Aber auch in jedem Alter ist und bleibt es die ächte und allein ausdauernde Quelle des Glücks. Ist doch in der Welt überall nicht viel zu holen: Noth und Schmerz erfüllen sie, und auf Die, welche diesen entronnen sind, lauert in allen Winkeln die Langeweile. Zudem hat in der Regel die Schlechtigkeit die Herrschaft darin und die Thorheit das große Wort. Das Schicksal ist grausam und die Menschen sind erbärmlich. In einer so beschaffenen Welt gleicht Der, welcher viel an sich selber hat, der hellen, warmen, lustigen Weihnachtsstube, mitten im Schnee und Eise der Decembernacht. Demnach ist eine vorzügliche, eine reiche Individualität und besonders sehr viel Geist zu haben ohne Zweifel das glücklichste Loos auf Erden; so verschieden es etwan auch von dem glänzendesten ausgefallen seyn mag. Daher war es ein weiser Ausspruch der erst 19jährigen Königin Christine von Schweden, über den ihr noch bloß durch e i n e n Aufsatz und aus mündlichen Berichten bekannt gewordenen Cartesius, welcher damals seit 20 Jahren in der tiefsten Einsamkeit, in Holland, lebte: *Mr. Descartes est le plus heureux de tous les hommes, et sa condition me semble digne d'envie.* [M. Descartes ist der glücklichste aller Menschen, und seine Lage scheint mir beneidenswert.] *(Vie de Descartes par Baillet, Liv. VII, ch. 10.)* Nur müssen, wie es eben auch der Fall des Cartesius war, die äußern Umstände es so weit begünstigen, daß man auch sich selbst besitzen und seiner froh werden könne; weshalb schon Koheleth [Prediger Salomo] (7, 12) sagt: »Weisheit ist gut mit einem Erbgut, und hilft, daß Einer sich der Sonne freuen kann.« Wem nun, durch Gunst der Natur und des Schicksals, dieses Loos beschieden ist, der wird mit ängstlicher Sorgfalt darüber wachen, daß die innere Quelle seines Glückes ihm zugänglich bleibe; wozu Unabhängigkeit und Muße die Bedingungen sind. Diese wird er daher gern durch Mäßigkeit und Sparsamkeit erkaufen; um so mehr, als er nicht, gleich den Andern, auf die äußern Quellen der Genüsse verwiesen ist. Darum wird die Aussicht auf Aemter, Geld, Gunst und Beifall der Welt, ihn nicht verleiten, sich selber aufzugeben, um den niedrigen Absichten, oder dem schlechten Geschmacke, der Menschen sich zu fügen.† Vorkommenden Falls wird er es machen wie Horaz in der Epistel an den Mäcenas *(Lib. I, ep. 7)*. Es ist eine große Thorheit, um nach außen zu gewinnen, nach innen zu verlieren, d. h. für Glanz, Rang, Prunk, Titel und Ehre, seine Ruhe, Muße und Unabhängigkeit ganz oder großen Theils hinzugeben. Dies hat aber Goethe gethan. Mich hat mein Genius mit Entschiedenheit nach der andern Seite gezogen.

Die hier erörterte Wahrheit, daß die Hauptquelle des menschlichen Glückes im eigenen Innern entspringt, findet ihre Bestätigung auch an der sehr richtigen Bemerkung des Aristoteles, in der Nikomachäischen Ethik *(I, 7; et VII, 13, 14)*, daß jeglicher Genuß irgend eine Aktivität, also die Anwendung irgend einer Kraft voraussetzt und ohne solche nicht bestehn kann. Diese Aristotelische Lehre, daß das Glück eines Menschen in der ungehinderten Ausübung seiner hervorstechenden Fähigkeit bestehe, giebt auch Stobäos wieder in seiner Darstellung der peripatetischen Ethik *(Ecl. eth. II, c. 7, p. 268–278)*, z. B. ενεργειαν ειναι την ευδαιμονιαν κατ' αρετην, εν πραξεσι προηγουμεναις κατ' ευχην (die Version bei Heeren ist: *felicita-*

† Sie erringen den Wohlstand auf Kosten ihrer Muße: aber was hilft mir der Wohlstand, wenn ich das was allein ihn wünschenswerth macht, die freie Muße, dafür hingeben soll?

tem esse functionem secundum virtutem, per actiones successus compotes) [Die Glückseligkeit sei eine tugendmäßige Betätigung in Angelegenheiten, die den gewünschten Erfolg haben]. Ueberhaupt in noch kürzeren Ausdrücken, auch mit der Erklärung, daß αρετη [Trefflichkeit] jede Virtuosität sei. Nun ist die ursprüngliche Bestimmung der Kräfte, mit welchen die Natur den Menschen ausgerüstet hat, der Kampf gegen die Noth, die ihn von allen Seiten bedrängt. Wenn aber dieser Kampf ein Mal rastet, da werden ihm die unbeschäftigten Kräfte zur Last: er muß daher jetzt mit ihnen s p i e l e n, d. h. sie zwecklos gebrauchen: denn sonst fällt er der andern Quelle des menschlichen Leidens, der Langenweile, sogleich anheim. Von dieser sind daher vor Allen die Großen und Reichen gemartert, und hat von ihrem Elend schon Lukretius eine Schilderung gegeben, deren Treffendes zu erkennen man noch heute, in jeder großen Stadt, täglich Gelegenheit findet:

Exit saepe foras magnis ex aedibus ille,
Esse domi quem pertaesum est, subitoque reventat;
Quippe foris nihilo melius qui sentiat esse.
Currit, agens mannos, ad villam praecipitanter,
Auxilium tectis quasi ferre ardentibus instans:
Oscitat extemplo, tetigit quum limina villae;
Aut abit in somnum gravis, atque oblivia quaerit;
Aut etiam properans urbem petit, atque revisit.

[Oft verläßt er den großen Palast und eilet ins Freie,
Weil ihn das Haus anekelt, bis daß er plötzlich zurückkehrt,
Weil er fühlt, daß er draußen um nichts sich besser befindet.
Oder er jagt mit den Rossen in schleunigem Trabe zur Villa,
Als wenn brennte das Haus, und er eilte, das Feuer zu löschen;
Aber sobald er die Schwelle betreten hat, gähnt er gelangweilt,
Oder er fällt in Schlaf und sucht sich selbst zu vergessen.
Wenn er nicht vorzieht, sich wieder zurück zur Stadt zu begeben.]

[De Verum natura,] III, 1073 [= 1060–67]

Bei diesen Herren muß in der Jugend die Muskelkraft und die Zeugungskraft herhalten. Aber späterhin bleiben nur die Geisteskräfte: fehlt es dann an diesen, oder an ihrer Ausbildung und dem angesammelten Stoffe zu ihrer Thätigkeit; so ist der

Jammer groß. Weil nun der W i l l e die einzige und unerschöpfliche Kraft ist; so wird er jetzt angereizt durch Erregung der Leidenschaften, z. B. durch hohe Hasardspiele, dieses wahrhaft degradirende Laster. – Ueberhaupt aber wird jedes unbeschäftigte Individuum, ja nach der Art der in ihm vorwaltenden Kräfte, sich ein Spiel zu ihrer Beschäftigung wählen: etwan Kegel, oder Schach; Jagd, oder Malerei; Wettrennen, oder Musik; Kartenspiel, oder Poesie; Heraldik, oder Philosophie, u. s. w. Wir können sogar die Sache methodisch untersuchen, indem wir auf die Wurzel aller menschlichen Kraftäußerungen zurückgehn, also auf die d r e i p h y s i o l o g i s c h e n G r u n d k r ä f t e , welche wir demnach hier in ihrem zwecklosen Spiele zu betrachten haben, in welchem sie als die Quellen dreier Arten möglicher Genüsse auftreten, aus denen jeder Mensch, je nachdem die eine, oder die andere jener Kräfte in ihm vorwaltet, die ihm angemessene erwählen wird. Also zuerst, die Genüsse der R e p r o d u k t i o n s k r a f t : sie bestehn im Essen, Trinken, Verdauen, Ruhen und Schlafen. Diese werden daher sogar ganzen Völkern als ihre Nationalvergnügungen von den andern nachgerühmt. Zweitens, die Genüsse der I r r i t a b i l i t ä t : sie bestehn im Wandern, Springen, Ringen, Tanzen, Fechten, Reiten und athletischen Spielen jeder Art, wie auch in der Jagd und sogar in Kampf und Krieg. Drittens, die Genüsse der S e n s i b i l i t ä t : sie bestehn im Beschauen, Denken, Empfinden, Dichten, Bilden, Musiciren, Lernen, Lesen, Meditiren, Erfinden, Philosophiren u. s. w. – Ueber den Werth, den Grad, die Dauer jeder dieser Arten der Genüsse lassen sich mancherlei Betrachtungen anstellen, die dem Leser selbst überlassen bleiben. Jedem aber wird dabei einleuchten, daß unser, allemal durch den Gebrauch der eigenen Kräfte bedingter Genuß und mithin unser, in dessen häufiger Wiederkehr bestehendes Glück, um so größer seyn wird, je edlerer Art die ihn bedingende Kraft ist. Den Vorrang, welchen, in dieser Hinsicht, die Sensibilität, deren entschiedenes Ueberwiegen das Auszeichnende des Menschen vor den übrigen Thiergeschlechtern ist, vor den beiden andern physiologischen Grundkräften hat, als welche in gleichem und sogar in höherem Grade den Thieren einwohnen, wird ebenfalls Niemand ableugnen. Der Sensibilität gehören unsere Erkenntnißkräfte an: daher befähigt das Ueberwiegen derselben zu den im E r k e n n e n bestehenden, also den sogenannten geistigen Genüssen, und zwar zu um so größeren, je entschiedener jenes Ueberwiegen ist.† Dem normalen, gewöhnlichen Menschen kann eine Sache allein dadurch lebhafte Theilnahme abgewinnen, daß sie seinen Willen anregt, also ein persönliches Interesse für ihn hat. Nun ist aber jede anhaltende Erregung des Willens wenigstens gemischter Art, also mit Schmerz verknüpft. Ein absichtliches Erregungsmittel desselben, und zwar mittelst so kleiner Interessen, daß sie nur momentane und leichte, nicht bleibende und ernstliche Schmerzen verursachen können, sonach als ein bloßes Kitzeln des Willens zu betrachten sind, ist das Kartenspiel, diese durchgängige Beschäftigung der »guten Gesellschaft«, aller Orten.†† – Der Mensch von

† Die Natur steigert sich fortwährend, zunächst vom mechanischen und chemischen Wirken des unorganischen Reiches zum Vegetabilischen [Pflanzlichen] und seinem dumpfen Selbstgenuß, von da zum Thierreich, mit welchem die Intelligenz und das Bewußtseyn anbricht und nun von schwachen Anfängen stufenweise immer höher steigt und endlich durch den letzten und größten Schritt bis zum Menschen sich erhebt, in dessen Intellekt also die Natur den Gipfelpunkt und das Ziel ihrer Produktionen erreicht, also das Vollendeteste und Schwierigste liefert, was sie hervorzubringen vermag. Selbst innerhalb der menschlichen Species aber stellt der Intellekt noch viele und merkliche Abstufungen dar und gelangt höchst selten zur obersten, der eigentlich hohen Intelligenz. Diese nun also ist im engern und strengern Sinne das schwierigste und höchste Produkt der Natur, mithin das Seltenste und Werthvollste, was die Welt aufzuweisen hat. In einer solchen Intelligenz tritt das klärste Bewußtseyn ein und stellt demgemäß die Welt sich deutlicher und vollständiger, als irgend wo dar. Der damit Ausgestattete besitzt demnach das Edelste und Köstlichste auf Erden und hat dem entsprechend eine Quelle von Genüssen, gegen welche alle übrigen gering sind; so daß er von außen nichts weiter bedarf, als nur die Muße, sich dieses Besitzes ungestört zu erfreuen und seinen Diamanten auszuschleifen. – Denn alle andern, also nicht intellektuellen Genüsse sind niedrigerer Art: sie laufen sämmtlich auf Willensbewegungen hinaus, also auf Wünschen, Hoffen, Fürchten und Erreichen, gleichviel auf was es gerichtet sei, wobei es nie ohne Schmerzen abgehn kann, und zudem mit dem Erreichen, in der Regel, mehr oder weniger Enttäuschung eintritt, statt daß bei den intellektuellen Genüssen die Wahrheit immer klärer wird. Im Reiche der Intelligenz waltet kein Schmerz, sondern Alles ist Erkenntniß. Alle intellektuellen Genüsse sind nun aber Jedem nur vermittelst und also nach Maaßgabe seiner eigenen Intelligenz zugänglich: denn *tout l'esprit, qui est au monde, est inutile à celui qui n'en a point.* [Aller Geist auf der Welt nützt dem nichts, der keinen hat: Labruyère, *Les caractères,* chap. ›De l'homme‹]. Ein wirklicher jenen Vorzug begleitender Nachtheil aber ist, daß, in der ganzen Natur, mit dem Grad der Intelligenz die Fähigkeit zum Schmerze sich steigert, also ebenfalls erst hier ihre höchste Stufe erreicht.

†† Die Vulgarität besteht im Grunde darin, daß im Bewußtseyn das Wollen das Erkennen gänzlich überwiegt, womit es den Grad erreicht, daß durchaus nur zum Dienste des Willens das Erkennen eintritt, folglich wo dieser Dienst es nicht heischt, also eben keine Motive, weder große noch kleine, vorliegen, das Erkennen ganz cessirt [aufhört], folglich völlige Gedankenleere eintritt. Nun ist aber erkenntnißloses Wollen das Gemeinste, was es giebt: jeder Klotz Holz hat es und zeigt es wenigstens wenn er fällt. Daher macht jener Zustand die Vulgarität aus. In demselben bleiben bloß die Sinneswerkzeuge und die geringe, zur Apprehension ihrer Data erforderte

überwiegenden Geisteskräften hingegen ist der lebhaftesten Theilnahme auf dem Wege bloßer Erkenntniß, ohne alle Einmischung des Willens, fähig, ja bedürftig. Diese Theilnahme aber versetzt ihn alsdann in eine Region, welcher der Schmerz wesentlich fremd ist, gleichsam in die Atmosphäre der leicht lebenden Götter, θεων ῥεια ζωοντων [*Ilias*, VI, 138; *Odyssee*, IV, 805]. Während demnach das Leben der Uebrigen in Dumpfheit dahingeht, indem ihr Dichten und Trachten gänzlich auf die kleinlichen Interessen der persönlichen Wohlfahrt und dadurch auf Miseren aller Art gerichtet ist, weshalb unerträgliche Langeweile sie befällt, sobald die Beschäftigung mit jenen Zwecken stockt und sie auf sich selbst zurückgewiesen werden, indem nur das wilde Feuer der Leidenschaft einige Bewegung in die stockende Masse zu bringen vermag; so hat dagegen der mit überwiegenden Geisteskräften ausgestattete Mensch ein gedankenreiches, durchweg belebtes und bedeutsames Daseyn: würdige und interessante Gegenstände beschäftigen ihn, sobald er sich ihnen überlassen darf, und in sich selbst trägt er eine Quelle der edelsten Genüsse. Anregung von außen geben ihm die Werke der Natur und der Anblick des menschlichen Treibens, sodann die so verschiedenartigen Leistungen der Hochbegabten aller Zeiten und Länder, als welche eigentlich nur ihm ganz genießbar, weil nur ihm ganz verständlich und fühlbar sind. Für ihn demnach haben Jene wirklich gelebt, an ihn haben sie sich eigentlich gewendet; während die Uebrigen nur als zufällige Zuhörer Eines und das Andere halb auffassen. Freilich aber hat er durch dieses Alles ein Bedürfniß mehr, als die Andern, das Bedürfniß zu lernen, zu sehn, zu studiren, zu meditiren, zu üben, folglich auch das Bedürfniß freier Muße: aber eben weil, wie Voltaire [*Précis de l'ecclésiaste,* v. 30] richtig bemerkt, *il n'est de vrais plaisirs qu'avec de vrais besoins* [es gibt keine echten Genüsse ohne echte Bedürfnisse], so ist dies Bedürfniß die Bedingung dazu, daß ihm Genüsse offen stehn,

---

Verstandesthätigkeit aktiv, in Folge wovon der vulgare Mensch allen Eindrücken beständig offen steht, also Alles was um ihn herum vorgeht augenblicklich wahrnimmt, so daß der leiseste Ton und jeder, auch noch so geringfügige Umstand seine Aufmerksamkeit sogleich erregt, eben wie bei den Thieren. Dieser ganze Zustand wird in seinem Gesicht und ganzen Aeußern sichtbar, – woraus dann das vulgare Ansehn hervorgeht, dessen Eindruck um so widerlicher ist, wann, wie meistens, der hier das Bewußtseyn allein erfüllende Wille ein niedriger, egoistischer und überhaupt schlechter ist.

welche den Andern versagt bleiben, als welchen Natur- und Kunstschönheiten und Geisteswerke jeder Art, selbst wenn sie solche um sich anhäufen, im Grunde doch nur Das sind, was Hetären einem Greise. Ein so bevorzugter Mensch führt, in Folge davon, neben seinem persönlichen Leben, noch ein zweites, nämlich ein intellektuelles, welches ihm allmälig zum eigentlichen Zweck wird, zu welchem er jenes erstere nur noch als Mittel ansieht; während den Uebrigen dieses schaale, leere und betrübte Daseyn selbst als Zweck gelten muß. Jenes intellektuelle Leben wird daher ihn vorzugsweise beschäftigen, und es erhält, durch den fortwährenden Zuwachs an Einsicht und Erkenntniß, einen Zusammenhang, eine beständige Steigerung, eine sich mehr und mehr abrundende Ganzheit und Vollendung, wie ein werdendes Kunstwerk; wogegen das bloß praktische, bloß auf persönliche Wohlfahrt gerichtete, bloß eines Zuwachses in der Länge, nicht in der Tiefe fähige Leben der Andern traurig absticht, dennoch ihnen, wie gesagt, als Selbstzweck gelten muß; während es Jenem bloßes Mittel ist.

Unser praktisches, reales Leben nämlich ist, wenn nicht die Leidenschaften es bewegen, langweilig und fade; wenn sie aber es bewegen, wird es bald schmerzlich: darum sind Die allein beglückt, denen irgend ein Ueberschuß des Intellekts, über das zum Dienst ihres Willens erforderte Maaß, zu Theil geworden. Denn damit führen sie, neben ihrem wirklichen, noch ein intellektuelles Leben, welches sie fortwährend auf eine schmerzlose Weise und doch lebhaft beschäftigt und unterhält. Bloße Muße, d.h. durch den Dienst des Willens unbeschäftigter Intellekt, reicht dazu nicht aus; sondern ein wirklicher Ueberschuß der Kraft ist erfordert: denn nur dieser befähigt zu einer dem Willen nicht dienenden, rein geistigen Beschäftigung: hingegen *otium sine litteris mors est et hominis vivi sepultura* [Muße ohne geistige Beschäftigung ist der Tod, ist Lebendigbegrabensein für den Menschen] *(Sen. ep. 82)*. Je nachdem nun aber dieser Ueberschuß klein oder groß ist, giebt es unzählige Abstufungen jenes, neben dem realen zu führenden intellektuellen Lebens, vom bloßen Insekten-, Vögel-, Mineralien-, Münzen-Sammeln und Beschreiben, bis zu den höchsten Leistungen der Poesie und Philosophie. Ein solches intellektuelles Leben schützt aber nicht nur gegen die Langeweile, sondern auch gegen die verderblichen Folgen derselben. Es wird nämlich zur Schutzwehr gegen schlechte Gesellschaft und gegen die vielen Gefahren, Unglücksfälle, Verluste und Verschwendungen, in die man geräth, wenn man sein Glück ganz in der realen Welt sucht. So hat z. B. mir meine Philosophie nie etwas eingebracht; aber sie hat mir sehr viel erspart.

Der normale Mensch hingegen ist, hinsichtlich des Genusses seines Lebens, auf Dinge außer ihm gewiesen, auf den Besitz, den Rang, auf Weib und Kinder, Freunde, Gesellschaft u. s. w., auf diese stützt sich sein Lebensglück: darum fällt es dahin, wenn er sie verliert, oder er sich in ihnen getäuscht sah. Dies Verhältniß auszudrücken, können wir sagen, daß sein Schwerpunkt außer ihm fällt. Eben deshalb hat er auch stets wechselnde Wünsche und Grillen: er wird, wenn seine Mittel es erlauben, bald Landhäuser, bald Pferde kaufen, bald Feste geben, bald Reisen machen, überhaupt aber großen Luxus treiben; weil er eben in Dingen aller Art ein Genüge von außen sucht; wie der Entkräftete aus Consommé's [Kraftbrühen] und Apothekerdrogen die Gesundheit und Stärke zu erlangen hofft, deren wahre Quelle die eigene Lebenskraft ist. Stellen wir nun, um nicht gleich zum andern Extrem überzugehn, neben ihn einen Mann von nicht gerade eminenten, aber doch das gewöhnliche, knappe Maaß überschreitenden Geisteskräften; so sehn wir diesen etwan irgend eine schöne Kunst als Dilettant üben, oder aber eine Realwissenschaft, wie Botanik, Mineralogie, Physik, Astronomie, Geschichte, u. dgl. betreiben und alsbald einen großen Theil seines Genusses darin finden, sich daran erholend, wenn jene äußern Quellen stocken, oder ihn nicht mehr befriedigen. Wir können insofern sagen, daß sein Schwerpunkt schon zum Theil in ihn selbst fällt. Weil jedoch bloßer Dilettantismus in der Kunst noch sehr weit von der hervorbringenden Fähigkeit liegt, und weil bloße Realwissenschaften bei den Verhältnissen der Erscheinungen zu einander stehn bleiben; so kann der ganze Mensch nicht darin aufgehn, sein ganzes Wesen kann nicht bis auf den Grund von ihnen erfüllt werden und daher sein Daseyn sich nicht mit ihnen so verweben, daß er am Uebrigen alles Interesse verlöre. Dies nun bleibt der höchsten geistigen Eminenz allein vorbehalten, die man mit dem Namen des Genies zu bezeichnen pflegt: denn nur sie nimmt das Daseyn und Wesen der Dinge im Ganzen und absolut zu ihrem Thema; wonach sie dann ihre tiefe Auffassung desselben, gemäß ihrer individuellen Richtung, durch Kunst, Poesie, oder Philosophie auszusprechen streben wird. Daher ist allein einem Menschen dieser Art die ungestörte Beschäftigung mit sich, mit seinen Gedanken und Werken dringendes Bedürfniß, Einsamkeit willkommen, freie Muße das höchste Gut, alles Uebrige entbehrlich, ja, wenn vorhanden, oft nur zur Last. Nur von einem solchen Menschen können wir demnach sagen, daß sein Schwerpunkt g a n z i n i h n fällt. Hieraus wird sogar erklärlich, daß die höchst seltenen Leute dieser Art, selbst beim besten Charakter, doch nicht jene innige und gränzenlose Theilnahme an Freunden, Familie und Gemeinwesen zeigen, deren Manche der Andern fähig sind: denn sie können sich zuletzt über Alles trösten; wenn sie nur sich selbst haben. Sonach liegt in ihnen ein isolirendes Element mehr, welches um so wirksamer ist, als die Andern ihnen eigentlich nie vollkommen genügen, weshalb sie in ihnen nicht ganz und gar ihres Gleichen sehn können, ja, da das Heterogene in Allem und Jedem ihnen stets fühlbar wird, allmälig sich gewöhnen, unter den Menschen als verschiedenartige Wesen umherzugehn und, in ihren Gedanken über dieselben, sich der dritten, nicht der ersten Person Pluralis zu bedienen. – Unsere moralischen Tugenden kommen hauptsächlich Andern zu Gute; hingegen die intellektuellen zunächst uns selber: darum machen jene uns allgemein beliebt; – diese verhaßt.

Von diesem Gesichtspunkt aus erscheint nun Der, welchen die Natur in intellektueller Hinsicht sehr reich ausgestattet hat, als der Glücklichste; so gewiß das Subjektive uns näher liegt, als das Objektive, dessen Wirkung, welcher Art sie auch sei, immer erst durch Jenes vermittelt, also nur sekundär ist. Dies bezeugt auch der schöne Vers:

> Πλουτος ὁ της ψυχης πλουτος μονος εστιν αληθης,
> Τ'αλλα δ'εχει ατην πλειονα των κτεανων.
>
> [Der Reichtum der Seele ist allein nur der wahre
> Reichtum,
> Alles übrige bringt Ungemach mehr als Gewinn.]
>
> *Lucian* [*epigr.* 12] *in Anthol. 1, 67.*

Ein solcher innerlich Reicher bedarf von außen nichts weiter, als eines negativen Geschenks, nämlich freier Muße, um seine geistigen Fähigkeiten ausbilden und entwickeln und seinen innern Reichthum genießen zu können, also eigentlich nur der Erlaubniß, sein ganzes Leben hindurch, jeden Tag und jede Stunde, ganz er selbst seyn zu dürfen. Wenn Einer bestimmt ist, die Spur seines Geistes dem ganzen Menschengeschlechte aufzudrücken; so giebt es für ihn nur Ein Glück und Unglück, nämlich seine Anlagen vollkommen ausbilden und seine Werke vollenden zu können, – oder aber hieran verhindert zu seyn. Alles Andere ist für ihn geringfügig. Demgemäß sehn wir die großen Geister aller Zeiten auf freie Muße den allerhöchsten Werth legen. Denn die freie Muße eines Jeden ist so viel werth, wie er selbst werth ist. Δοκει δε ἡ ευδαιμονια εν τη σχολη ειναι *(videtur beatitudo in otio esse sita)* [Das Glück scheint in der Muße zu liegen] sagt Aristoteles *(Eth. Nic. X, 7)*, und Diogenes Laertius *(II, 5, 31)* berichtet, daß Σωκρατης επηνει σχολην, ὡς καλλιστον κτηματων *(Socrates otium ut possessionum omnium pulcherrimam laudabat)* [Sokrates die Muße als den schönsten Besitz gepriesen habe]. Dem entspricht auch, daß Aristoteles *(Eth. Nic. X, 7, 8, 9)* das philosophische Leben für das glücklichste erklärt. Sogar gehört hieher, was er in der Politik *(IV, 11)* sagt: τον ευδαιμονα βιον ειναι τον κατ' αρετην ανεμποδιστον, welches, gründlich übersetzt, besagt: »Seine Trefflichkeit, welcher Art sie auch sei, ungehindert üben zu können, ist das eigentliche Glück«, und also zusammentrifft mit Goethes Ausspruch, im Wilh. Meister [1. Buch, 14]: »Wer mit einem Talente, zu einem Talente geboren ist, findet in demselben sein schönstes Daseyn.« – Nun aber ist freie Muße zu besitzen nicht nur dem gewöhnlichen Schicksal, sondern auch der gewöhnlichen Natur des Menschen fremd: denn seine natürliche Bestimmung ist, daß er seine Zeit mit Herbeischaffung des zu seiner und seiner Familie Existenz Nothwendigen zubringe. Er ist ein Sohn der Noth, nicht eine freie Intelligenz. Dem entsprechend, wird freie Muße dem gewöhnlichen Menschen bald zur Last, ja, endlich zur Quaal, wenn er sie nicht, mittelst allerlei erkünstelter und fingirter Zwecke, durch Spiel, Zeitvertreib und Steckenpferde jeder Gestalt auszufüllen vermag: auch bringt sie ihm, aus dem selben Grunde, Gefahr, da es mit Recht heißt *difficilis in otio quies* [Gefährlich ist Ruhe in der Muße]. Andererseits jedoch ist ein über das normale Maaß weit hinausgehender Intellekt ebenfalls abnorm, also unnatürlich. Ist er dennoch ein Mal vorhanden, so bedarf es, für das Glück des damit Begabten, eben jener den Andern bald lästigen, bald verderblichen freien Muße; da er ohne diese ein Pegasus im Joche, mithin unglücklich seyn wird. Treffen nun aber beide Unnatürlichkeiten, die äußere und die innere, zusammen; so ist es ein großer Glücksfall: denn jetzt wird der so Begünstigte ein Leben höherer Art führen, nämlich das eines Eximirten [Befreiten] von den beiden entgegengesetzten Quellen des menschlichen Leidens, der Noth und der Langenweile, oder dem sorglichen Treiben für die Existenz und der Unfähigkeit, die Muße (d. i. die freie Existenz selbst) zu ertragen, welchen beiden Uebeln der Mensch sonst nur dadurch entgeht, daß sie selbst sich wechselseitig neutralisiren und aufheben.

Gegen dieses Alles jedoch kommt andererseits in Betracht, daß die großen Geistesgaben, in Folge der überwiegenden Nerventhätigkeit, eine überaus gesteigerte Empfindlichkeit für den Schmerz, in jeglicher Gestalt, herbeiführen, daß ferner das sie bedingende leidenschaftliche Temperament und zugleich die von ihnen unzertrennliche größere Lebhaftigkeit und Vollkommenheit aller Vorstellungen eine ungleich größere Heftigkeit der durch diese erregten Affekte herbeiführt, während es doch überhaupt mehr peinliche, als angenehme Affekte giebt; endlich auch, daß die großen Geistesgaben ihren Besitzer den übrigen Menschen und ihrem Treiben entfremden, da, je mehr er an sich selber hat, desto weniger er an ihnen finden kann, und hundert Dinge, an welchen sie großes Genüge haben, ihm schaal und ungenießbar sind; wodurch denn das überall sich geltend machende Gesetz der Kompensation vielleicht auch hier in Kraft bleibt; ist doch sogar oft genug, und nicht ohne Schein, behauptet worden, der geistig beschränkteste Mensch sei im Grunde der glücklichste; wenn gleich Keiner ihn um dieses Glück beneiden mag. In der definitiven Entscheidung der Sache will ich um so weniger dem Leser vorgreifen, als selbst Sophokles hierüber zwei einander diametral entgegengesetzte Aussprüche gethan hat:

Πολλῳ το φρονειν ευδαιμονιας πρωτον ὑπαρχει.
(Sapere longe prima felicitatis pars est.)
[Verstand zu haben ist der Hauptteil des Glücks.]
Antig. 1328.

und wieder:

> Εν τῳ φρονειν γαρ μηδεν ἥδιστος βιος.
> *(Nihil cogitantium jucundissima vita est.)*
> [Im Unverstand besteht das angenehmste Leben.]
> *Ajax.* 550.

Eben so uneinig mit einander sind die Philosophen des Alten Testaments: »Des Narren Leben ist ärger denn der Tod!« (του γαρ μωρου ὑπερ θανατου ζωη πονηρα, Jesus Sirach 22, 12) und: »Wo viel Weisheit ist, da ist viel Grämens.« (ὁ προστιθεις γνωσιν, προσθησει ἄλγημα, Koheleth 1, 18). Inzwischen will ich hier doch nicht unerwähnt lassen, daß der Mensch, welcher, in Folge des streng und knapp normalen Maaßes seiner intellektuellen Kräfte, keine geistige Bedürfnisse hat, es eigentlich ist, den ein der deutschen Sprache ausschließlich eigener, vom Studentenleben ausgegangener, nachmals aber in einem höheren, wiewohl dem ursprünglichen, durch den Gegensatz zum Musensohne, immer noch analogen Sinne gebrauchter Ausdruck als den Philister bezeichnet. Dieser nämlich ist und bleibt der αμουσος ανηρ [amusische Mensch]. Nun würde ich zwar, von einem höhern Standpunkt aus, die Definition der Philister so aussprechen, daß sie Leute wären, die immerfort auf das Ernstlichste beschäftigt sind mit einer Realität, die keine ist. Allein eine solche, schon transscendentale Definition, würde dem populären Standpunkt, auf welchen ich mich in dieser Abhandlung gestellt habe, nicht angemessen, daher auch vielleicht nicht durchaus jedem Leser faßlich seyn. Jene erstere hingegen läßt leichter eine specielle Erläuterung zu und bezeichnet hinreichend das Wesentliche der Sache, die Wurzel aller der Eigenschaften, die den Philister charakterisiren. Er ist demnach ein Mensch ohne geistige Bedürfnisse. Hieraus nun folgt gar mancherlei: erstlich, in Hinsicht auf ihn selbst, daß er ohne geistige Genüsse bleibt; nach dem schon erwähnten Grundsatz: *il n'est de vrais plaisirs qu'avec de vrais besoins.* Kein Drang nach Erkenntniß und Einsicht, um ihrer selbst Willen, belebt sein Daseyn, auch keiner nach eigentlich ästhetischen Genüssen, als welcher dem ersteren durchaus verwandt ist. Was dennoch von Genüssen solcher Art etwan Mode, oder Auktorität, ihm aufdringt, wird er als eine Art

Zwangsarbeit möglichst kurz abthun. Wirkliche Genüsse für ihn sind allein die sinnlichen: durch diese hält er sich schadlos. Demnach sind Austern und Champagner der Höhepunkt seines Daseyns, und sich Alles, was zum leiblichen Wohlseyn beiträgt, zu verschaffen, ist der Zweck seines Lebens. Glücklich genug, wenn dieser ihm viel zu schaffen macht! Denn, sind jene Güter ihm schon zum Voraus oktroyirt [verliehen]; so fällt er unausbleiblich der Langenweile anheim; gegen welche dann alles Ersinnliche versucht wird: Ball, Theater, Gesellschaft, Kartenspiel, Hasardspiel, Pferde, Weiber, Trinken, Reisen u. s. w. Und doch reicht dies Alles gegen die Langeweile nicht aus, wo Mangel an geistigen Bedürfnissen die geistigen Genüsse unmöglich macht. Daher auch ist dem Philister ein dumpfer, trockener Ernst, der sich dem thierischen nähert, eigen und charakteristisch. Nichts freut ihn, nichts erregt ihn, nichts gewinnt ihm Antheil ab. Denn die sinnlichen Genüsse sind bald erschöpft; die Gesellschaft, aus eben solchen Philistern bestehend, wird bald langweilig; das Kartenspiel zuletzt ermüdend. Allenfalls bleiben ihm noch die Genüsse der Eitelkeit, nach seiner Weise, welche denn darin bestehn, daß er an Reichthum, oder Rang, oder Einfluß und Macht, Andere übertrifft, von welchen er dann deshalb geehrt wird; oder aber auch darin, daß er wenigstens mit Solchen, die in Dergleichen eminiren [sich hervortun], Umgang hat und so sich im Reflex ihres Glanzes sonnt *(a snob)*. – Aus der aufgestellten Grundeigenschaft des Philisters folgt z w e i t e n s , i n H i n s i c h t a u f A n d e r e , daß, da er keine geistige, sondern nur physische Bedürfnisse hat, er Den suchen wird, der diese, nicht Den, der jene zu befriedigen im Stande ist. Am allerwenigsten wird daher unter den Anforderungen, die er an Andere macht, die irgend überwiegender geistiger Fähigkeiten seyn; vielmehr werden diese, wenn sie ihm aufstoßen, seinen Widerwillen, ja, seinen Haß erregen; weil er dabei nur ein lästiges Gefühl von Inferiorität, und dazu einen dumpfen, heimlichen Neid verspürt, den er aufs Sorgfältigste versteckt, indem er ihn sogar sich selber zu verhehlen sucht, wodurch aber gerade solcher bisweilen bis zu einem stillen Ingrimm anwächst. Nimmermehr demnach wird es ihm einfallen, nach dergleichen Eigenschaften seine Werthschätzung, oder Hochachtung abzumessen; sondern diese wird ausschließlich dem Range und Reichthum, der Macht und dem Einfluß vorbehalten bleiben, als welche in seinen Augen die allein wahren Vorzüge sind, in denen zu excelliren auch sein Wunsch wäre. – Alles Dieses aber folgt daraus, daß er ein Mensch ohne geistige Bedürfnisse ist.

Ein großes Leiden aller Philister ist, daß Idealitäten ihnen keine Unterhaltung gewähren, sondern sie, um der Langenweile zu entgehn, stets der Realitäten bedürfen. Diese nämlich sind theils bald erschöpft, wo sie, statt zu unterhalten, ermüden; theils führen sie Unheil jeder Art herbei; während hingegen die Idealitäten unerschöpflich und an sich unschuldig und unschädlich sind. –

Ich habe in dieser ganzen Betrachtung der persönlichen Eigenschaften, welche zu unserm Glücke beitragen, nächst den physischen, hauptsächlich die intellektuellen berücksichtigt. Auf welche Weise nun aber auch die moralische Trefflichkeit unmittelbar beglückt, habe ich früher in meiner Preisschrift über das Fundament der Moral § 22, S. 275 [Bd. VI uns. Ausg., S. 312] dargelegt, wohin ich also von hier verweise.

Kapitel III.

Von Dem, was Einer hat.

Richtig und schön hat der große Glücksäligkeitslehrer Epikuros die menschlichen Bedürfnisse in drei Klassen getheilt. Erstlich, die natürlichen und nothwendigen: es sind die, welche, wenn nicht befriedigt, Schmerz verursachen. Folglich gehört hieher nur *victus et amictus* [Nahrung und Kleidung]. Sie sind leicht zu befriedigen. Zweitens, die natürlichen, jedoch nicht nothwendigen: es ist das Bedürfniß der Geschlechtsbefriedigung; wiewohl Epikur Dies im Berichte des Laertius nicht ausspricht; (wie ich denn überhaupt seine Lehre hier etwas zurechtgeschoben und ausgefeilt wiedergebe). Dieses Bedürfniß zu befriedigen hält schon schwerer. Drittens, die weder natürlichen, noch nothwendigen: es sind die des Luxus, der Ueppigkeit, des Prunkes und Glanzes: sie sind endlos und ihre Befriedigung ist sehr schwer. (Siehe *Diog. Laert. L. X, c. 27*, § 149, auch § 127, und *Cicero, de finibus 1, c. 14* und 16.)

Die Gränze unserer vernünftigen Wünsche hinsichtlich des Besitzes zu bestimmen ist schwierig, wo nicht unmöglich. Denn die Zufriedenheit eines Jeden, in dieser Hinsicht, beruht nicht auf einer absoluten, sondern auf einer bloß relativen Größe, nämlich auf dem Verhältniß zwischen seinen Ansprüchen und seinem Besitz: daher dieser Letztere, für sich allein betrachtet, so bedeutungsleer ist, wie der Zähler eines Bruchs ohne den Nenner. Die Güter, auf welche Anspruch zu machen einem Menschen nie in den Sinn gekommen ist, entbehrt er durchaus nicht, sondern ist, auch ohne sie, völlig zufrieden; während ein Anderer, der hundert Mal mehr besitzt als er, sich unglücklich fühlt, weil ihm Eines abgeht, darauf er Anspruch macht. Jeder hat, auch in dieser Hinsicht, einen eigenen Horizont des für ihn möglicherweise Erreichbaren: so weit wie dieser gehn seine Ansprüche. Wann irgend ein innerhalb desselben gelegenes Objekt sich ihm so darstellt, daß er auf dessen Erreichung vertrauen kann, fühlt er sich glücklich; hingegen unglücklich, wann eintretende Schwierigkeiten ihm die Aussicht darauf benehmen. Das außerhalb dieses Gesichtskreises Liegende wirkt gar nicht auf ihn. Daher beunruhigen den Armen die großen Besitzthümer der Reichen nicht, und tröstet andererseits den Reichen, bei verfehlten Absichten, das Viele nicht, was er schon besitzt. Der Reichthum gleicht dem Seewasser: je mehr man davon trinkt, desto durstiger wird man. – Das Selbe gilt vom Ruhm. – Daß nach verlorenem Reichthum, oder Wohlstande, sobald der erste Schmerz überstanden ist, unsere habituelle [gewohnte] Stimmung nicht sehr verschieden von der früheren ausfällt, kommt daher, daß, nachdem das Schicksal den Faktor unsers Besitzes verkleinert hat, wir selbst nun den Faktor unserer Ansprüche gleich sehr vermindern. Diese Operation aber ist das eigentlich Schmerzhafte, bei einem Unglücksfall: nachdem sie vollzogen ist, wird der Schmerz immer weniger, zuletzt gar nicht mehr gefühlt: die Wunde vernarbt. Umgekehrt wird, bei einem Glücksfall, der Kompressor unserer Ansprüche hinaufgeschoben, und sie dehnen sich aus: hierin liegt die Freude. Aber auch sie dauert nicht länger, als bis diese Operation gänzlich vollzogen ist: wir gewöhnen uns an das erweiterte Maaß der Ansprüche und werden gegen den demselben entsprechenden Besitz gleichgültig. Dies besagt schon die homerische Stelle, *Od. XVIII, 130–137,* welche schließt:

> Τοιος γαρ νοος εστιν επιχθονιων ανθρωπων,
> Ὁιον εφ' ημαρ αγει πατηρ ανδρων τε, θεων τε.
> [Und so gleicht die Gesinnung der erdbewohnenden Menschen
> Ganz dem Tage, den schenkte der Vater der Götter und Menschen.]

Die Quelle unserer Unzufriedenheit liegt in unsern stets erneuerten Versuchen, den Faktor der Ansprüche in die Höhe zu schieben, bei der Unbeweglichkeit des andern Faktors, die es verhindert. –

Unter einem so bedürftigen und aus Bedürfnissen bestehenden Geschlecht, wie das menschliche, ist es nicht zu verwundern, daß Reichthum, mehr und aufrichtiger als alles Andere, geachtet, ja verehrt wird, und selbst die Macht nur als Mittel zum Reichthum; wie auch nicht, daß zum Zwecke des Erwerbs alles Andere bei Seite geschoben, oder über den Haufen geworfen wird, z. B. die Philosophie von den Philosophieprofessoren.

Daß die Wünsche der Menschen hauptsächlich auf Geld gerichtet sind und sie dieses über Alles lieben, wird ihnen oft zum Vorwurf gemacht. Jedoch ist es natürlich, wohl gar unvermeidlich, Das zu lieben, was, als ein unermüdlicher Proteus, jeden Augenblick bereit ist, sich in den jedesmaligen Gegenstand unserer so wandelbaren Wünsche und mannigfaltigen Bedürfnisse zu verwandeln. Jedes andere Gut nämlich kann nur einem Wunsch, einem Bedürfniß genügen: Speisen sind bloß gut für den Hungrigen, Wein für den Gesunden, Arznei für den Kranken, ein Pelz für den Winter, Weiber für die Jugend u. s. w. Sie sind folglich alle nur αγαθα προς τι [gut zu etwas], d. h. nur relativ gut. Geld allein ist das absolut Gute: weil es nicht bloß einem Bedürfniß *in concreto* begegnet, sondern dem Bedürfniß überhaupt, *in abstracto*. –

Vorhandenes Vermögen soll man betrachten als eine Schutzmauer gegen die vielen möglichen Uebel und Unfälle; nicht als eine Erlaubniß oder gar Verpflichtung, die Plaisirs der Welt heranzuschaffen. Leute, die von Hause aus kein Vermögen haben, aber endlich in die Lage kommen, durch ihre Talente, welcher Art sie auch seien, viel zu verdienen, gerathen fast immer in die Einbildung, ihr Talent sei das bleibende Kapital und der Gewinn dadurch die Zinsen. Demgemäß legen sie dann nicht das Erworbene theilweise zurück, um so ein bleibendes Kapital zusammenzubringen; sondern geben aus, in dem Maaße, wie sie verdienen. Danach aber werden sie meistens in Armuth gerathen; weil ihr Erwerb stockt, oder aufhört, nachdem entweder das Talent selbst erschöpft ist, indem es vergänglicher Art war, wie z. B. das zu fast allen schönen Künsten, oder auch, weil es nur unter besondern Umständen und Konjunkturen geltend zu machen war, welche aufgehört haben. Handwerker mögen immerhin es auf die besagte Weise halten; weil die Fähigkeiten zu ihren Leistungen nicht leicht verloren gehn, auch durch die Kräfte der Gesellen ersetzt werden, und weil ihre Fabrikate Gegenstände des Bedürfnisses sind, also alle Zeit Abgang finden; weshalb denn auch das Sprichwort »ein Handwerk hat einen goldenen Boden« richtig ist. Aber nicht so steht es um die Künstler und *virtuosi* jeder Art. Eben deshalb werden diese theuer bezahlt. Daher aber soll was sie erwerben ihr Kapital werden; während sie, vermessenerweise, es für bloße Zinsen halten und dadurch ihrem Verderben entgegengehn. – Leute hingegen, welche ererbtes Vermögen besitzen, wissen wenigstens sogleich ganz richtig, was das Kapital und was die Zinsen sind. Die Meisten werden daher jenes sicher zu stellen suchen, keinesfalls es angreifen, ja, wo möglich, wenigstens $^1/_8$ der Zinsen zurücklegen, künftigen Stockungen zu begegnen. Sie bleiben daher meistens im Wohlstande. – Auf Kaufleute ist diese ganze Bemerkung nicht anwendbar: denn ihnen ist das Geld selbst Mittel zum ferneren Erwerb, gleichsam Handwerksgeräth; daher sie, auch wenn es ganz von ihnen selbst erworben ist, es sich, durch Benutzung, zu erhalten und zu vermehren suchen. Demgemäß ist in keinem Stande der Reichthum so eigentlich zu Hause, wie in diesem.

Ueberhaupt aber wird man, in der Regel, finden, daß Diejenigen, welche schon mit der eigentlichen Noth und dem Mangel handgemein gewesen sind, diese ungleich weniger fürchten und daher zur Verschwendung geneigter sind, als Die, welche solche nur von Hörensagen kennen. Zu den Ersteren gehören Alle, die durch Glücksfälle irgend einer Art, oder durch besondere Talente, gleichviel welcher Gattung, ziemlich schnell aus der Armuth in den Wohlstand gelangt sind: die Andern hingegen sind Die, welche im Wohlstande geboren und geblieben sind. Diese sind durchgängig mehr auf die Zukunft bedacht und daher ökonomischer, als jene. Man könnte daraus schließen, daß die Noth nicht eine so schlimme Sache wäre, wie sie, von Weitem gesehn, scheint. Doch möchte der wahre Grund vielmehr dieser seyn, daß Dem der in angestammtem Reichthume geboren ist, dieser als etwas Unentbehrliches erscheint, als das Element des einzig möglichen Lebens, so gut wie die Luft; daher er ihn bewacht wie sein Leben, folglich meistens ordnungsliebend, vorsichtig und sparsam ist. Dem in angestammter Armuth Geborenen hingegen erscheint diese als der natürliche Zustand; der ihm danach irgendwie zugefallene Reichthum aber als etwas Ueberflüssiges, bloß tauglich zum Genießen und Verprassen; indem man, wann er wieder fort ist, sich, so gut wie vorher, ohne ihn behilft und noch eine Sorge los ist. Da geht es denn wie Shakespeare sagt:

The adage must be verified,
That beggars mounted run their horse to death.

(Das Sprichwort muß bewährt werden, daß der zu Pferde gesetzte Bettler sein Thier zu Tode jagt.)

Henry VI. P. 3. A. 1.

Dazu kommt denn freilich noch, daß solche Leute ein festes und übergroßes Zutrauen theils zum Schicksal, theils zu den eigenen Mitteln, die ihnen schon aus Noth und Armuth herausgeholfen haben, nicht sowohl im Kopf, als im Herzen tragen und daher die Untiefen derselben nicht, wie es wohl den reich Geborenen begegnet, für bodenlos halten, sondern denken, daß man, auf den Boden stoßend, wieder in die Höhe gehoben wird. – Aus dieser menschlichen Eigenthümlichkeit ist es auch zu erklären, daß Frauen, welche arme Mädchen waren, sehr oft anspruchsvoller und verschwenderischer sind, als die, welche eine reiche Aussteuer zubrachten; indem meistentheils die reichen Mädchen nicht bloß Vermögen mitbringen, sondern auch mehr Eifer, ja, angeerbten Trieb zur Erhaltung desselben, als arme. Wer inzwischen das Gegentheil behaupten will findet eine Auktorität für sich am Ariosto in dessen erster Satire. Hingegen stimmt *Dr.* Johnson meiner Meinung bei: *A woman of fortune being used to the handling of money, spends it judiciously: but a woman who gets the command of money for the first time upon her marriage, has such a gust in spending it, that she throws it away with great profusion.* [Eine begüterte Frau, die den Umgang mit Geld gewohnt ist, gibt es mit Verstand aus; aber eine Frau, die nach ihrer Heirat erstmalig über Geld verfügt, hat solches Vergnügen am Ausgeben, daß sie es mit vollen Händen verschwendet.] *(S. Boswell, Life of Johnson, ann. 1776, aetat. 67.)* Jedenfalls aber möchte ich Dem, der ein armes Mädchen heirathet, rathen, sie nicht das Kapital, sondern eine bloße Rente erben zu lassen, besonders aber dafür zu sorgen, daß das Vermögen der Kinder nicht in ihre Hände geräth.

Ich glaube keineswegs etwas meiner Feder Unwürdiges zu thun, indem ich hier die Sorge für Erhaltung des erworbenen und des ererbten Vermögens anempfehle. Denn von Hause aus so viel zu besitzen, daß man, wäre es auch nur für seine Person und ohne Familie, in wahrer Unabhängigkeit, d. h. ohne zu arbeiten, bequem leben kann, ist ein unschätzbarer Vorzug: denn es ist die Exemtion [Befreiung] und die Immunität von der dem menschlichen Leben anhängenden Bedürftigkeit und Plage, also die Emancipation vom allgemeinen Frohndienst, diesem naturgemäßen Loose des Erdensohns. Nur unter dieser Begünstigung des Schicksals ist man als ein wahrer Freier geboren: denn nur so ist man eigentlich *sui juris* [sein eigener Herr], Herr seiner Zeit und seiner Kräfte, und darf jeden Morgen sagen: »Der Tag ist mein.« Auch ist eben deshalb zwischen Dem, der tausend, und Dem, der hundert Tausend Thaler Renten hat, der Unterschied unendlich kleiner, als zwischen Ersterem und Dem, der nichts hat. Seinen höchsten Werth aber erlangt das angeborene Vermögen, wenn es Dem zugefallen ist, der mit geistigen Kräften höherer Art ausgestattet, Bestrebungen verfolgt, die sich mit dem Erwerbe nicht wohl vertragen: denn alsdann ist er vom Schicksal doppelt dotirt und kann jetzt seinem Genius leben: der Menschheit aber wird er seine Schuld dadurch hundertfach abtragen, daß er leistet was kein Anderer konnte und etwas hervorbringt, das ihrer Gesammtheit zu Gute kommt, wohl auch gar ihr zur Ehre gereicht. Ein Anderer nun wieder wird, in so bevorzugter Lage, sich durch philanthropische Bestrebungen um die Menschheit verdient machen. Wer hingegen nichts von dem Allen, auch nur einigermaaßen, oder versuchsweise, leistet, ja, nicht ein Mal, durch gründliche Erlernung irgend einer Wissenschaft, sich wenigstens die Möglichkeit eröffnet, dieselbe zu fördern, – ein Solcher ist, bei angeerbtem Vermögen, ein bloßer Tagedieb und verächtlich. Auch wird er nicht glücklich seyn: denn die Exemtion von der Noth liefert ihn dem andern Pol des menschlichen Elends, der Langenweile, in die Hände, die ihn so martert, daß er viel glücklicher wäre, wenn die Noth ihm Beschäftigung gegeben hätte. Eben diese Langeweile aber wird ihn leicht zu Extravaganzen verleiten, welche ihn um jenen Vorzug bringen, dessen er nicht würdig war. Wirklich befinden Unzählige sich bloß deshalb in Mangel, weil, als sie Geld hatten, sie es ausgaben, um nur sich augenblickliche Linderung der sie drückenden Langenweile zu verschaffen.

Ganz anders nun aber verhält es sich, wenn der Zweck ist, es im Staatsdienste hoch zu bringen, wo demnach Gunst, Freunde, Verbindungen erworben werden müssen, um durch sie, von Stufe zu Stufe, Beförderung, vielleicht gar bis zu den höchsten Posten, zu erlangen: hier nämlich ist es im Grunde wohl besser, ohne alles Vermögen in die Welt gestoßen zu seyn. Besonders wird es Dem, welcher nicht adelig, hingegen mit einigem Talent ausgestattet ist, zum wahren Vortheil und zur Empfehlung gereichen, wenn er ein ganz armer Teufel ist. Denn was Jeder, schon in der bloßen Unterhaltung, wie viel mehr im Dienste, am meisten sucht und liebt, ist die Inferiorität des Andern. Nun aber ist allein ein armer Teufel von seiner gänzlichen, tiefen, entschiedenen und allseitigen Inferiorität und seiner völligen Unbedeutsamkeit und Werthlosigkeit in dem Grade überzeugt und durchdrungen, wie es hier erfordert wird. Nur er demnach verbeugt sich oft und anhaltend genug, und nur seine Bücklinge erreichen volle 90°: nur er läßt Alles über sich ergehn und lächelt dazu; nur er erkennt die gänzliche Werthlosigkeit der Verdienste; nur er preist öffentlich, mit lauter Stimme, oder auch in großem Druck, die litterarischen Stümpereien der über ihn Gestellten, oder sonst Einflußreichen, als Meisterwerke; nur er versteht zu betteln: folglich kann nur er, bei Zeiten, also in der Jugend, sogar ein Epopte [Eingeweihter] jener verborgenen Wahrheit werden, die Goethe uns enthüllt hat in den Worten:

»Ueber's Niederträchtige
Niemand sich beklage:
Denn es ist das Mächtige,
Was man dir auch sage.«
W. O. Divan
[›Buch des Unmuts‹, ›Wanderers Gemütsruhe‹].

Hingegen Der, welcher von Hause aus zu leben hat, wird sich meistens ungebärdig stellen: er ist gewohnt *tête levée* [erhobenen Hauptes] zu gehn, hat alle jene Künste nicht gelernt, trotzt dazu vielleicht noch auf etwanige Talente, deren Unzulänglichkeit vielmehr, dem *médiocre et rampant* [Mittelmäßigen und Kriecherischen] gegenüber, er begreifen sollte; er ist am Ende wohl gar im Stande, die Inferiorität der über ihn Gestellten zu merken, und wenn es nun vollends zu den Indignitäten [Unwürdigkeiten] kommt, da wird er stätisch [störrisch] oder kopfscheu. Damit poussirt [setzt] man sich nicht [durch] in der Welt: vielmehr kann es mit ihm zuletzt dahin kommen, daß er mit dem frechen Voltaire sagt: *nous n'avons que deux jours à vivre: ce n'est pas la peine de les passer à ramper sous des coquins méprisables* [Unser Leben dauert nur zwei Tage: es lohnt nicht, sie damit zuzubringen, daß wir vor verächtlichen Schurken kriechen]: – leider ist, beiläufig gesagt, dieses *coquin méprisable* ein Prädikat, zu dem es in der Welt verteufelt viele Subjekte giebt. Man sieht also, daß das Juvenalische

> *Haud facile emergunt, quorum virtutibus obstat*
> *Res angusta domi,*
>
> [Nicht leicht kommen die hoch, deren Fähigkeiten durch häuslichen Mangel gehemmt sind.
>
> *Saturae*, 3, 164],

mehr von der Laufbahn der Virtuositäten, als von der der Weltleute, gültig ist. –

Zu Dem, was Einer hat, habe ich Frau und Kinder nicht gerechnet; da er von diesen vielmehr gehabt wird. Eher ließen sich Freunde dazu zählen: doch muß auch hier der Besitzende im gleichen Maaße der Besitz des Andern seyn.

Kapitel IV.

Von Dem, was Einer vorstellt.

Dieses, also unser Daseyn in der Meinung Anderer, wird, in Folge einer besondern Schwäche unserer Natur, durchgängig viel zu hoch angeschlagen; obgleich schon die leichteste Besinnung lehren könnte, daß es, an sich selbst, für unser Glück, unwesentlich ist. Es ist demnach kaum erklärlich, wie sehr jeder Mensch sich innerlich freut, so oft er Zeichen der günstigen Meinung Anderer merkt und seiner Eitelkeit irgendwie geschmeichelt wird. So unausbleiblich wie die Katze spinnt, wenn man sie streichelt, malt süße Wonne sich auf das Gesicht des Menschen, den man lobt, und zwar in dem Felde seiner Prätension, sei das Lob auch handgreiflich lügenhaft. Oft trösten ihn, über reales Unglück, oder über die Kargheit, mit der für ihn die beiden, bis hieher abgehandelten Hauptquellen unsers Glückes fließen, die Zeichen des fremden Beifalls: und, umgekehrt, ist es zum Erstaunen, wie sehr jede Verletzung seines Ehrgeizes, in irgend einem Sinne, Grad, oder Verhältniß, jede Geringschätzung, Zurücksetzung, Nichtachtung ihn unfehlbar kränkt und oft tief schmerzt. Sofern auf dieser Eigenschaft das Gefühl der Ehre beruht, mag sie für das Wohlverhalten Vieler, als Surrogat ihrer Moralität, von ersprießlichen Folgen seyn; aber auf das eigene G l ü c k des Menschen, zunächst auf die diesem so wesentliche Gemüthsruhe und Unabhängigkeit, wirkt sie mehr störend und nachtheilig, als förderlich ein. Daher ist es, von unserem Gesichtspunkt aus, rathsam, ihr Schranken zu setzen und, mittelst gehöriger Ueberlegung und richtiger Abschätzung des Werthes der Güter, jene große Empfindlichkeit gegen die fremde Meinung möglichst zu mäßigen, sowohl da, wo ihr geschmeichelt wird, als da, wo ihr wehe geschieht: denn Beides hängt am selben Faden. Außerdem bleibt man der Sklave fremder Meinung und fremden Bedünkens:

Sic leve, sic parvum est, animum quod laudis avarum
Subruit ac reficit.
[So leicht, so klein ist das, was den nach Lob Dürstenden niederdrückt und erhebt. Horaz, *epist.* II, 1, 179.]

Demnach wird eine richtige Abschätzung des Werthes Dessen, was man in und für sich selbst ist, gegen Das, was man bloß in den Augen Anderer ist, zu unserm Glücke viel beitragen. Zum Ersteren gehört die ganze Ausfüllung der Zeit unsers eigenen Daseyns, der innere Gehalt desselben, mithin alle die Güter, welche unter den Titeln »was Einer ist« und »was Einer hat« von uns in Betrachtung genommen worden sind. Denn der Ort, in welchem alles Dieses seine Wirkungssphäre hat, ist das eigene Bewußtseyn. Hingegen ist der Ort Dessen, was wir für Andere sind, das fremde Bewußtseyn: es ist die Vorstellung, unter welcher wir darin erscheinen, nebst den Begriffen, die auf diese angewandt werden.† Dies nun ist etwas, das unmittelbar gar nicht für uns vorhanden ist, sondern bloß mittelbar, nämlich sofern das Betragen der Andern gegen uns dadurch bestimmt wird. Und auch Dieses selbst kommt eigentlich nur in Betracht, sofern es Einfluß hat auf irgend etwas, wodurch Das, was wir in und für uns selbst sind, modificirt werden kann. Außerdem ist ja was in einem fremden Bewußtseyn vorgeht, als solches, für uns gleichgültig, und auch wir werden allmälig gleichgültig dagegen werden, wenn wir von der Oberflächlichkeit und Futilität [Nichtigkeit] der Gedanken, von der Beschränktheit der Begriffe, von der Kleinlichkeit der Gesinnung, von der Verkehrtheit der Meinungen und von der Anzahl der Irrthümer in den allermeisten Köpfen eine hinlängliche Kenntniß erlangen, und dazu aus eigener Erfahrung lernen, mit welcher Geringschätzung gelegentlich von Jedem geredet wird, sobald man ihn nicht zu fürchten hat, oder glaubt, es komme ihm nicht zu Ohren; insbesondere aber nachdem wir ein Mal angehört haben, wie vom größten Manne ein halbes Dutzend Schaafsköpfe mit Wegwerfung spricht. Wir werden dann einsehn, daß wer auf die Meinung der Menschen einen großen Werth leget, ihnen zu viel Ehre erzeiget.

† Die höchsten Stände, in ihrem Glanz, in ihrer Pracht und Prunk und Herrlichkeit und Repräsentation jeder Art können sagen: »unser Glück liegt ganz außerhalb unserer Selbst: sein Ort sind die Köpfe Anderer.«

Jedenfalls ist Der auf eine kümmerliche Ressource [Hilfsquelle] hingewiesen, der sein Glück nicht in den beiden, bereits abgehandelten Klassen von Gütern findet, sondern es in dieser dritten suchen muß, also nicht in Dem, was er wirklich, sondern in Dem, was er in der fremden Vorstellung ist. Denn überhaupt ist die Basis unsers Wesens und folglich auch unsers Glücks unsere animalische Natur. Daher ist, für unsere Wohlfahrt, Gesundheit das Wesentlichste, nächst dieser aber die Mittel zu unserer Erhaltung, also ein sorgenfreies Auskommen. Ehre, Glanz, Rang, Ruhm, so viel Werth auch Mancher darauf legen mag, können mit jenen wesentlichen Gütern nicht kompetiren [wetteifern], noch sie ersetzen: vielmehr würden sie, erforderlichen Falles, unbedenklich für jene hingegeben werden. Dieserwegen wird es zu unserm Glücke beitragen, wenn wir bei Zeiten die simple Einsicht erlangen, daß Jeder zunächst und wirklich in seiner eigenen Haut lebt, nicht aber in der Meinung Anderer, und daß demnach unser realer und persönlicher Zustand, wie er durch Gesundheit, Temperament, Fähigkeiten, Einkommen, Weib, Kind, Freunde, Wohnort u. s. w. bestimmt wird, für unser Glück hundert Mal wichtiger ist, als was es Andern beliebt aus uns zu machen. Der entgegengesetzte Wahn macht unglücklich. Wird mit Emphase ausgerufen »über's Leben geht noch die Ehre«, so besagt dies eigentlich: »Daseyn und Wohlseyn sind nichts; sondern was die Andern von uns denken, das ist die Sache.« Allenfalls kann der Ausspruch als eine Hyperbel gelten, der die prosaische Wahrheit zum Grunde liegt, daß zu unserm Fortkommen und Bestehn unter Menschen die Ehre, d. h. die Meinung derselben von uns, oft unumgänglich nöthig ist; worauf ich weiterhin zurückkommen werde. Wenn man hingegen sieht, wie fast Alles, wonach Menschen, ihr Leben lang, mit rastloser Anstrengung und unter tausend Gefahren und Mühsäligkeiten, unermüdlich streben, zum letzten Zwecke hat, sich dadurch in der Meinung Anderer zu erhöhen, indem nämlich nicht nur Aemter, Titel und Orden, sondern auch Reichthum, und selbst Wissenschaft† und Kunst, im Grunde und hauptsächlich deshalb angestrebt werden, und der größere Respekt Anderer das letzte Ziel ist, darauf man hin-

† *Scire tuum nihil est, nisi te scire hoc sciat alter.* [Dein Wissen ist wertlos, wenn nicht auch andere wissen, daß du es weißt: Persius, I, 27.]

arbeitet; so beweist Dies leider nur die Größe der menschlichen Thorheit. Viel zu viel Werth auf die Meinung Anderer zu legen ist ein allgemein herrschender Irrwahn: mag er nun in unserer Natur selbst wurzeln, oder in Folge der Gesellschaft und Civilisation entstanden seyn; jedenfalls übt er auf unser gesammtes Thun und Lassen einen ganz übermäßigen und unserm Glücke feindlichen Einfluß aus, den wir verfolgen können, von da an, wo er sich in der ängstlichen und sklavischen Rücksicht auf das *qu'en dira-t-on* [Was wird man dazu sagen?] zeigt, bis dahin, wo er den Dolch des Virginius in das Herz seiner Tochter stößt, oder den Menschen verleitet, für den Nachruhm, Ruhe, Reichthum und Gesundheit, ja, das Leben zu opfern. Dieser Wahn bietet allerdings Dem, der die Menschen zu beherrschen, oder sonst zu lenken hat, eine bequeme Handhabe dar; weshalb in jeder Art von Menschendressirungskunst die Weisung, das Ehrgefühl rege zu erhalten und zu schärfen, eine Hauptstelle einnimmt: aber in Hinsicht auf das eigene Glück des Menschen, welches hier unsere Absicht ist, verhält die Sache sich ganz anders, und ist vielmehr davon abzumahnen, daß man nicht zu viel Werth auf die Meinung Anderer lege. Wenn es, wie die tägliche Erfahrung lehrt, dennoch geschieht, wenn die meisten Menschen gerade auf die Meinung Anderer von ihnen den höchsten Werth legen und es ihnen darum mehr zu thun ist, als um Das, was, weil es in ihrem eigenen Bewußtseyn vorgeht. unmittelbar für sie vorhanden ist; wenn demnach, mittelst Umkehrung der natürlichen Ordnung, ihnen Jenes der reale, Dieses der bloß ideale Theil ihres Daseyns zu seyn scheint, wenn sie also das Abgeleitete und Sekundäre zur Hauptsache machen und ihnen mehr das Bild ihres Wesens im Kopfe Anderer, als dieses Wesen selbst am Herzen liegt; so ist diese unmittelbare Werthschätzung Dessen, was für uns unmittelbar gar nicht vorhanden ist, diejenige Thorheit, welche man Eitelkeit, *vanitas*, genannt hat, um dadurch das Leere und Gehaltlose dieses Strebens zu bezeichnen. Auch ist aus dem Obigen leicht einzusehn, daß sie zum Vergessen des Zwecks über die Mittel gehört, so gut wie der Geiz.

In der That überschreitet der Werth, den wir auf die Meinung Anderer legen, und unsere beständige Sorge in Betreff derselben, in der Regel, fast jede vernünftige Bezweckung, so daß sie als eine Art allgemein verbreiteter, oder vielmehr angeborener

Manie angesehn werden kann. Bei Allem, was wir thun und lassen, wird, fast vor allem Andern, die fremde Meinung berücksichtigt, und aus der Sorge um sie werden wir, bei genauer Untersuchung, fast die Hälfte aller Bekümmernisse und Aengste, die wir jemals empfunden haben, hervorgegangen sehn. Denn sie liegt allem unserm, so oft gekränkten, weil so krankhaft empfindlichen, Selbstgefühl, allen unsern Eitelkeiten und Prätensionen, wie auch unserm Prunken und Großthun, zum Grunde. Ohne diese Sorge und Sucht würde der Luxus kaum $^{1}/_{10}$ dessen seyn, was er ist. Aller und jeder Stolz, *point d'honneur* [Ehrgefühl] und *puntiglio* [übertriebener Ehrenstandpunkt], so verschiedener Gattung und Sphäre er auch seyn kann, beruht auf ihr, – und welche Opfer heischt sie da nicht oft! Sie zeigt sich schon im Kinde, sodann in jedem Lebensalter, jedoch am stärkesten im späten; weil dann, beim Versiegen der Fähigkeit zu sinnlichen Genüssen, Eitelkeit und Hochmuth nur noch mit dem Geize die Herrschaft zu theilen haben. Am deutlichsten läßt sie sich an den Franzosen beobachten, als bei welchen sie ganz endemisch [heimisch] ist und sich oft in der abgeschmacktesten Ehrsucht, lächerlichsten National-Eitelkeit und unverschämtesten Prahlerei Luft macht; wodurch dann ihr Streben sich selbst vereitelt, indem es sie zum Spotte der andern Nationen gemacht hat und die *grande nation* ein Neckname geworden ist. Um nun aber die in Rede stehende Verkehrtheit der überschwänglichen Sorge um die Meinung Anderer noch speciell zu erläutern, mag hier ein, durch den Lichteffekt des Zusammentreffens der Umstände mit dem angemessenen Charakter, in seltenem Grade begünstigtes, recht superlatives Beispiel jener in der Menschennatur wurzelnden Thorheit Platz finden, da an demselben die Stärke dieser höchst wunderlichen Triebfeder sich ganz ermessen läßt. Es ist folgende, den *Times* vom 31. März 1846 entnommene Stelle aus dem ausführlichen Bericht von der soeben vollzogenen Hinrichtung des Thomas Wix, eines Handwerksgesellen, der aus Rache seinen Meister ermordet hatte: »An dem zur Hinrichtung festgesetzten Morgen fand sich der hochwürdige Gefängnißkaplan zeitig bei ihm ein. Allein Wix, obwohl sich ruhig betragend, zeigte keinen Antheil an seinen Ermahnungen: vielmehr war das Einzige, was ihm am Herzen lag, daß es ihm gelingen möchte, vor den Zuschauern seines schmachvollen Endes, sich mit recht großer Bravour zu benehmen. – – – Dies ist ihm denn auch gelungen. Auf dem Hofraum, den er zu dem, hart am Gefängniß errichteten Galgenschafott zu durchschreiten hatte, sagte er: ›Wohlan denn, wie Doktor Dodd gesagt hat, bald werde ich das große Geheimniß wissen!‹ Er gieng, obwohl mit gebundenen Armen, die Leiter zum Schafott ohne die geringste Beihülfe hinauf: daselbst angelangt machte er gegen die Zuschauer, rechts und links, Verbeugungen, welche denn auch mit dem donnernden Beifallsruf der versammelten Menge beantwortet und belohnt wurden, u. s. w.« – Dies ist ein Prachtexemplar der Ehrsucht, den Tod, in schrecklichster Gestalt, nebst der Ewigkeit dahinter, vor Augen, keine andere Sorge zu haben, als die, um den Eindruck auf den zusammengelaufenen Haufen der Gaffer und die Meinung, welche man in deren Köpfen zurücklassen wird! – Und doch war eben so der im selben Jahr in Frankreich, wegen versuchten Königsmordes, hingerichtete Lecomte, bei seinem Proceß, hauptsächlich darüber verdrießlich, daß er nicht in anständiger Kleidung vor der Pairskammer erscheinen konnte, und selbst bei seiner Hinrichtung war es ihm ein Hauptverdruß, daß man ihm nicht erlaubt hatte, sich vorher zu rasiren. Daß es auch ehemals nicht anders gewesen, ersehn wir aus Dem, was Mateo Aleman, in der, seinem berühmten Romane, Guzman de Alfarache, vorgesetzten Einleitung *(declaracion)* anführt, daß nämlich viele bethörte Verbrecher die letzten Stunden, welche sie ausschließlich ihrem Seelenheile widmen sollten, diesem entziehn, um eine kleine Predigt, die sie auf der Galgenleiter halten wollen, auszuarbeiten und zu memoriren. – An solchen Zügen jedoch können wir selbst uns spiegeln: denn kolossale Fälle geben überall die deutlichste Erläuterung. Unser Aller Sorgen, Kümmern, Wurmen, Aergern, Aengstigen, Anstrengen u. s. w. betrifft, in vielleicht den meisten Fällen, eigentlich die fremde Meinung und ist eben so absurd, wie das jener armen Sünder. Nicht weniger entspringt unser Neid und Haß größtentheils aus besagter Wurzel.

Offenbar nun könnte zu unserm Glücke, als welches allergrößtentheils auf Gemüthsruhe und Zufriedenheit beruht, kaum irgend etwas so viel beitragen, als die Einschränkung und Herabstimmung dieser Triebfeder auf ihr vernünftig zu rechtfertigendes Maaß, welches vielleicht $1/50$ des gegenwärtigen seyn wird, also das Herausziehn dieses immerfort peinigenden Stachels aus unserm Fleisch. Dies ist jedoch sehr schwer: denn wir haben es mit einer natürlichen und angeborenen Verkehrtheit zu thun. *Etiam sapientibus cupido gloriae novissima exuitur* [Auch von den Weisen wird die Ruhmsucht zu allerletzt abgelegt] sagt Tacitus *(hist. IV, 6)*. Um jene allgemeine Thorheit los zu werden, wäre das alleinige Mittel, sie deutlich als eine solche zu erkennen und zu diesem Zwecke sich klar zu machen, wie ganz falsch, verkehrt, irrig und absurd die meisten Meinungen in den Köpfen der Menschen zu seyn pflegen, daher sie, an sich selbst, keiner Beachtung werth sind; sodann, wie wenig realen Einfluß auf uns die Meinung Anderer, in den meisten Dingen und Fällen, haben kann; ferner, wie ungünstig überhaupt sie meistentheils ist, so daß fast Jeder sich krank ärgern würde, wenn er vernähme, was Alles von ihm gesagt und in welchem Tone von ihm geredet wird; endlich, daß sogar die Ehre selbst doch eigentlich nur von mittelbarem und nicht von unmittelbarem Werthe ist u. dgl. m. Wenn eine solche Bekehrung von der allgemeinen Thorheit uns gelänge; so würde die Folge ein unglaublich großer Zuwachs an Gemüthsruhe und Heiterkeit und ebenfalls ein festeres und sichereres Auftreten, ein durchweg unbefangeneres und natürlicheres Betragen seyn. Der so überaus wohlthätige Einfluß, den eine zurückgezogene Lebensweise auf unsere Gemüthsruhe hat, beruht größtentheils darauf, daß eine solche uns dem fortwährenden Leben vor den Augen Anderer, folglich der steten Berücksichtigung ihrer etwanigen Meinung entzieht und dadurch uns uns selber zurückgiebt. Imgleichen würden wir sehr vielem realen Unglück entgehn, in welches nur jenes rein ideale Streben, richtiger jene heillose Thorheit, uns zieht, würden auch viel mehr Sorgfalt für solide Güter übrig behalten und dann auch diese ungestörter genießen. Aber, wie gesagt, χαλεπα τα καλα [das Edle ist schwer: sprichw., vgl. Platon, *Respubl.*, 6, 11].

Die hier geschilderte Thorheit unserer Natur treibt hauptsächlich drei Sprößlinge: Ehrgeiz, Eitelkeit und Stolz. Zwischen diesen zwei letzteren beruht der Unterschied darauf, daß der Stolz die bereits feststehende Ueberzeugung vom eigenen überwiegenden Werthe, in irgend einer Hinsicht, ist; Eitelkeit hingegen der Wunsch, in Andern eine solche Ueberzeugung zu erwecken, meistens begleitet von der stillen Hoffnung, sie, in Folge davon, auch selbst zu der seinigen machen zu können. Demnach ist Stolz die von innen ausgehende, folglich direkte Hochschätzung seiner selbst; hingegen Eitelkeit das Streben, solche von außen her, also indirekt zu erlangen. Dem entsprechend macht die Eitelkeit gesprächig, der Stolz schweigsam. Aber der Eitele sollte wissen, daß die hohe Meinung Anderer, nach der er trachtet, sehr viel leichter und sicherer durch anhaltendes Schweigen zu erlangen ist, als durch Sprechen, auch wenn Einer die schönsten Dinge zu sagen hätte. – Stolz ist nicht wer will, sondern höchstens kann wer will Stolz affektiren, wird aber aus dieser, wie aus jeder angenommenen Rolle bald herausfallen. Denn nur die feste, innere, unerschütterliche Ueberzeugung von überwiegenden Vorzügen und besonderm Werthe macht wirklich stolz. Diese Ueberzeugung mag nun irrig seyn, oder auch auf bloß äußerlichen und konventionellen Vorzügen beruhen; – das schadet dem Stolze nicht, wenn sie nur wirklich und ernstlich vorhanden ist. Weil also der Stolz seine Wurzel in der Ueberzeugung hat, steht er, wie alle Erkenntniß, nicht in unserer Willkür. Sein schlimmster Feind, ich meine sein größtes Hinderniß, ist die Eitelkeit, als welche um den Beifall Anderer buhlt, um die eigene hohe Meinung von sich erst darauf zu gründen, in welcher bereits ganz fest zu seyn die Voraussetzung des Stolzes ist.

So sehr nun auch durchgängig der Stolz getadelt und verschrien wird; so vermuthe ich doch, daß dies hauptsächlich von Solchen ausgegangen ist, die nichts haben, darauf sie stolz seyn könnten. Der Unverschämtheit und Dummdreistigkeit der meisten Menschen gegenüber, thut Jeder, der irgend welche Vorzüge hat, ganz wohl, sie selbst im Auge zu behalten, um nicht sie gänzlich in Vergessenheit gerathen zu lassen: denn wer, solche gutmüthig ignorirend, mit Jenen sich gerirt, als wäre er ganz ihres Gleichen, den werden sie treuherzig sofort dafür halten. Am meisten aber möchte ich solches Denen anempfehlen, deren Vorzüge von der höchsten Art, d. h. reale, und also rein persönliche sind, da diese nicht, wie Orden und Titel, jeden Augenblick durch sinnliche Einwirkung in Erinnerung gebracht werden: denn sonst werden sie oft genug das *sus Minervam* [Das Schwein belehrt die Minerva: vgl. Cicero, *Academicae quaestiones*, 1, 5, 18] exemplificirt sehn. »Scherze mit dem Sklaven; bald wird er dir den Hintern zeigen« – ist ein vortreffliches Arabisches Sprichwort, und das Horazische *sume superbiam, quaesitam meritis* [Eigne den Stolz dir an, den durch Verdienst du erwarbst: *Carm.* 3, 30, 14] ist nicht zu verwerfen. Wohl aber ist die Tugend der Bescheidenheit eine erkleckliche Erfindung für die Lumpe; da ihr gemäß Jeder von sich zu reden hat, als wäre auch er ein solcher, welches herrlich nivellirt, indem es dann so herauskommt, als gäbe es überhaupt nichts als Lumpe.

Die wohlfeilste Art des Stolzes hingegen ist der Nationalstolz. Denn er verräth in dem damit Behafteten den Mangel an individuellen Eigenschaften, auf die er stolz seyn könnte, indem er sonst nicht zu Dem greifen würde, was er mit so vielen Millionen theilt. Wer bedeutende persönliche Vorzüge besitzt, wird vielmehr die Fehler seiner eigenen Nation, da er sie beständig vor Augen hat, am deutlichsten erkennen. Aber jeder erbärmliche Tropf, der nichts in der Welt hat, darauf er stolz seyn könnte, ergreift das letzte Mittel, auf die Nation, der er gerade angehört, stolz zu seyn: hieran erholt er sich und ist nun dankbarlich bereit, alle Fehler und Thorheiten, die ihr eigen sind, πυξ και λαξ [mit Händen und Füßen] zu vertheidigen. Daher wird man z. B. unter funfzig Engländern kaum mehr, als Einen finden, welcher miteinstimmt, wenn man von der stupiden und degradirenden Bigotterie seiner Nation mit gebührender Verachtung spricht: der Eine aber pflegt ein Mann von Kopf zu seyn. – Die Deutschen sind frei von Nationalstolz und legen hiedurch einen Beweis der ihnen nachgerühmten Ehrlichkeit ab; vom Gegentheil aber Die unter ihnen, welche einen solchen vorgeben und lächerlicherweise affektiren; wie Dies zumeist die »deutschen Brüder« und Demokraten thun, die dem Volke schmeicheln, um es zu verführen. Es heißt zwar, die Deutschen hätten das Pulver erfunden: ich kann jedoch dieser Meinung nicht beitreten. Und Lichtenberg frägt: »Warum giebt sich nicht leicht jemand, der es nicht ist, für einen Deutschen aus, sondern gemeiniglich, wenn er sich für etwas ausgeben will, für einen Franzosen oder Engländer?« [*Vermischte Schriften,* neue Ausg., Göttingen 1844, Bd. II, S. 122.] Uebrigens überwiegt die Individualität bei Weitem die Nationalität, und in einem gegebenen Menschen verdient jene tausend Mal mehr Berücksichtigung, als diese. Dem Nationalcharakter wird, da er von der Menge redet, nie viel Gutes ehrlicherweise nachzurühmen seyn. Vielmehr erscheint nur die menschliche Beschränktheit, Verkehrtheit und Schlechtigkeit in jedem Lande in einer andern Form und diese nennt man den Nationalcharakter. Von einem derselben degoutirt [angewidert] loben wir den andern, bis es uns mit ihm eben so ergangen ist. – Jede Nation spottet über die andere, und alle haben Recht. –

Der Gegenstand dieses Kapitels, also was wir in der Welt vorstellen, d. h. in den Augen Anderer sind, läßt sich nun, wie schon oben bemerkt, eintheilen in Ehre, Rang und Ruhm.

Der Rang, so wichtig er in den Augen des großen Haufens und der Philister, und so groß sein Nutzen im Getriebe der Staatsmaschine seyn mag, läßt sich, für unsern Zweck, mit wenigen Worten abfertigen. Es ist ein konventioneller, d. h. eigentlich ein simulirter [vorgetäuschter] Werth: seine Wirkung ist eine simulirte Hochachtung, und das Ganze eine Komödie für den großen Haufen. – Orden sind Wechselbriefe, gezogen auf die öffentliche Meinung: ihr Werth beruht auf dem Kredit des Ausstellers. Inzwischen sind sie, auch ganz abgesehn von dem vielen Gelde, welches sie, als Substitut pekuniärer Belohnungen, dem Staat ersparen, eine ganz zweckmäßige Einrichtung; vorausgesetzt, daß ihre Vertheilung mit Einsicht und Gerechtigkeit geschehe. Der große Haufe nämlich hat Augen und Ohren, aber nicht viel mehr, zumal blutwenig Urtheilskraft und selbst wenig Gedächtniß. Manche Verdienste liegen ganz außerhalb der Sphäre seines Verständnisses, andere versteht und bejubelt er, bei ihrem Eintritt, hat sie aber nachher bald vergessen. Da finde ich es ganz passend, durch Kreuz oder Stern, der Menge jederzeit und überall zuzurufen: »Der Mann ist nicht eures Gleichen: er hat Verdienste!« Durch ungerechte, oder urtheilslose, oder übermäßige Vertheilung verlieren aber die Orden diesen Werth; daher ein Fürst mit ihrer Ertheilung so vorsichtig seyn sollte, wie ein Kaufmann mit dem Unterschreiben der Wechsel. Die Inschrift *pour le mérite* auf einem Kreuze ist ein Pleonasmus: jeder Orden sollte *pour le mérite* seyn, – *ça va sans dire* [das ist selbstverständlich]. –

Viel schwerer und weitläuftiger, als die des Ranges, ist die Erörterung der Ehre. Zuvörderst hätten wir sie zu definiren. Wenn ich nun in dieser Absicht etwan sagte: die Ehre ist das äußere Gewissen, und das Gewissen die innere Ehre; – so könnte Dies vielleicht Manchem gefallen; würde jedoch mehr eine glänzende, als eine deutliche und gründliche Erklärung seyn. Daher sage ich: die Ehre ist, objektiv, die Meinung Anderer von unserm Werth, und subjektiv, unsere Furcht vor dieser Meinung.

In letzterer Eigenschaft hat sie oft eine sehr heilsame, wenn auch keineswegs rein moralische Wirkung, – im Mann von Ehre.

Die Wurzel und der Ursprung des jedem, nicht ganz verdorbenen Menschen einwohnenden Gefühls für Ehre und Schande, wie auch des hohen Werthes, welcher ersterer zuerkannt wird, liegt in Folgendem. Der Mensch für sich allein vermag gar wenig und ist ein verlassener Robinson: nur in der Gemeinschaft mit den andern ist und vermag er viel. Dieses Verhältnisses wird er inne, sobald sein Bewußtseyn sich irgend zu entwickeln anfängt, und alsbald entsteht in ihm das Bestreben, für ein taugliches Mitglied der menschlichen Gesellschaft zu gelten, also für eines, das fähig ist, *pro parte virili* [als vollgültiger Mensch] mitzuwirken, und dadurch berechtigt, der Vortheile der menschlichen Gemeinschaft theilhaft zu werden. Ein solches nun ist er dadurch, daß er, erstlich, Das leistet, was man von Jedem überall, und sodann Das, was man von ihm in der besondern Stelle, die er eingenommen hat, fordert und erwartet. Eben so bald aber erkennt er, daß es hiebei nicht darauf ankommt, daß er es in seiner eigenen, sondern daß er es in der Meinung der Andern sei. Hieraus entspringt demnach sein eifriges Streben nach der günstigen Meinung Anderer und der hohe Werth, den er auf diese legt: Beides zeigt sich mit der Ursprünglichkeit eines angeborenen Gefühls, welches man Ehrgefühl und, nach Umständen, Gefühl der Schaam *(verecundia)* nennt. Dieses ist es, was seine Wangen röthet, sobald er glaubt, plötzlich in der Meinung Anderer verlieren zu müssen, selbst wo er sich unschuldig weiß; sogar da, wo der sich aufdeckende Mangel eine nur relative, nämlich willkürlich übernommene Verpflichtung betrifft: und andererseits stärkt nichts seinen Lebensmuth mehr, als die erlangte, oder erneuerte Gewißheit von der günstigen Meinung Anderer; weil sie ihm den Schutz und die Hülfe der vereinten Kräfte Aller verspricht, welche eine unendlich größere Wehrmauer gegen die Uebel des Lebens sind, als seine eigenen.

Aus den verschiedenen Beziehungen, in denen der Mensch zu Andern stehn kann und in Hinsicht auf welche sie Zutrauen zu ihm, also eine gewisse gute Meinung von ihm, zu hegen haben, entstehn mehrere Arten der Ehre. Diese Beziehungen sind hauptsächlich das Mein und Dein, sodann die Leistungen der Anheischigen, endlich das Sexualverhältniß: ihnen entsprechen die bürgerliche Ehre, die Amtsehre und die Sexualehre, jede von welchen noch wieder Unterarten hat.

Die weiteste Sphäre hat die bürgerliche Ehre: sie besteht in der Voraussetzung, daß wir die Rechte eines Jeden unbedingt achten und daher uns nie ungerechter, oder gesetzlich unerlaubter Mittel zu unserm Vortheile bedienen werden. Sie ist die Bedingung zur Theilnahme an allem friedlichen Verkehr. Sie geht verloren durch eine einzige offenbar und stark dawider laufende Handlung, folglich auch durch jede Kriminalstrafe; wiewohl nur unter Voraussetzung der Gerechtigkeit derselben. Immer aber beruht die Ehre, in ihrem letzten Grunde, auf der Ueberzeugung von der Unveränderlichkeit des moralischen Charakters, vermöge welcher eine einzige schlechte Handlung die gleiche moralische Beschaffenheit aller folgenden, sobald ähnliche Umstände eintreten werden, verbürgt: dies bezeugt auch der Englische Ausdruck *character* für Ruf, Reputation, Ehre. Deshalb eben ist die verlorene Ehre nicht wiederherzustellen; es sei denn, daß der Verlust auf Täuschung, wie Verläumdung, oder falschem Schein, beruht hätte. Demgemäß giebt es Gesetze gegen Verläumdung, Pasquille [Schmähschriften], auch Injurien: denn die Injurie, das bloße Schimpfen, ist eine summarische Verläumdung, ohne Angabe der Gründe: dies ließe sich Griechisch gut ausdrücken: εστι ἡ λοιδορια διαβολη συντομος [Die Schmähung ist eine kurzgefaßte Verleumdung], – welches jedoch nirgends vorkommt. Freilich legt Der, welcher schimpft, dadurch an den Tag, daß er nichts Wirkliches und Wahres gegen den Andern vorzubringen hat; da er sonst Dieses als die Prämissen geben und die Konklusion getrost den Hörern überlassen würde; statt dessen er die Konklusion giebt und die Prämissen schuldig bleibt: allein er verläßt sich auf die Präsumtion, daß Dies nur beliebter Kürze halber geschehe. – Die bürgerliche Ehre hat zwar ihren Namen vom Bürgerstande; allein ihre Geltung erstreckt sich über alle Stände, ohne Unterschied, sogar die allerhöchsten nicht ausgenommen: kein Mensch kann ihrer entrathen, und ist es mit ihr eine gar ernsthafte Sache, die Jeder sich hüten soll leicht zu nehmen. Wer Treu und Glauben bricht hat Treu und Glauben verloren, auf immer, was er auch thun und wer er auch seyn mag, und die bittern Früchte, welche dieser Verlust mit sich bringt, werden nicht ausbleiben.

Die Ehre hat, in gewissem Sinne, einen negativen

Charakter, nämlich im Gegensatz des Ruhmes, der einen positiven Charakter hat. Denn die Ehre ist nicht die Meinung von besondern, diesem Subjekt allein zukommenden Eigenschaften, sondern nur von den, der Regel nach, vorauszusetzenden, als welche auch ihm nicht abgehn sollen. Sie besagt daher nur, daß dies Subjekt keine Ausnahme mache; während der Ruhm besagt, daß es eine mache. Ruhm muß daher erst erworben werden: die Ehre hingegen braucht bloß nicht verloren zu gehn. Dem entsprechend ist Ermangelung des Ruhmes Obskurität, ein Negatives; Ermangelung der Ehre ist Schande, ein Positives. – Diese Negativität darf aber nicht mit Passivität verwechselt werden: vielmehr hat die Ehre einen ganz aktiven Charakter. Sie geht nämlich allein von dem Subjekt derselben aus, beruht auf seinem Thun und Lassen, nicht aber auf Dem, was Andere thun und was ihm widerfährt: sie ist also των εφ' ἡμιν [von uns abhängig]. Dies ist, wie wir bald sehn werden, ein Unterscheidungsmerkmal der wahren Ehre von der ritterlichen, oder Afterehre. Bloß durch die Verläumdung ist ein Angriff von außen auf die Ehre möglich: das einzige Gegenmittel ist Widerlegung derselben, mit ihr angemessener Oeffentlichkeit und Entlarvung des Verläumders.

Die Achtung vor dem Alter scheint darauf zu beruhen, daß die Ehre junger Leute zwar als Voraussetzung angenommen, aber noch nicht erprobt ist, daher eigentlich auf Kredit besteht. Bei den Aelteren aber hat es sich im Laufe des Lebens ausweisen müssen, ob sie, durch ihren Wandel, ihre Ehre behaupten konnten. Denn weder die Jahre an sich, als welche auch Thiere, und einige in viel höherer Zahl, erreichen, noch auch die Erfahrung, als bloße, nähere Kenntniß vom Laufe der Welt, sind hinreichender Grund für die Achtung der Jüngeren gegen die Aelteren, welche doch überall gefordert wird: die bloße Schwäche des höheren Alters würde mehr auf Schonung, als auf Achtung Anspruch geben. Merkwürdig aber ist es, daß dem Menschen ein gewisser Respekt vor weißen Haaren angeboren und daher wirklich instinktiv ist. Runzeln, ein ungleich sichereres Kennzeichen des Alters, erregen diesen Respekt keineswegs: nie wird von ehrwürdigen Runzeln, aber stets vom ehrwürdigen weißen Haare geredet.

Der Werth der Ehre ist nur ein mittelbarer. Denn, wie bereits am Eingang dieses Kapitels auseinandergesetzt ist, die Meinung

Anderer von uns kann nur insofern Werth für uns haben, als sie ihr Handeln gegen uns bestimmt, oder gelegentlich bestimmen kann. Dies ist jedoch der Fall, so lange wir mit oder unter Menschen leben. Denn, da wir, im civilisirten Zustande, Sicherheit und Besitz nur der Gesellschaft verdanken, auch der Andern, bei allen Unternehmungen, bedürfen und sie Zutrauen zu uns haben müssen, um sich mit uns einzulassen; so ist ihre Meinung von uns von hohem, wiewohl immer nur mittelbarem Werthe für uns: einen unmittelbaren kann ich ihr nicht zuerkennen. In Uebereinstimmung hiemit sagt auch Cicero: *de bona autem fama Chrysippus quidem et Diogenes, detracta utilitate, ne digitum quidem, ejus causa, porrigendum esse dicebant. Quibus ego vehementer assentior.* [Vom guten Ruf aber sagten Chrysippus und Diogenes, man solle, abgesehen von seinem Nutzen, keinen Finger für ihn rühren. Ich stimme den beiden nachdrücklichst bei.] *(fin. III, 17.)* Imgleichen giebt eine weitläuftige Auseinandersetzung dieser Wahrheit Helvetius, in seinem Meisterwerke, *de l'esprit (Disc. III, ch. 13)*, deren Resultat ist: *nous n'aimons pas l'estime pour l'estime, mais uniquement pour les avantages qu'elle procure*. [Wir lieben die Ehre nicht um der Ehre willen, sondern einzig und allein wegen der Vorteile, die sie mit sich bringt.] Da nun das Mittel nicht mehr werth seyn kann, als der Zweck; so ist der Paradespruch »die Ehre geht über das Leben«, wie gesagt, eine Hyperbel.

Soviel von der bürgerlichen Ehre. Die Amtsehre ist die allgemeine Meinung Anderer, daß ein Mann, der ein Amt versieht, alle dazu erforderlichen Eigenschaften wirklich habe und auch in allen Fällen seine amtlichen Obliegenheiten pünktlich erfülle. Je wichtiger und größer der Wirkungskreis eines Mannes im Staate ist, also je höher und einflußreicher der Posten, auf dem er steht, desto größer muß die Meinung von den intellektuellen Fähigkeiten und moralischen Eigenschaften seyn, die ihn dazu tauglich machen: mithin hat er einen um so höhern Grad von Ehre, deren Ausdruck seine Titel, Orden u. s. w. sind, wie auch das sich unterordnende Betragen Anderer gegen ihn. – Nach dem selben Maaßstabe bestimmt nun durchgängig der Stand den besondern Grad der Ehre, wiewohl diese modificirt wird durch die Fähigkeit der Menge über die Wichtigkeit des Standes zu urtheilen. Immer aber erkennt man Dem, der besondere Obliegenheiten hat und erfüllt, mehr Ehre zu, als dem gemeinen Bürger, dessen Ehre hauptsächlich auf negativen Eigenschaften beruht.

Die Amtsehre erfordert ferner, daß wer ein Amt versieht, das Amt selbst, seiner Kollegen und Nachfolger wegen, im Respekt erhalte, eben durch jene pünktliche Erfüllung seiner Pflichten und auch dadurch, daß er Angriffe auf das Amt selbst und auf sich, soferne er es versieht, d. h. Aeußerungen, daß er das Amt nicht pünktlich versehe, oder daß das Amt selbst nicht zum allgemeinen Besten gereiche, nicht ungeahndet lasse, sondern durch die gesetzliche Strafe beweise, daß jene Angriffe ungerecht waren.

Unterordnungen sind die Amtsehre des Staatsdieners, des Arztes, des Advokaten, jedes öffentlichen Lehrers, ja jedes Graduirten, kurz eines Jeden, der durch öffentliche Erklärung für eine gewisse Leistung geistiger Art qualificirt erklärt worden ist und sich eben deshalb selbst dazu anheischig gemacht hat; also mit einem Wort die Ehre aller öffentlich Anheischigen als solcher. Daher gehört auch hieher die wahre Soldatenehre: sie besteht darin, daß wer sich zur Vertheidigung des gemeinsamen Vaterlandes anheischig gemacht hat, die dazu nöthigen Eigenschaften, also vor Allem Muth, Tapferkeit und Kraft wirklich besitze und ernstlich bereit sei, sein Vaterland bis in den Tod zu vertheidigen und überhaupt die Fahne, zu der er ein Mal geschworen, um nichts auf der Welt zu verlassen. – Ich habe hier die Amtsehre in einem weitern Sinne genommen, als gewöhnlich, wo sie den dem Amt selbst gebührenden Respekt der Bürger bedeutet.

Die Sexualehre scheint mir einer näheren Betrachtung und Zurückführung ihrer Grundsätze auf die Wurzel derselben zu bedürfen, welche zugleich bestätigen wird, daß alle Ehre zuletzt auf Nützlichkeitsrücksichten beruht.

Die Sexualehre zerfällt, ihrer Natur nach, in Weiber- und Männer-Ehre, und ist von beiden Seiten ein wohlverstandener *esprit de corps*. Die erstere ist bei Weitem die wichtigste von beiden; weil im weiblichen Leben das Sexualverhältniß die Hauptsache ist. – Die weibliche Ehre also ist die allgemeine Meinung von einem Mädchen, daß sie sich gar keinem Manne, und von einer Frau, daß sie sich nur dem ihr angetrauten hingegeben habe. Die Wichtigkeit dieser Meinung beruht auf Folgendem. Das weibliche Geschlecht verlangt und erwartet vom männlichen Alles, nämlich Alles, was es wünscht und braucht: das männliche verlangt vom weiblichen zunächst und unmittelbar nur Eines. Daher mußte die Einrichtung getroffen werden, daß das männliche Geschlecht vom weiblichen jenes Eine nur erlangen kann gegen Uebernahme der Sorge für Alles und zudem für die aus der Verbindung entspringenden Kinder: auf dieser Einrichtung beruht die Wohlfahrt des ganzen weiblichen Geschlechts. Um sie durchzusetzen, muß nothwendig das weibliche Geschlecht zusammenhalten und *esprit de corps* [Korpsgeist] beweisen. Dann aber steht es als ein Ganzes und in geschlossener Reihe dem gesammten männlichen Geschlechte, welches durch das Uebergewicht seiner Körper- und Geisteskräfte von Natur im Besitz aller irdischen Güter ist, als dem gemeinschaftlichen Feinde gegenüber, der besiegt und erobert werden muß, um, mittelst seines Besitzes, in den Besitz der irdischen Güter zu gelangen. Zu diesem Ende nun ist die Ehrenmaxime des ganzen weiblichen Geschlechts, daß dem männlichen jeder uneheliche Beischlaf durchaus versagt bleibe; damit jeder Einzelne zur Ehe, als welche eine Art von Kapitulation ist, gezwungen und dadurch das ganze weibliche Geschlecht versorgt werde. Dieser Zweck kann aber nur vermittelst strenger Beobachtung der obigen Maxime vollkommen erreicht werden: daher wacht das ganze weibliche Geschlecht, mit wahrem *esprit de corps*, über die Aufrechthaltung derselben unter allen seinen Mitgliedern. Demgemäß wird jedes Mädchen, welches durch unehelichen Beischlaf einen Verrath gegen das ganze weibliche Geschlecht begangen hat, weil dessen Wohlfahrt durch das Allgemeinwerden dieser Handlungsweise untergraben werden würde, von demselben ausgestoßen und mit Schande belegt: es hat seine Ehre verloren. Kein Weib darf mehr mit ihm umgehn: es wird, gleich einer Verpesteten, gemieden. Das gleiche Schicksal trifft die Ehebrecherin; weil diese dem Manne die von ihm eingegangene Kapitulation nicht gehalten hat, durch solches Beispiel aber die Männer vom Eingehn derselben abgeschreckt werden; während auf ihr das Heil des ganzen weiblichen Geschlechts beruht. Aber noch überdies verliert die Ehebrecherin, wegen der groben Wortbrüchigkeit und des Betruges in ihrer That, mit der Sexualehre zugleich die bürgerliche. Daher sagt man wohl mit einem entschuldigenden Ausdruck, »ein gefallenes Mädchen«, aber nicht »eine gefallene Frau«, und der Verführer kann Jene, durch die Ehe, wieder ehrlich machen; nicht so der Ehebrecher diese, nachdem sie geschieden worden. – Wenn man nun, in Folge dieser klaren Einsicht, einen zwar heilsamen, ja nothwendigen, aber wohlberechneten und auf Interesse gestützten *esprit de corps* als die Grundlage des Princips der weiblichen Ehre erkennt; so wird man dieser zwar die größte Wichtigkeit für das weibliche Daseyn und daher einen großen relativen, jedoch keinen absoluten, über das Leben und seine Zwecke hinausliegenden und demnach mit diesem selbst zu erkaufenden Werth beilegen können. Demnach nun wird man den überspannten, zu tragischen Farcen ausartenden Thaten der Lukretia und des Virginius keinen Beifall schenken können. Daher eben hat der Schluß der Emilia Galotti etwas so Empörendes, daß man das Schauspielhaus in völliger Verstimmung verläßt. Hingegen kann man nicht umhin, der Sexualehre zum Trotz, mit dem Klärchen des Egmont zu sympathisiren. Jenes auf die Spitze Treiben des weiblichen Ehrenprincips gehört, wie so Manches, zum Vergessen des Zwecks über die Mittel: denn der Sexualehre wird, durch solche Ueberspannung, ein absoluter Werth angedichtet; während sie, noch mehr als alle andere Ehre, einen bloß relativen hat; ja, man möchte sagen einen bloß konventionellen, wenn man aus dem *Thomasius de concubinatu* ersieht, wie in fast allen Ländern und Zeiten, bis zur Lutherischen Reformation, das Konkubinat ein gesetzlich erlaubtes und anerkanntes Verhältniß gewesen ist, bei welchem die Konkubine ehrlich blieb; der Mylitta zu Babylon (Herodot I, 199) u. s. w. gar nicht zu gedenken. Auch giebt es allerdings bürgerliche Verhältnisse, welche die äußere Form der Ehe unmöglich machen, besonders in katholischen Ländern, wo keine Scheidung stattfindet; überall aber für regierende Herren, als welche, meiner Meinung nach, viel moralischer handeln, wenn sie eine Mätresse halten, als wenn sie eine morganatische [standesungleiche] Ehe eingehn, deren Descendenz [Nachkommenschaft], beim etwanigen Aussterben der legitimen, einst Ansprüche erheben könnte; weshalb, sei es auch noch so entfernt, durch solche Ehe die Möglichkeit eines Bürgerkrieges herbeigeführt wird. Ueberdies ist eine solche morganatische, d. h. eigentlich allen äußern Verhältnissen zum Trotz geschlossene Ehe, im letzten Grunde, eine den Weibern und den Pfaffen gemachte Koncession, zweien Klassen, denen man etwas einzuräumen sich möglichst hüten sollte. Ferner ist zu erwägen, daß Jeder im Lande das Weib seiner Wahl ehelichen kann, bis auf Einen, dem dieses natürliche Recht benommen ist: dieser arme Mann ist der Fürst. Seine Hand gehört dem Lande und wird nach der Staatsräson, d. h. dem Wohl des Landes gemäß, vergeben. Nun aber ist er doch ein Mensch und will auch ein Mal dem Hange seines Herzens folgen. Daher ist es so ungerecht und undankbar, wie es spießbürgerlich ist, dem Fürsten das Halten einer Mätresse verwehren, oder vorwerfen zu wollen; versteht sich, so lange ihr kein Einfluß auf die Regierung gestattet wird. Auch ihrerseits ist eine solche Mätresse, hinsichtlich der Sexuallehre, gewissermaaßen eine Ausnahmsperson, eine Eximirte von der allgemeinen Regel: denn sie hat sich bloß einem Manne ergeben, der sie und den sie lieben, aber nimmermehr heirathen konnte. – Ueberhaupt aber zeugen von dem nicht rein natürlichen Ursprunge des weiblichen Ehrenprincips die vielen blutigen Opfer, welche demselben gebracht werden, – im Kindermorde und Selbstmorde der Mütter. Allerdings begeht ein Mädchen, die sich ungesetzlich Preis giebt, dadurch einen Treuebruch gegen ihr ganzes Geschlecht: jedoch ist diese Treue nur stillschweigend angenommen und nicht beschworen. Und da, im gewöhnlichen Fall, ihr eigener Vortheil am unmittelbarsten darunter leidet, so ist ihre Thorheit dabei unendlich größer, als ihre Schlechtigkeit.

Die Geschlechtsehre der Männer wird durch die der Weiber hervorgerufen, als der entgegengesetzte *esprit de corps*, welcher verlangt, daß Jeder, der die dem Gegenpart so sehr günstige Kapitulation, die Ehe, eingegangen ist, jetzt darüber wache, daß sie ihm gehalten werde; damit nicht selbst dieses Paktum, durch das Einreißen einer laxen Observanz desselben, seine Festigkeit verliere und die Männer, indem sie Alles hingeben, nicht ein Mal des Einen versichert seien, was sie dafür erhandeln, des Alleinbesitzes des Weibes. Demgemäß fordert die Ehre des Mannes, daß er den Ehebruch seiner Frau ahnde und, wenigstens durch Trennung von ihr, strafe. Duldet er ihn wissentlich, so wird er von der Männergemeinschaft mit Schande belegt: jedoch ist diese lange nicht so durchgreifend, wie die durch den Verlust der Geschlechtsehre das Weib treffende, vielmehr nur eine *levioris notae macula* [Makel von geringerer Bedeutung]; weil beim Manne die Geschlechtsbeziehung eine untergeordnete ist, indem er in noch vielen andern und wichtigeren steht. Die zwei großen dramatischen Dichter der neuern Zeit haben, jeder zwei Mal, diese Männerehre zu ihrem Thema genommen: Shakespeare, im Othello und im Wintermährchen, und Calderon, in *el medico de su honra* (der Arzt seiner Ehre) und *a secreto agravio secreta venganza* (für geheime Schmach geheime Rache). Uebrigens fordert diese Ehre nur die Bestrafung des Weibes, nicht die ihres Buhlen; welche bloß ein *opus supererogationis* [über die Forderung hinausgehende Leistung] ist: hiedurch bestätigt sich der angegebene Ursprung derselben aus dem *esprit de corps* der Männer. –

Die Ehre, wie ich sie bis hieher, in ihren Gattungen und Grundsätzen, betrachtet habe, findet sich bei allen Völkern und zu allen Zeiten als allgemein geltend; wenn gleich der Weiberehre sich einige lokale und temporäre Modifikationen ihrer Grundsätze nachweisen lassen. Hingegen giebt es noch eine, von jener allgemein und überall gültigen gänzlich verschiedene Gattung der Ehre, von welcher weder Griechen noch Römer einen Begriff hatten, so wenig wie Chinesen, Hindu und Mohammedaner, bis auf den heutigen Tag, irgend etwas von ihr wissen. Denn sie ist erst im Mittelalter entstanden und bloß im christlichen Europa einheimisch geworden, ja, selbst hier nur unter einer äußerst kleinen Fraktion der Bevölkerung, nämlich unter den höhern Ständen der Gesellschaft und was ihnen nacheifert. Es ist die ritterliche Ehre, oder das *point d'honneur* [Ehrenstandpunkt]. Da ihre Grundsätze von denen der bis hieher erörterten Ehre gänzlich verschieden, sogar diesen zum Theil entgegengesetzt sind, indem jene erstere den Ehrenmann, diese hingegen den Mann von Ehre macht; so will ich ihre Principien hier besonders aufstellen, als einen Kodex, oder Spiegel der ritterlichen Ehre.

1) Die Ehre besteht nicht in der Meinung Anderer von unserm Werth, sondern ganz allein in den Aeußerungen einer solchen Meinung; gleichviel ob die geäußerte Meinung wirklich vorhanden sei, oder nicht; geschweige, ob sie Grund habe. Demnach mögen Andere, in Folge unsers Lebenswandels, eine noch so schlechte Meinung von uns hegen, uns noch so sehr verachten; so lange nur Keiner sich untersteht, solches laut zu äußern, schadet es der Ehre durchaus nicht. Umgekehrt aber, wenn wir auch durch unsere Eigenschaften und Handlungen alle Andern zwingen, uns sehr hoch zu achten (denn das hängt nicht

von ihrer Willkür ab); so darf dennoch nur irgend Einer, – und wäre es der Schlechteste und Dümmste –, seine Geringschätzung über uns aussprechen, und alsbald ist unsere Ehre verletzt, ja, sie ist auf immer verloren; wenn sie nicht wieder hergestellt wird. – Ein überflüssiger Beleg dazu, daß es keineswegs auf die Meinung Anderer, sondern allein auf die Aeußerung einer solchen ankomme, ist der, daß Verunglimpfungen zurückgenommen, nöthigenfalls abgebeten werden können, wodurch es dann ist, als wären sie nie geschehn: ob dabei die Meinung, aus der sie entsprungen, sich ebenfalls geändert habe und weshalb dies geschehn seyn sollte, thut nichts zur Sache: nur die Aeußerung wird annullirt, und dann ist Alles gut. Hier ist es demnach nicht darauf abgesehn, Respekt zu verdienen, sondern ihn zu ertrotzen.

2) Die Ehre eines Mannes beruht nicht auf Dem, was er thut, sondern auf Dem, was er leidet, was ihm widerfährt. Wenn, nach den Grundsätzen der zuerst erörterten, allgemein geltenden Ehre, diese allein abhängt von Dem, was er selbst sagt, oder thut; so hängt hingegen die ritterliche Ehre ab von Dem, was irgend ein Anderer sagt, oder thut. Sie liegt sonach in der Hand, ja, hängt an der Zungenspitze eines Jeden, und kann, wenn dieser zugreift, jeden Augenblick auf immer verloren gehn, falls nicht der Betroffene, durch einen bald zu erwähnenden Herstellungsproceß, sie wieder an sich reißt, welches jedoch nur mit Gefahr seines Lebens, seiner Gesundheit, seiner Freiheit, seines Eigenthums und seiner Gemüthsruhe geschehn kann. Diesem zufolge mag das Thun und Lassen eines Mannes das rechtschaffenste und edelste, sein Gemüth das reinste und sein Kopf der eminenteste seyn; so kann dennoch seine Ehre jeden Augenblick verloren gehn, sobald es nämlich irgend Einem, – der nur noch nicht diese Ehrengesetze verletzt hat, übrigens aber der nichtswürdigste Lump, das stupideste Vieh, ein Tagedieb, Spieler, Schuldenmacher, kurz, ein Mensch, der nicht werth ist, daß Jener ihn ansieht, seyn kann, – beliebt, ihn zu schimpfen. Sogar wird es meistentheils gerade ein Subjekt solcher Art seyn, dem Dies beliebt; weil eben, wie Seneka richtig bemerkt, *ut quisque contemtissimus et ludibrio est, ita solutissimae linguae est* [Je verächtlicher und lächerlicher einer ist, desto loser ist sein Mundwerk] *(de constantia, 11)*: auch wird ein Solcher gerade gegen Einen, wie der zuerst Geschilderte, am

leichtesten aufgereizt werden; weil die Gegensätze sich hassen und weil der Anblick überwiegender Vorzüge die stille Wuth der Nichtswürdigkeit zu erzeugen pflegt; daher eben Goethe sagt:

Was klagst du über Feinde?
Sollten Solche je werden Freunde,
Denen das Wesen, wie du bist,
Im Stillen ein ewiger Vorwurf ist?
W. O. Divan [»Buch der Sprüche«, Spruch 15].

Man sieht, wie sehr viel gerade die Leute der zuletzt geschilderten Art dem Ehrenprincip zu danken haben; da es sie mit Denen nivellirt, welche ihnen sonst in jeder Beziehung unerreichbar wären. – Hat nun ein Solcher geschimpft, d. h. dem Andern eine schlechte Eigenschaft zugesprochen; so gilt dies, vor der Hand, als ein objektiv wahres und gegründetes Urtheil, ein rechtskräftiges Dekret, ja, es bleibt für alle Zukunft wahr und gültig, wenn es nicht alsbald mit Blut ausgelöscht wird: d. h. der Geschimpfte bleibt (in den Augen aller »Leute von Ehre«) Das, was der Schimpfer (und wäre dieser der letzte aller Erdensöhne) ihn genannt hat: denn er hat es (dies ist der *terminus technicus*) »auf sich sitzen lassen«. Demgemäß werden die »Leute von Ehre« ihn jetzt durchaus verachten, ihn wie einen Verpesteten fliehen, z. B. sich laut und öffentlich weigern, in eine Gesellschaft zu gehn, wo er Zutritt hat u. s. w. – Den Ursprung dieser weisen Grundansicht glaube ich mit Sicherheit darauf zurückführen zu können, daß (nach C. G. von Wächters »Beiträge zur deutschen Geschichte, besonders des deutschen Strafrechts« 1845) im Mittelalter, bis ins 15. Jahrhundert, bei Kriminalprocessen, nicht der Ankläger die Schuld, sondern der Angeklagte seine Unschuld zu beweisen hatte. Dies konnte geschehn durch einen Reinigungseid, zu welchem er jedoch noch der Eideshelfer *(consacramentales)* bedurfte, welche schworen, sie seien überzeugt, daß er keines Meineides fähig sei. Hatte er diese nicht, oder ließ der Ankläger sie nicht gelten; so trat Gottesurtheil ein und dieses bestand gewöhnlich im Zweikampf. Denn der Angeklagte war jetzt ein »Bescholtener« und hatte sich zu reinigen. Wir sehn hier den Ursprung des Begriffs des Bescholtenseyns und des ganzen Hergangs der Dinge, wie er noch heute unter den »Leuten von Ehre« Statt findet, nur mit Weglassung des Eides. Eben hier ergiebt sich auch die Erklärung der obligaten, hohen Indignation, mit welcher »Leute von Ehre« den Vorwurf der Lüge empfangen und blutige Rache dafür fordern, welches, bei der Alltäglichkeit der Lügen, sehr seltsam erscheint, aber besonders in England zum tiefwurzelnden Aberglauben erwachsen ist. (Wirklich müßte Jeder, der den Vorwurf der Lüge mit dem Tode zu strafen droht, in seinem Leben nicht gelogen haben.) Nämlich in jenen Kriminalprocessen des Mittelalters war die kürzere Form, daß der Angeklagte dem Ankläger erwiderte: »das lügst du«; worauf dann sofort auf Gottesurtheil erkannt wurde: daher also schreibt es sich, daß, nach dem ritterlichen Ehrenkodex, auf den Vorwurf der Lüge sogleich die Appellation an die Waffen erfolgen muß. – So viel, was das Schimpfen betrifft. Nun aber giebt es sogar noch etwas Aergeres, als Schimpfen, etwas so Erschreckliches, daß ich wegen dessen bloßer Erwähnung in diesem Kodex der ritterlichen Ehre, die »Leute von Ehre« um Verzeihung zu bitten habe, da ich weiß, daß beim bloßen Gedanken daran ihnen die Haut schaudert und ihr Haar sich emporsträubt, indem es das *summum malum,* der Uebel größtes auf der Welt, und ärger als Tod und Verdammniß ist. Es kann nämlich, *horribile dictu* [schrecklich zu sagen], Einer dem Andern einen Klaps, oder Schlag versetzen. Dies ist eine entsetzliche Begebenheit und führt einen so kompleten Ehrentod herbei, daß, wenn alle andern Verletzungen der Ehre schon durch Blutlassen zu heilen sind, diese zu ihrer gründlichen Heilung einen kompleten Todtschlag erfordert.

3) Die Ehre hat mit Dem, was der Mensch an und für sich seyn mag, oder mit der Frage, ob seine moralische Beschaffenheit jemals sich ändern könne, und allen solchen Schulfuchsereien, ganz und gar nichts zu thun; sondern wann sie verletzt, oder vor der Hand verloren ist, kann sie, wenn man nur schleunig dazuthut, recht bald und vollkommen wiederhergestellt werden, durch ein einziges Universalmittel, das Duell. Ist jedoch der Verletzer nicht aus den Ständen, die sich zum Kodex der ritterlichen Ehre bekennen, oder hat derselbe diesem schon ein Mal zuwider gehandelt; so kann man, zumal wenn die Ehrenverletzung eine thätliche, aber auch wenn sie eine bloß wörtliche gewesen seyn sollte, eine sichere Operation vornehmen, indem man, wenn man bewaffnet ist, ihn auf der Stelle, allenfalls auch noch eine Stunde nachher, niedersticht; wodurch dann die Ehre

wieder heil ist. Außerdem aber, oder wenn man, aus Besorgniß vor daraus entstehenden Unannehmlichkeiten, diesen Schritt vermeiden möchte, oder wenn man bloß ungewiß ist, ob der Beleidiger sich den Gesetzen der ritterlichen Ehre unterwerfe, oder nicht, hat man ein Palliativmittel [Linderungsmittel], an der »Avantage« [Vorteil, der letzte Beleidigende zu sein]. Diese besteht darin, daß, wenn er grob gewesen ist, man noch merklich gröber sei: geht dies mit Schimpfen nicht mehr an, so schlägt man drein und zwar ist auch hier ein Klimax [eine Stufenfolge] der Ehrenrettung: Ohrfeigen werden durch Stockschläge kurirt, diese durch Hetzpeitschenhiebe: selbst gegen Letztere wird von Einigen das Anspucken als probat empfohlen. Nur wenn man mit diesen Mitteln nicht mehr zur Zeit kommt, muß durchaus zu blutigen Operationen geschritten werden. Diese Palliativmethode hat ihren Grund eigentlich in der folgenden Maxime.

4) Wie Geschimpftwerden eine Schande, so ist Schimpfen eine Ehre. Z. B. auf der Seite meines Gegners sei Wahrheit, Recht und Vernunft; ich aber schimpfe; so müssen diese Alle einpacken, und Recht und Ehre ist auf meiner Seite: er hingegen hat vorläufig seine Ehre verloren, – bis er sie herstellt, nicht etwan durch Recht und Vernunft, sondern durch Schießen und Stechen. Demnach ist die Grobheit eine Eigenschaft, welche, im Punkte der Ehre, jede andere ersetzt, oder überwiegt: der Gröbste hat allemal Recht: *quid multa* [wozu viele Worte]? Welche Dummheit, Ungezogenheit, Schlechtigkeit Einer auch begangen haben mag; – durch eine Grobheit wird sie als solche ausgelöscht und sofort legitimirt. Zeigt etwan in einer Diskussion, oder sonst im Gespräch ein Anderer richtigere Sachkenntniß, strengere Wahrheitsliebe, gesünderes Urtheil, mehr Verstand, als wir, oder überhaupt, läßt er geistige Vorzüge blicken, die uns in Schatten stellen; so können wir alle dergleichen Ueberlegenheiten und unsere eigene durch sie aufgedeckte Dürftigkeit sogleich aufheben und nun umgekehrt selbst überlegen seyn, indem wir beleidigend und grob werden. Denn eine Grobheit besiegt jedes Argument und eklipcirt [verdunkelt] allen Geist: wenn daher nicht etwan der Gegner sich darauf einläßt und sie mit einer größeren erwidert, wodurch wir in den edelen Wettkampf der Avantage gerathen; so bleiben wir Sieger und die Ehre ist auf unserer Seite: Wahrheit, Kenntniß, Verstand, Geist, Witz müssen einpacken und sind aus dem Felde geschlagen von der göttli-

chen Grobheit. Daher werden »Leute von Ehre«, sobald Jemand eine Meinung äußert, die von der ihrigen abweicht, oder auch nur mehr Verstand zeigt, als sie ins Feld stellen können, sogleich Miene machen, jenes Kampfroß zu besteigen; und wenn etwan, in einer Kontroverse, es ihnen an einem Gegen-Argument fehlt, so suchen sie nach einer Grobheit, als welche ja den selben Dienst leistet und leichter zu finden ist: darauf gehn sie siegreich von dannen. Man sieht schon hier, wie sehr mit Recht dem Ehrenprincip die Veredelung des Tones in der Gesellschaft nachgerühmt wird. – Diese Maxime beruht nun wieder auf der folgenden, welche die eigentliche Grundmaxime und die Seele des ganzen Kodex ist.

5) Der oberste Richterstuhl des Rechts, an den man, in allen Differenzen, von jedem andern, soweit es die Ehre betrifft, appelliren kann, ist der der physischen Gewalt, d. h. der Thierheit. Denn jede Grobheit ist eigentlich eine Appellation an die Thierheit, indem sie den Kampf der geistigen Kräfte, oder des moralischen Rechts, für inkompetent erklärt und an deren Stelle den Kampf der physischen Kräfte setzt, welcher bei der Species Mensch, die von Franklin ein *toolmaking animal* [Werkzeuge verfertigendes Thier) definirt wird, mit den ihr demnach eigenthümlichen Waffen, im Duell, vollzogen wird und eine unwiderrufliche Entscheidung herbeiführt. – Diese Grundmaxime wird bekanntlich, mit Einem Worte, durch den Ausdruck Faustrecht, welcher dem Ausdruck Aberwitz analog und daher, wie dieser, ironisch ist, bezeichnet: demnach sollte, ihm gemäß, die ritterliche Ehre die Faust-Ehre heißen. –

6) Hatten wir, weiter oben, die bürgerliche Ehre sehr skrupulös gefunden im Punkte des Mein und Dein, der eingegangenen Verpflichtungen und des gegebenen Wortes; so zeigt hingegen der hier in Betrachtung genommene Kodex darin die nobelste Liberalität. Nämlich nur ein Wort darf nicht gebrochen werden, das Ehrenwort, d. h. das Wort, bei dem man gesagt hat »auf Ehre!« – woraus die Präsumtion entsteht, daß jedes andere Wort gebrochen werden darf. Sogar bei dem Bruch dieses Ehrenworts läßt sich zur Noth die Ehre noch retten, durch das Universalmittel, das Duell, hier mit Denjenigen, welche behaupten, wir hätten das Ehrenwort gegeben. – Ferner: nur eine Schuld giebt es, die unbedingt bezahlt werden muß, – die Spielschuld, welche auch demgemäß den Namen »Ehrenschuld« führt. Um

alle übrigen Schulden mag man Juden und Christen prellen: das schadet der ritterlichen Ehre durchaus nicht.† –

Daß nun dieser seltsame, barbarische und lächerliche Kodex der Ehre nicht aus dem Wesen der menschlichen Natur, oder einer gesunden Ansicht menschlicher Verhältnisse hervorgegangen sei, erkennt der Unbefangene auf den ersten Blick. Zudem aber wird es durch den äußerst beschränkten Bereich seiner Geltung bestätigt: dieser nämlich ist ausschließlich Europa und zwar nur seit dem Mittelalter, und auch hier nur beim Adel, Militär und was diesen nacheifert. Denn weder Griechen, noch Römer, noch die hochgebildeten Asiatischen Völker, alter und neuer Zeit, wissen irgend etwas von dieser Ehre und ihren Grundsätzen. Sie alle kennen keine andere Ehre, als die zuerst analysirte. Bei ihnen allen gilt demnach der Mann für Das, wofür sein Thun und Lassen ihn kund giebt, nicht aber für Das, was irgend

† Das wäre denn der Kodex. Und so seltsam und fratzenhaft nehmen sich, wenn auf deutliche Begriffe gebracht und klar ausgesprochen, jene Grundsätze aus, denen noch heut zu Tage, im Christlichen Europa, in der Regel alle Die huldigen, welche zur sogenannten guten Gesellschaft und zum sogenannten guten Ton gehören. Ja Viele von Denen, welchen diese Grundsätze von früher Jugend auf, durch Rede und Beispiel, eingeimpft sind, glauben fester daran, als an irgend einen Katechismus, hegen gegen dieselben die tiefste, ungeheuchelteste Ehrfurcht, sind jeden Augenblick ganz ernstlich bereit, ihnen Glück, Ruhe, Gesundheit und Leben zum Opfer zu bringen, halten dafür, daß jene Principien ihre Wurzel in der Natur des Menschen haben, folglich angeboren seien, sonach *a priori* feststånden, über jeder Prüfung erhaben. Ihrem Herzen will ich dabei nicht zu nahe treten; aber ihrem Kopfe macht es wenig Ehre. Dieserhalb möchten keinem Stande diese Grundsätze weniger angemessen seyn, als dem, welcher bestimmt ist, die Intelligenz auf Erden zu repräsentiren, das Salz der Erde zu werden, und der nun zu diesem großen Beruf sich vorbereiten soll, also der studirenden Jugend, welche in Deutschland leider mehr als irgend ein anderer Stand diesen Grundsätzen huldigt. Statt nun dieser in Hellas und Latium erzogenen Jugend, (wie ein Mal, als ich ihr noch angehörte, der schlechte Philosophaster J. G. Fichte, den die gelehrte Welt in Deutschland noch immer ganz ehrlich für einen Philosophen hält, in einer *Declamatio ex cathedra* [Vorlesung] that,) die Nachtheile oder die Immoralität der Folgen besagter Grundsätze an's Herz zu legen, habe ich ihnen nur Folgendes zu sagen. Ihr, deren Jugend die Sprache und Weisheit Hellas' und Latiums zur Pflegerin erhielt, und auf deren Geist man die Lichtstrahlen der Weisen und Edlen des schönen Alterthums frühzeitig fallen zu lassen die unschätzbare Sorge getragen hat, Ihr wollt damit anfangen, daß ihr diesen Kodex des Unverstandes und der Brutalität zur Richtschnur eures Wandels macht? – Seht ihn an, wie er hier, auf deutliche Begriffe gebracht, in seiner erbärmlichen Beschränktheit vor euch liegt, und laßt ihn den Prüfstein nicht eures Herzens, sondern eures Verstandes seyn. Verwirft dieser ihn jetzt nicht; – so ist euer Kopf nicht geeignet, in dem Felde zu arbeiten, wo eine energische Urtheilskraft, welche die Bande des Vorurtheils leicht zerreißt, ein richtig ansprechender Verstand, der Wahres und Falsches selbst dort, wo der Unterschied tief verborgen liegt und nicht wie hier mit Händen zu greifen ist, rein zu sondern vermag, die nothwendigen Erfordernisse sind: in diesem Fall also, meine Guten, sucht auf eine andere ehrliche Weise durch die Welt zu kommen, werdet Soldaten, oder lernet ein Handwerk, das hat einen goldenen Boden. –

einer losen Zunge beliebt von ihm zu sagen. Bei ihnen allen kann was Einer sagt, oder thut, wohl seine eigene Ehre vernichten, aber nie die eines Andern. Ein Schlag ist bei ihnen allen eben nur ein Schlag, wie jedes Pferd und jeder Esel ihn gefährlicher versetzen kann: er wird, nach Umständen, zum Zorne reizen, auch wohl auf der Stelle gerächt werden: aber mit der Ehre hat er nichts zu thun, und keineswegs wird Buch gehalten, über Schläge, oder Schimpfwörter, nebst der dafür gewordenen, oder aber einzufordern versäumten »Satisfaktion«. An Tapferkeit und Lebensverachtung stehn sie den Völkern des christlichen Europas nicht nach. Griechen und Römer waren doch wohl ganze Helden: aber sie wußten nichts vom *point d'honneur.* Der Zweikampf war bei ihnen nicht Sache der Edlen im Volke, sondern feiler Gladiatoren, preisgegebener Sklaven und verurtheilter Verbrecher, welche, mit wilden Thieren abwechselnd, auf einander gehetzt wurden, zur Belustigung des Volks. Bei Einführung des Christenthums wurden die Gladiatorenspiele aufgehoben: an ihre Stelle aber ist, in der christlichen Zeit, unter Vermittelung des Gottesurtheils, das Duell getreten. Waren jene ein grausames Opfer, der allgemeinen Schaulust gebracht; so ist dieses ein grausames Opfer, dem allgemeinen Vorurtheil gebracht; aber nicht wie jenes, von Verbrechern, Sklaven und Gefangenen; sondern von Freien und Edeln.

Daß den Alten jenes Vorurtheil völlig fremd war, bezeugen eine Menge uns aufbehaltener Züge. Als z. B. ein Teutonischer Häuptling den Marius zum Zweikampf herausgefordert hatte, ließ dieser Held ihm antworten: »wenn er seines Lebens überdrüssig wäre, möge er sich aufhängen«, bot ihm jedoch einen ausgedienten Gladiator an, mit dem er sich herumschlagen könne *(Freinsh. suppl. in Liv. lib. LXVIII. c. 12).* Im Plutarch *(Them. 11)* lesen wir, daß der Flottenbefehlshaber Eurybiades, mit dem Themistokles streitend, den Stock aufgehoben habe, ihn zu schlagen; jedoch nicht, daß dieser darauf den Degen gezogen, vielmehr, daß er gesagt habe: πταταξον μεν ουν, ακουσον δε: »schlage mich, aber höre mich«. Mit welchem Unwillen muß doch der Leser »von Ehre« hiebei die Nachricht vermissen, daß das Atheniensische Offizierkorps sofort erklärt habe, unter so einem Themistokles nicht ferner dienen zu wollen! – Ganz richtig sagt demnach ein neuerer Französischer Schriftsteller: *si quelqu'un s'avisait de dire que Démosthène fut un homme d'honneur, on sourirait de pitié; – – – Cicéron n'était pas un homme d'honneur non plus.* [Wenn sich jemand einfallen ließe, zu sagen, Demosthenes sei ein Ehrenmann gewesen, so würde man mitleidig lächeln – – – Auch Cicero war kein Ehrenmann.] *(Soirées littéraires, par C. Durand. Rouen 1828. Vol. 2. p. 300.)* Ferner zeigt die Stelle im Plato *(de leg. IX,* die letzten 6 Seiten, imgleichen *XI p. 131 Bip.)* über die αικια, d. h. Mißhandlung, zur Genüge, daß die Alten von der Ansicht des ritterlichen Ehrenpunktes bei solchen Sachen keine Ahndung hatten. Sokrates ist, in Folge seiner häufigen Disputationen, oft thätlich mißhandelt worden, welches er gelassen ertrug: als er einst einen Fußtritt erhielt, nahm er es geduldig hin und sagte Dem, der sich hierüber wunderte: »Würde ich denn, wenn mich ein Esel gestoßen hätte, ihn verklagen?« – *(Diog. Laert. II, 21).* Als, ein ander Mal, Jemand zu ihm sagte: »Schimpft und schmäht dich denn Jener nicht?« war seine Antwort: »Nein: denn was er sagt paßt nicht auf mich« *(ibid. 36).* – Stobäos *(Florileg., ed. Gaisford, Vol. I, p. 327–330)* hat eine lange Stelle des Musonius uns aufbewahrt, daraus zu ersehn, wie die Alten die Injurien betrachteten: sie kannten keine andere Genugthuung, als die gerichtliche; und weise Männer verschmähten auch diese. Daß die Alten für eine erhaltene Ohrfeige keine andere Genugthuung kannten, als eine gerichtliche, ist deutlich zu ersehn aus Plato's Gorgias (S. 86, *Bip.*); woselbst auch (S. 133) die Meinung des Sokrates darüber steht. Das Selbe erhellt auch aus dem Berichte des Gellius (XX, 1) von einem gewissen Lucius Veratius, welcher den Muthwillen übte, den ihm auf der Straße begegnenden römischen Bürgern, ohne Anlaß, eine Ohrfeige zu versetzen, in welcher Absicht er, um allen Weitläuftigkeiten darüber vorzubeugen, sich von einem Sklaven mit einem Beutel Kupfermünze begleiten ließ, der den also Ueberraschten sogleich das gesetzmäßige Schmerzensgeld von 25 Aß auszahlte. Krates, der berühmte Kyniker, hatte vom Musiker Nikodromos eine so starke Ohrfeige erhalten, daß ihm das Gesicht angeschwollen und blutrünstig geworden war: darauf befestigte er an seiner Stirn ein Brettchen, mit der Inschrift Νικοδρομος εποιει *(Nicodromus fecit)* [Nicodromos hat's getan], wodurch große Schande auf den Flötenspieler fiel, der gegen einen Mann, den ganz Athen wie einen Hausgott verehrte *(Apul. Flor. p. 126, Bip.),* eine solche Brutalität ausgeübt hatte. *(Diog.*

Laert. VI, 89.) – Vom Diogenes aus Sinope haben wir darüber, daß die betrunkenen Söhne der Athener ihn geprügelt hatten, einen Brief an den Melesippus, dem er bedeutet, das habe nichts auf sich. *(Nota Casaub. ad Diog. Laert. VI, 33.)* – Seneka hat, im Buche *de constantia sapientis,* vom *c.10* an bis zum Ende, die Beleidigung, *contumelia,* ausführlich in Betracht genommen, um darzulegen, daß der Weise sie nicht beachtet. Kapitel 14 sagt er: *»At sapiens colaphis percussus, quid faciet?« quod Cato, cum illi os percussum esset: non excanduit, non vindicavit injuriam: nec remisit quidem, sed factam negavit.* [»Aber was soll der Weise tun, wenn er mit Faustschlägen traktiert wird?« Was Cato tat, als man ihn ins Gesicht geschlagen hatte: er ereiferte sich nicht, er rächte sich nicht für die Beleidigung, ja er verzieh sie nicht – er erklärte, sie sei gar nicht erfolgt.]

»Ja«, ruft ihr, »das waren Weise!« – Ihr aber seid Narren? Einverstanden. –

Wir sehn also, daß den Alten das ganze ritterliche Ehrenprincip durchaus unbekannt war, weil sie eben in allen Stücken der unbefangenen, natürlichen Ansicht der Dinge getreu blieben und daher solche sinistre und heillose Fratzen sich nicht einreden ließen. Deshalb konnten sie auch einen Schlag ins Gesicht für nichts Anderes halten, als was er ist, eine kleine physische Beeinträchtigung; während er den Neuern eine Katastrophe und ein Thema zu Trauerspielen geworden ist, z. B. im Cid des Corneille, auch in einem neueren deutschen bürgerlichen Trauerspiele [von Ludwig Robert], welches »die Macht der Verhältnisse« heißt, aber »die Macht des Vorurtheils« heißen sollte: wenn aber gar ein Mal in der Pariser Nationalversammlung eine Ohrfeige fällt, so hallt ganz Europa davon wieder. Den Leuten »von Ehre« nun aber, welche durch obige klassische Erinnerungen und angeführte Beispiele aus dem Alterthume verstimmt seyn müssen, empfehle ich, als Gegengift, in Diderots Meisterwerke, *Jacques le fataliste,* die Geschichte des Herrn Desglands zu lesen, als ein auserlesenes Musterstück moderner ritterlicher Ehrenhaftigkeit, daran sie sich letzen und erbauen mögen.

Aus dem Angeführten erhellt zur Genüge, daß das ritterliche Ehrenprincip keineswegs ein ursprüngliches, in der menschlichen Natur selbst gegründetes seyn kann. Es ist also ein künstliches, und sein Ursprung ist nicht schwer zu finden. Es ist offenbar ein Kind jener Zeit, wo die Fäuste geübter waren, als die Köpfe, und die Pfaffen die Vernunft in Ketten hielten, also des belobten Mittelalters und seines Ritterthums. Damals nämlich ließ man für sich den lieben Gott, nicht nur sorgen, sondern auch urtheilen. Demnach wurden schwierige Rechtsfälle durch Ordalien, oder Gottesurtheile, entschieden: diese nun bestanden, mit wenigen Ausnahmen, in Zweikämpfen, keineswegs bloß unter Rittern, sondern auch unter Bürgern; – wie dies ein artiges Beispiel in Shakespeare's Heinrich VI. (Th. 2, A. 2, Sc. 3) bezeugt. Auch konnte von jedem richterlichen Urtheilsspruch immer noch an den Zweikampf, als die höhere Instanz, nämlich das Urtheil Gottes, appellirt werden. Dadurch war nun eigentlich die physische Kraft und Gewandtheit, also die thierische Natur, statt der Vernunft, auf den Richterstuhl gesetzt, und über Recht oder Unrecht entschied nicht was Einer gethan hatte, sondern was ihm widerfuhr, – ganz nach dem noch heute geltenden ritterlichen Ehrenprincip. Wer an diesem Ursprunge des Duellwesens noch zweifelt lese das vortreffliche Buch von *J. G. Mellingen, the history of duelling.* 1849. Ja, noch heut zu Tage findet man unter den, dem ritterlichen Ehrenprincip nachlebenden Leuten, welche bekanntlich nicht gerade die unterrichtetesten und nachdenkendesten zu seyn pflegen, Einige, die den Erfolg des Duells wirklich für eine göttliche Entscheidung des ihm zum Grunde liegenden Streites halten; gewiß nach einer traditionell fortgeerbten Meinung.

Abgesehn von diesem Ursprunge des ritterlichen Ehrenprincips, ist seine Tendenz zunächst diese, daß man, durch Androhung physischer Gewalt, die äußerlichen Bezeugungen derjenigen Achtung erzwingen will, welche wirklich zu erwerben man entweder für zu beschwerlich, oder für überflüssig hält. Dies ist ungefähr so, wie wenn Jemand, die Kugel des Thermometers mit der Hand erwärmend, am Steigen des Quecksilbers darthun wollte, daß sein Zimmer wohlgeheizt sei. Näher betrachtet ist der Kern der Sache dieser: wie die bürgerliche Ehre, als welche den friedlichen Verkehr mit Andern im Auge hat, in der Meinung dieser von uns besteht, daß wir vollkommenes Zutrauen verdienen, weil wir die Rechte eines Jeden unbedingt achten; so besteht die ritterliche Ehre in der Meinung von uns, daß wir zu fürchten seien, weil wir unsere eigenen

Rechte unbedingt zu vertheidigen gesonnen sind. Der Grundsatz, daß es wesentlicher sei, gefürchtet zu werden, als Zutrauen zu genießen, würde auch, weil auf die Gerechtigkeit der Menschen wenig zu bauen ist, so gar falsch nicht seyn, wenn wir im Naturzustande lebten, wo jeder sich selbst zu schützen und seine Rechte unmittelbar zu vertheidigen hat. Aber im Stande der Civilisation, wo der Staat den Schutz unserer Person und unsers Eigenthums übernommen hat, findet er keine Anwendung mehr, und steht da, wie die Burgen und Warten aus den Zeiten des Faustrechts, unnütz und verlassen, zwischen wohlbebauten Feldern und belebten Landstraßen, oder gar Eisenbahnen. Demgemäß hat denn auch die ihn festhaltende ritterliche Ehre sich auf solche Beeinträchtigungen der Person geworfen, welche der Staat nur leicht, oder, nach dem Princip *de minimis lex non curat* [Um Kleinigkeiten kümmert das Gesetz sich nicht], gar nicht bestraft, indem es unbedeutende Kränkungen und zum Theil bloße Neckereien sind. Sie aber hat in Hinsicht auf diese sich hinaufgeschroben zu einer der Natur, der Beschaffenheit und dem Loose des Menschen gänzlich unangemessenen Ueberschätzung des Werthes der eigenen Person†, als welchen sie bis zu einer Art von Heiligkeit steigert und demnach die Strafe des Staates für kleine Kränkungen derselben durchaus unzulänglich findet, solche daher selbst zu strafen übernimmt und zwar stets am Leibe und Leben des Beleidigers. Offenbar liegt hier der unmäßigste Hochmuth und die empörendeste Hoffahrt zum Grunde, welche, ganz vergessend was der Mensch eigentlich ist, eine unbedingte Unverletzlichkeit, wie auch Tadellosigkeit, für ihn in Anspruch nehmen.†† Allein Jeder, der diese mit Gewalt

† Was heißt überhaupt Einen beleidigen? – Es heißt: ihn an der hohen Meinung, die er von sich selber hat, irre machen.

†† Die ritterliche Ehre ist ein Kind des Hochmuths und der Narrheit. (Die ihr entgegengesetzte Wahrheit spricht am schärfsten *el principe constante* [der standhafte Fürst: Calderon] aus in den Worten: *»esa es la herencia de Adan«* [dies ist das Erbe Adams]. Sehr auffallend ist es, daß dieser Superlativ alles Hochmuths sich allein und ausschließlich unter den Genossen derjenigen Religion findet, welche ihren Anhängern die äußerste Demuth zur Pflicht macht; da weder frühere Zeiten noch andere Welttheile jenes Princip der ritterlichen Ehre kennen. Dennoch darf man dasselbe nicht der Religion zuschreiben, vielmehr dem Feudalwesen, bei welchem jeder Edele sich als einen kleinen Souverän, der keinen menschlichen Richter über sich erkannte, ansah und sich daher eine völlige Unverletzlichkeit und Heiligkeit der Person beilegen lernte, daher ihm jedes Attentat gegen dieselbe, also jeder Schlag und jedes Schimpfwort, ein todeswürdiges Verbrechen schien. Demgemäß waren das Ehrenprincip und die Duelle ursprünglich nur Sache des Adels und in Folge davon in spätern Zeiten der Offiziere,

durchzusetzen gesonnen ist und dem zufolge die Maxime proklamirt: »wer mich schimpft, oder gar mir einen Schlag giebt, soll des Todes seyn«, – verdient eigentlich schon darum aus dem Lande verwiesen zu werden. Da wird denn, zur Beschönigung jenes vermessenen Uebermuthes, allerhand vorgegeben. Von zwei unerschrockenen Leuten, heißt es, gebe keiner je nach, daher es vom leisesten Anstoß zu Schimpfreden, dann zu Prügeln und endlich zum Todtschlag kommen würde; demnach sei es besser, Anstands halber die Mittelstufen zu überspringen und gleich an die Waffen zu gehn. Das speciellere Verfahren hiebei hat man dann in ein steifes, pedantisches System, mit Gesetzen und Regeln, gebracht, welches die ernsthafteste Posse von der Welt ist und als ein wahrer Ehrentempel der Narrheit dasteht. Nun aber ist der Grundsatz selbst falsch: bei Sachen von geringer Wichtigkeit (die von großer bleiben stets den Gerichten anheimgestellt) giebt von zwei unerschrockenen Leuten allerdings einer nach, nämlich der Klügste, und bloße Meinungen läßt man auf sich beruhen. Den Beweis hievon liefert das Volk, oder vielmehr alle die zahlreichen Stände, welche sich nicht zum ritterlichen Ehrenprincip bekennen, bei denen daher die Streitigkeiten ihren natürlichen Verlauf haben: unter diesen Ständen ist der Todtschlag hundert Mal seltener, als bei der vielleicht nur $^{1}/_{1000}$ der Gesammtheit betragenden Fraktion, welche jenem Principe huldigt; und selbst eine Prügelei ist eine Seltenheit. – Sodann aber wird behauptet, der gute Ton und die feine Sitte der Gesellschaft hätten zum letzten Grundpfeiler jenes Ehrenprincip, mit seinen Duellen, als welche die Wehrmauer gegen die Ausbrüche der Rohheit und Ungezogenheit wären. Allein in Athen, Korinth und Rom war ganz gewiß gute und zwar sehr gute Gesellschaft, auch feine Sitte und guter Ton anzutreffen; ohne daß jener Popanz der ritterlichen Ehre dahinter gesteckt hätte. Freilich aber führten daselbst auch nicht, wie bei uns, die Weiber den Vorsitz in der Gesellschaft, welches, wie es zunächst der Unterhaltung einen frivolen und läppischen Charakter er-

---

denen sich nachher hin und wieder, wiewohl nie durchgängig, die andern höhern Stände anschlossen, um nicht weniger zu gelten. Wenn auch die Duelle aus den Ordalien hervorgegangen sind; so sind diese doch nicht der Grund, sondern die Folge und Anwendung des Ehrenprincips: wer keinen menschlichen Richter erkennt appellirt an den göttlichen. Die Ordalien selbst aber sind nicht dem Christenthum eigen, sondern finden sich auch im Hinduismus sehr stark, zwar meistens in älterer Zeit: doch Spuren davon auch noch jetzt. –

theilt und jedes gehaltvolle Gespräch verbannt, gewiß auch sehr dazu beiträgt, daß in unserer guten Gesellschaft der persönliche Muth den Rang vor jeder andern Eigenschaft behauptet; während er doch eigentlich eine sehr untergeordnete, eine bloße Unteroffizierstugend ist, ja, eine, in welcher sogar Thiere uns übertreffen, weshalb man z. B. sagt: »muthig wie ein Löwe«. Sogar aber ist, im Gegentheil obiger Behauptung, das ritterliche Ehrenprincip oft das sichere Asylum, wie im Großen der Unredlichkeit und Schlechtigkeit, so im Kleinen der Ungezogenheit, Rücksichtslosigkeit und Flegelei, indem eine Menge sehr lästiger Unarten stillschweigend geduldet werden, weil eben Keiner Lust hat, an die Rüge derselben den Hals zu setzen. – Dem Allen entsprechend sehn wir das Duell im höchsten Flor und mit blutdürstigem Ernst betrieben, gerade bei der Nation, welche in politischen und finanziellen Angelegenheiten Mangel an wahrer Ehrenhaftigkeit bewiesen hat: wie es damit bei ihr im Privatverkehr stehe, kann man bei Denen erfragen, die Erfahrung darin haben. Was aber gar ihre Urbanität und gesellschaftliche Bildung betrifft, so ist sie als negatives Muster berühmt.

Alle jene Vorgeben halten also nicht Stich. Mit mehr Recht kann urgirt [betont] werden, daß, wie schon ein angeknurrter Hund wieder knurrt, ein geschmeichelter wieder schmeichelt, es auch in der Natur des Menschen liege, jede feindliche Begegnung feindlich zu erwidern und durch Zeichen der Geringschätzung, oder des Hasses, erbittert und gereizt zu werden; daher schon Cicero sagt: *habet quendam aculeum contumelia, quem pati prudentes ac viri boni difficillime possunt* [Die Beleidigung läßt einen gewissen Stachel zurück, den kluge und gute Männer nur sehr schwer ertragen können]; wie denn auch nirgends auf der Welt (einige fromme Sekten bei Seite gesetzt) Schimpfreden, oder gar Schläge, gelassen hingenommen werden. Jedoch leitet die Natur keinen Falls zu etwas Weiterem, als zu einer der Sache angemessenen Vergeltung, nicht aber dazu, den Vorwurf der Lüge, der Dummheit, oder der Feigheit, mit dem Tode zu bestrafen, und der altdeutsche Grundsatz »auf eine Maulschelle gehört ein Dolch« ist ein empörender ritterlicher Aberglaube. Jedenfalls ist die Erwiderung, oder Vergeltung, von Beleidigungen Sache des Zorns, aber keineswegs der Ehre und Pflicht, wozu das ritterliche Ehrenprincip sie stämpelt. Vielmehr ist ganz gewiß, daß jeder Vorwurf nur in dem Maaße, als er trifft, verletzen kann; welches auch daran ersichtlich ist, daß die leiseste Andeutung, welche trifft, viel tiefer verwundet, als die schwerste Anschuldigung, die gar keinen Grund hat. Wer daher wirklich sich bewußt ist, einen Vorwurf nicht zu verdienen, darf und wird ihn getrost verachten. Dagegen aber fordert das Ehrenprincip von ihm, daß er eine Empfindlichkeit zeige, die er gar nicht hat, und Beleidigungen, die ihn nicht verletzen, blutig räche. Der aber muß selbst eine schwache Meinung von seinem eigenen Werthe haben, der sich beeilt, jeder denselben anfechtenden Aeußerung den Daumen aufs Auge zu drücken, damit sie nicht laut werde. Demzufolge wird, bei Injurien, wahre Selbstschätzung wirkliche Gleichgültigkeit verleihen, und wo dies, aus Mangel derselben, nicht der Fall ist, werden Klugheit und Bildung anleiten, den Schein davon zu retten und den Zorn zu verbergen. Wenn man demnach nur erst den Aberglauben des ritterlichen Ehrenprincips los wäre, so daß Niemand mehr vermeinen dürfte, durch Schimpfen irgend etwas der Ehre eines Andern nehmen oder der seinigen wiedergeben zu können, auch nicht mehr jedes Unrecht, jede Rohheit, oder Grobheit, sogleich legitimirt werden könnte durch die Bereitwilligkeit Satisfaktion zu geben, d. h. sich dafür zu schlagen; so würde bald die Einsicht allgemein werden, daß, wenn es an's Schmähen und Schimpfen geht, der in diesem Kampfe Besiegte der Sieger ist, und daß, wie Vincenzo Monti sagt, die Injurien es machen wie die Kirchenprocessionen, welche stets dahin zurückkehren von wo sie ausgegangen sind. Ferner würde es alsdann nicht mehr, wie jetzt, hinreichend seyn, daß Einer eine Grobheit zu Markte brächte, um Recht zu behalten; mithin würden alsdann Einsicht und Verstand ganz anders zum Worte kommen, als jetzt, wo sie immer erst zu berücksichtigen haben, ob sie nicht irgendwie den Meinungen der Beschränktheit und Dummheit, als welche schon ihr bloßes Auftreten allarmirt und erbittert hat, Anstoß geben und dadurch herbeiführen können, daß das Haupt, in welchem sie wohnen, gegen den flachen Schädel, in welchem jene hausen, aufs Würfelspiel gesetzt werden müsse. Sonach würde alsdann in der Gesellschaft die geistige Ueberlegenheit das ihr gebührende Primat erlangen, welches jetzt, wenn auch verdeckt, die physische Ueberlegenheit und die Husarenkourage hat, und in Folge hievon würden die vorzüglichsten Menschen doch schon Einen Grund weniger haben, als jetzt, sich von der Gesellschaft zurückzuziehn. Eine Veränderung dieser Art würde demnach den w a h r e n guten Ton herbeiführen und der wirklich guten Gesellschaft den Weg bahnen, in der Form, wie sie, ohne Zweifel, in Athen, Korinth und Rom bestanden hat. Wer von dieser eine Probe zu sehn wünscht, dem empfehle ich das Gastmahl des Xenophon zu lesen.

Die letzte Vertheidigung des ritterlichen Kodex wird aber, ohne Zweifel, lauten: »Ei, da könnte ja, Gott sei bei uns! wohl gar Einer dem Andern einen Schlag versetzen!« – worauf ich kurz erwidern könnte, daß dies bei den 999/1000 der Gesellschaft, die jenen Kodex nicht anerkennen, oft genug der Fall gewesen, ohne daß je Einer daran gestorben sei, während bei den Anhängern desselben, in der Regel, jeder Schlag ein tödtlicher wird. Aber ich will näher darauf eingehn. Ich habe mich oft genug bemüht, für die unter einem Theil der menschlichen Gesellschaft so fest stehende Ueberzeugung von der Entsetzlichkeit eines Schlages, entweder in der thierischen, oder in der vernünftigen Natur des Menschen, irgend einen haltbaren, oder wenigstens plausibeln, nicht nur in bloßen Redensarten bestehenden, sondern auf deutliche Begriffe zurückführbaren Grund zu finden; jedoch vergeblich. Ein Schlag ist und bleibt ein kleines physisches Uebel, welches jeder Mensch dem Andern verursachen kann, dadurch aber weiter nichts beweist, als daß er stärker, oder gewandter sei, oder daß der Andere nicht auf seiner Hut gewesen. Weiter ergiebt die Analyse nichts. Sodann sehe ich den selben Ritter, welchem ein Schlag von Menschenhand der Uebel Größtes dünkt, einen zehn Mal stärkern Schlag von seinem Pferde erhalten und, mit verbissenem Schmerz davonhinkend, versichern, es habe nichts zu bedeuten. Da habe ich gedacht, es läge an der Menschenhand. Allein ich sehe unsern Ritter von dieser Degenstiche und Säbelhiebe im Kampfe erhalten und versichern, es sei Kleinigkeit, nicht der Rede werth. Sodann vernehme ich, daß selbst Schläge mit der flachen Klinge bei Weitem nicht so schlimm seien, wie die mit dem Stocke, daher, vor nicht langer Zeit, die Kadetten wohl jenen, aber nicht diesen ausgesetzt waren: und nun gar der Ritterschlag, mit der Klinge, ist die größte Ehre. Da bin ich denn mit meinen psychologischen und moralischen Gründen zu Ende, und mir bleibt nichts übrig, als die Sache für einen alten, festgewurzelten Aberglauben zu halten, für ein Beispiel mehr, zu so vielen, was Alles man den

Menschen einreden kann. Dies bestätigt auch die bekannte Thatsache, daß in China Schläge mit dem Bambusrohr eine sehr häufige bürgerliche Bestrafung, selbst für Beamte aller Klassen sind; indem sie uns zeigt, daß die Menschennatur, und selbst die hoch civilisirte, dort nicht das Selbe aussagt.* Sogar aber lehrt ein unbefangener Blick auf die Natur des Menschen, daß diesem das Prügeln so natürlich ist, wie den reißenden Thieren das Beißen und dem Hornvieh das Stoßen: er ist eben ein prügelndes Thier. Daher auch werden wir empört, wenn wir, in seltenen Fällen, vernehmen, daß ein Mensch den andern gebissen habe; hingegen ist, daß er Schläge gebe und empfange, ein so natürliches, wie leicht eintretendes Ereigniß. Daß höhere Bildung sich auch diesem, durch gegenseitige Selbstbeherrschung, gern entzieht, ist leicht erklärlich. Aber einer Nation, oder auch nur einer Klasse, aufzubinden, ein gegebener Schlag sei ein entsetzliches Unglück, welches Mord und Todtschlag zur Folge haben müsse, ist eine Grausamkeit. Es giebt der wahren Uebel zu viele auf der Welt, als daß man sich erlauben dürfte, sie durch imaginäre, welche die wahren herbeiziehn, zu vermehren: das thut aber jener dumme und boshafte Aberglaube. Ich muß daher sogar mißbilligen, daß Regierungen und gesetzgebende Körper demselben dadurch Vorschub leisten, daß sie mit Eifer auf Abstellung aller Prügelstrafen, beim Civil und Militär, dringen. Sie glauben dabei im Interesse der Humanität zu handeln; während gerade das Gegentheil der Fall ist, indem sie dadurch an der Befestigung jenes widernatürlichen und heillosen Wahnes, dem schon so viele Opfer gefallen sind, arbeiten. Bei allen Vergehungen, mit Ausnahme der schwersten, sind Prügel die dem Menschen zuerst einfallende, daher die natürliche Bestrafung: wer für Gründe nicht empfänglich war, wird es für Prügel seyn: und daß Der, welcher am Eigenthum, weil er keines hat, nicht gestraft werden kann, und den man an der Freiheit, weil man seiner Dienste bedarf, nicht ohne eigenen Nachtheil strafen

* *Vingt ou trente coups de canne sur le derrière, c'est, pour ainsi dire, le pain quotidien des Chinois. C'est une correction paternelle du mandarin, laquelle n'a rien d'infamant, et qu'ils reçoivent avec action de grâces.* [Zwanzig oder dreißig Schläge mit dem Rohr auf den Hintern sind gewissermaßen das tägliche Brot der Chinesen. Sie sind eine väterliche Zurechtweisung des Mandarins, die nichts Schimpfliches an sich hat und die man mit Dankesbezeigungen empfängt.] – *Lettres édifiantes et curieuses, édition de 1819. Vol. 11, p. 454.*

kann, durch mäßige Prügel gestraft werde, ist so billig, wie natürlich. Auch werden gar keine Gründe dagegen aufgebracht, sondern bloße Redensarten von der »Würde des Menschen«, die sich nicht auf deutliche Begriffe, sondern eben nur wieder auf obigen verderblichen Aberglauben stützen. Daß dieser der Sache zum Grunde liege, hat eine fast lächerliche Bestätigung daran, daß noch vor Kurzem, in manchen Ländern, beim Militär, die Prügelstrafe durch die Lattenstrafe [schärfster Arrest] ersetzt worden war, welche doch, ganz und gar wie jene, die Verursachung eines körperlichen Schmerzes ist, nun aber nicht ehrenrührig und entwürdigend seyn soll.

Durch dergleichen Beförderung des besagten Aberglaubens arbeitet man aber dem ritterlichen Ehrenprincip und damit dem Duell in die Hände, während man dieses andererseits durch Gesetze abzustellen bemüht ist, oder doch es zu seyn vorgiebt.† In Folge davon treibt denn jenes Fragment des Faustrechts, aus den Zeiten des rohesten Mittelalters bis in das 19. Jahrhundert herabgeweht, sich in diesem, zum öffentlichen Skandal, noch immer herum: es ist nachgerade an der Zeit, daß es mit Schimpf und Schande hinausgeworfen werde. Ist es doch heut zu Tage nicht ein Mal erlaubt, Hunde, oder Hähne methodisch auf einander zu hetzen (wenigstens werden in England dergleichen Hetzen gestraft); aber Menschen werden, wider Willen, zum tödtlichen Kampf auf einander gehetzt, durch den lächerlichen Aberglauben des absurden Princips der ritterlichen Ehre und durch dessen bornirte Vertreter und Verwalter, welche ihnen die Verpflichtung auflegen, wegen irgend einer Lumperei, wie Gla-

† Der eigentliche Grund, aus welchem die Regierungen scheinbar sich beeifern, das Duell zu unterdrücken und, während dies offenbar, zumal auf Universitäten, sehr leicht wäre, sich stellen, als wolle es ihnen nur nicht gelingen, scheint mir folgender zu seyn. Der Staat ist nicht im Stande, die Dienste seiner Offiziere und Civilbeamten mit Gelde zum Vollen zu bezahlen; daher läßt er die andere Hälfte ihres Lohnes in der Ehre bestehn, welche repräsentirt wird durch Titel, Uniformen und Orden. Um nun diese ideale Vergütung ihrer Dienste in hohem Kourse zu erhalten, muß das Ehrgefühl auf alle Weise genährt, geschärft, allenfalls etwas überspannt werden: da aber zu diesem Zweck die bürgerliche Ehre nicht ausreicht, schon weil man sie mit Jedem theilt; so wird die ritterliche Ehre zu Hülfe genommen und besagterweise aufrecht erhalten. In England, als wo Militär- und Civil-Besoldungen sehr viel höher stehn, als auf dem Kontinent, ist die besagte Aushülfe nicht nöthig: daher eben ist daselbst, zumal in diesen letzten zwanzig Jahren, das Duell fast ganz ausgerottet, kommt jetzt höchst selten vor, und wird dann als eine Narrheit verlacht; gewiß hat die große *Anti-duelling-society,* welche eine Menge Lords, Admiräle und Generäle zu ihren Mitgliedern zählt, hiezu viel beigetragen, und der Moloch muß sich ohne seine Opfer behelfen.

diatoren mit einander zu kämpfen. Unsern deutschen Puristen schlage ich daher, für das Wort Duell, welches wahrscheinlich nicht vom lateinischen *duellum,* sondern vom Spanischen *duelo,* Leid, Klage, Beschwerde, herkommt, die Benennung Ritterhetze vor. Die Pedanterei, mit der die Narrheit getrieben wird, giebt allerdings Stoff zum Lachen. Indessen ist es empörend, daß jenes Princip und sein absurder Kodex einen Staat im Staate begründet, welcher, kein anderes als das Faustrecht anerkennend, die ihm unterworfenen Stände dadurch tyrannisirt, daß er ein heiliges Vehmgericht offen hält, vor welches Jeder Jeden, mittelst sehr leicht herbeizuführender Anlässe als Schergen, laden kann, um ein Gericht auf Tod und Leben über ihn und sich ergehn zu lassen. Natürlich wird nun dies der Schlupfwinkel, von welchem aus jeder Verworfenste, wenn er nur jenen Ständen angehört, den Edelsten und Besten, der ihm als solcher nothwendig verhaßt seyn muß, bedrohen, ja, aus der Welt schaffen kann. Nachdem heut zu Tage Justiz und Polizei es so ziemlich dahin gebracht haben, daß nicht mehr auf der Landstraße jeder Schurke uns zurufen kann »die Börse oder das Leben«, sollte endlich auch die gesunde Vernunft es dahin bringen, daß nicht mehr, mitten im friedlichen Verkehr, jeder Schurke uns zurufen könne »die Ehre oder das Leben.« Und die Beklemmung sollte den höhern Ständen von der Brust genommen werden, welche daraus entsteht, daß Jeder, jeden Augenblick, mit Leib und Leben verantwortlich werden kann für die Rohheit, Grobheit, Dummheit oder Bosheit irgend eines Andern, dem es gefällt, solche gegen ihn auszulassen. Daß, wenn zwei junge, unerfahrne Hitzköpfe mit Worten an einander gerathen, sie Dies mit ihrem Blut, ihrer Gesundheit, oder ihrem Leben büßen sollen, ist himmelschreiend, ist schändlich. Wie arg die Tyrannei jenes Staates im Staate und wie groß die Macht jenes Aberglaubens sei, läßt sich daran ermessen, daß schon öfter Leute, denen die Wiederherstellung ihrer verwundeten ritterlichen Ehre, wegen zu hohen, oder zu niedrigen Standes, oder sonst unangemessener Beschaffenheit des Beleidigers unmöglich war, aus Verzweiflung darüber sich selbst das Leben genommen und so ein tragikomisches Ende gefunden haben. – Da das Falsche und Absurde sich am Ende meistens dadurch entschleiert, daß es, auf seinem Gipfel, den Widerspruch als seine Blüthe hervortreibt; so tritt dieser zuletzt auch hier in Form der schreiendesten Antinomie hervor: nämlich dem Offizier ist das Duell verboten: aber er wird durch Absetzung gestraft, wenn er es, vorkommenden Falls, unterläßt.

Ich will aber, da ich ein Mal dabei bin, in der Parrhesia [Freimütigkeit] noch weiter gehn. Beim Lichte und ohne Vorurtheil betrachtet, beruht bloß darauf, daß, wie gesagt, jener Staat im Staate kein anderes Recht, als das des Stärkeren, also das Faustrecht, anerkannt und dieses, zum Gottesurtheil erhoben, seinem Kodex zum Grunde gelegt hat, der so wichtig gemachte und so hoch genommene Unterschied, ob man seinen Feind im offenen, mit gleichen Waffen geführten Kampf, oder aus dem Hinterhalt erlegt habe. Denn durch Ersteres hat man doch weiter nichts bewiesen, als daß man der Stärkere, oder der Geschicktere sei. Die Rechtfertigung, die man im Bestehn des offenen Kampfes sucht, setzt also voraus, daß das Recht des Stärkeren wirklich ein Recht sei. In Wahrheit aber giebt der Umstand, daß der Andere sich schlecht zu wehren versteht, mir zwar die Möglichkeit, jedoch keineswegs das Recht, ihn umzubringen; sondern dieses letztere, also meine moralische Rechtfertigung, kann allein auf den Motiven, die ich, ihm das Leben zu nehmen, habe, beruhen. Nehmen wir nun an, diese wären wirklich vorhanden und zureichend; so ist durchaus kein Grund da, es jetzt noch davon abhängig zu machen, ob er, oder ich, besser schießen oder fechten könne, sondern dann ist es gleichviel, auf welche Art ich ihm das Leben nehme, ob von hinten oder von vorne. Denn moralisch hat das Recht des Stärkeren nicht mehr Gewicht, als das Recht des Klügeren, welches beim hinterlistigen Morde angewandt wird: hier wiegt also dem Faustrecht das Kopfrecht gleich; wozu noch bemerkt sei, daß auch im Duell das eine wie das andere geltend gemacht wird, indem schon jede Finte, beim Fechten, Hinterlist ist. Halte ich mich moralisch gerechtfertigt, Einem das Leben zu nehmen; so ist es Dummheit, es jetzt noch erst darauf ankommen zu lassen, ob er etwan besser schießen oder fechten könne, als ich; in welchem Fall er dann umgekehrt, mir, den er schon beeinträchtigt hat, noch obendrein das Leben nehmen soll. Daß Beleidigungen nicht durch das Duell, sondern durch Meuchelmord zu rächen seien, ist Rousseau's Ansicht, die er bedeutsam andeutet, in der so geheimnißvoll gehaltenen 21. Anmerkung zum 4. Buche des Emile (S. 173, *Bip.*). Dabei aber ist er so stark im ritterlichen Aberglauben befangen, daß er schon den erlittenen Vorwurf der Lüge als eine Berechtigung zum Meuchelmorde ansieht; während er doch wissen mußte, daß jeder Mensch diesen Vorwurf unzählige Mal verdient hat, ja, er selbst im höchsten Grade. Das Vorurtheil aber, welches die Berechtigung, den Beleidiger zu tödten, durch den offenen Kampf, mit gleichen Waffen, bedingt seyn läßt, hält offenbar das Faustrecht für ein wirkliches Recht und den Zweikampf für ein Gottesurtheil. Der Italiäner hingegen, welcher, von Zorn entbrannt, seinen Beleidiger, wo er ihn findet, ohne Weiteres mit dem Messer anfällt, handelt wenigstens konsequent und naturgemäß: er ist klüger, aber nicht schlechter, als der Duellant. Wollte man sagen, daß ich, bei der Tödtung meines Feindes im Zweikampf, dadurch gerechtfertigt sei, daß er eben sich bemühe, mich zu tödten; so steht Dem entgegen, daß ich, durch die Herausforderung, ihn in den Fall der Nothwehr versetzt habe. Dieses sich absichtlich gegenseitig in den Fall der Nothwehr versetzen, heißt im Grunde nur, einen plausibeln Vorwand für den Mord suchen. Eher ließe sich die Rechtfertigung durch den Grundsatz *volenti non fit injuria* [Dem, der es so haben will, geschieht kein Unrecht] hören; sofern man durch gegenseitige Uebereinkunft sein Leben auf dieses Spiel gesetzt hat: aber Dem steht entgegen, daß es mit dem *volenti* nicht seine Richtigkeit hat; indem die Tyrannei des ritterlichen Ehrenprincips und seines absurden Kodex der Scherge ist, welcher beide, oder wenigstens einen der beiden Kämpen vor dieses blutige Vehmgericht geschleppt hat.

Ich bin über die ritterliche Ehre weitläuftig gewesen, aber in guter Absicht und weil gegen die moralischen und intellektuellen Ungeheuer auf dieser Welt der alleinige Herkules die Philosophie ist. Zwei Dinge sind es hauptsächlich, welche den gesellschaftlichen Zustand der neuen Zeit von dem des Alterthums, zum Nachtheil des ersteren unterscheiden, indem sie demselben einen ernsten, finstern, sinistern Anstrich gegeben haben, von welchem frei das Alterthum heiter und unbefangen, wie der Morgen des Lebens, dasteht. Sie sind: das ritterliche Ehrenprincip und die venerische Krankheit, – *par nobile fratrum* [ein edles Brüderpaar]! Sie zusammen haben νειχος και φιλια [Streit und Liebe] des Lebens vergiftet. Die venerische Krankheit nämlich erstreckt ihren Einfluß viel weiter, als es auf den ersten Blick scheinen möchte, indem derselbe keineswegs ein bloß physischer, sondern auch ein moralischer ist. Seitdem Amors Köcher auch vergiftete Pfeile führt, ist in das Verhältniß der Geschlechter zu einander ein fremdartiges, feindsäliges, ja teuflisches Element gekommen; in Folge wovon ein finsteres und furchtsames Mißtrauen es durchzieht; und der mittelbare Einfluß einer solchen Aenderung in der Grundfeste aller menschlichen Gemeinschaft erstreckt sich, mehr oder weniger, auch auf die übrigen geselligen Verhältnisse; welches auseinanderzusetzen mich hier zu weit abführen würde. – Analog, wiewohl ganz anderartig, ist der Einfluß des ritterlichen Ehrenprincips, dieser ernsthaften Posse, welche den Alten fremd war, hingegen die moderne Gesellschaft steif, ernst und ängstlich macht, schon weil jede flüchtige Aeußerung skrutinirt und ruminirt [sorgfältig beobachtet und überlegt] wird. Aber mehr als Dies! Jenes Princip ist ein allgemeiner Minotaur, dem nicht, wie dem antiken, von einem, sondern von jedem Lande in Europa, alljährlich eine Anzahl Söhne edeler Häuser zum Tribut gebracht werden muß. Daher ist es an der Zeit, daß diesem Popanz ein Mal kühn zu Leibe gegangen werde, wie hier geschehn. Möchten doch beide Monstra der neueren Zeit im 19. Jahrhundert ihr Ende finden! Wir wollen die Hoffnung nicht aufgeben, daß es mit dem ersteren den Aerzten, mittelst der Prophylaktika, endlich doch noch gelingen werde. Den Popanz aber abzuthun ist Sache des Philosophen, mittelst Berichtigung der Begriffe, da es den Regierungen, mittelst Handhabung der Gesetze, bisher nicht hat gelingen wollen, zudem auch nur auf dem ersteren Wege das Uebel an der Wurzel angegriffen wird. Sollte es inzwischen den Regierungen mit der Abstellung des Duellwesens wirklich Ernst seyn und der geringe Erfolg ihres Bestrebens wirklich nur an ihrem Unvermögen liegen; so will ich ihnen ein Gesetz vorschlagen, für dessen Erfolg ich einstehe, und zwar ohne blutige Operationen, ohne Schafott, oder Galgen, oder lebenswierige Einsperrungen, zu Hülfe zu nehmen. Vielmehr ist es ein kleines, ganz leichtes, homöopathisches Mittelchen: wer einen Andern herausfordert, oder sich stellt, erhält, *à la Chinoise* [nach chinesischer Weise], am hellen Tage, vor der Hauptwache, 12 Stockschläge vom Korporal, die Kartellträger und Sekundanten jeder 6. Wegen der etwanigen Folgen wirklich vollzogener Duelle bliebe das gewöhnliche kriminelle Verfahren. Vielleicht würde ein ritterlich Gesinnter mir einwenden, daß nach Vollstreckung solcher Strafe mancher »Mann von Ehre« im Stande seyn könnte, sich todtzuschießen; worauf ich antworte: es ist besser, daß so ein Narr sich selber todtschießt, als Andere. – Im Grunde aber weiß ich sehr wohl, daß es den Regierungen mit der Abstellung der Duelle nicht Ernst ist. Die Gehalte der Civilbeamten, noch viel mehr aber die der Offiziere, stehn (von den höchsten Stellen abgesehn) weit unter dem Werth ihrer Leistungen. Zur andern Hälfte werden sie daher mit der Ehre bezahlt. Diese wird zunächst durch Titel und Orden vertreten, im weiteren Sinne durch die Standesehre überhaupt. Für diese Standesehre nun ist das Duell ein brauchbares Handpferd; daher es auch schon auf den Universitäten seine Vorschule hat. Die Opfer desselben bezahlen demnach mit ihrem Blut das Deficit der Gehalte. –

Der Vollständigkeit wegen sei hier noch die Nationalehre erwähnt. Sie ist die Ehre eines ganzen Volkes als Theiles der Völkergemeinschaft. Da es in dieser kein anderes Forum giebt, als das der Gewalt, und demnach jedes Mitglied derselben seine Rechte selbst zu schützen hat, so besteht die Ehre einer Nation, nicht allein in der erworbenen Meinung, daß ihr zu trauen sei (Kredit), sondern auch in der, daß sie zu fürchten sei: daher darf sie Eingriffe in ihre Rechte niemals ungeahndet lassen. Sie vereinigt also den Ehrenpunkt der bürgerlichen mit dem der ritterlichen Ehre. –

Zu Dem, was Einer vorstellt, d.h. in den Augen der Welt ist, war oben, in letzter Stelle, der Ruhm gezählt worden: diesen hätten wir also noch zu betrachten. – Ruhm und Ehre sind Zwillingsgeschwister; jedoch so, wie die Dioskuren, von denen Pollux unsterblich und Kastor sterblich war: der Ruhm ist der unsterbliche Bruder der sterblichen Ehre. Freilich ist dies nur vom Ruhme höchster Gattung, dem eigentlichen und ächten Ruhme, zu verstehn: denn es giebt allerdings auch mancherlei ephemeren Ruhm. – Die Ehre, nun ferner, betrifft bloß solche Eigenschaften, welche von Jedem, der in den selben Verhältnissen steht, gefordert werden; der Ruhm bloß solche, die man von Niemanden fordern darf; die Ehre solche, die Jeder sich selber öffentlich beilegen darf; der Ruhm solche, die Keiner sich selber beilegen darf. Während unsere Ehre so weit reicht, wie die Kunde von uns; so eilt, umgekehrt, der Ruhm der Kunde von uns voran und bringt diese so weit er selbst gelangt. Auf Ehre hat Jeder Anspruch; auf Ruhm nur die Ausnahmen:

denn nur durch außerordentliche Leistungen wird Ruhm erlangt. Diese nun wieder sind entweder Thaten, oder Werke; wonach zum Ruhme zwei Wege offen stehn. Zum Wege der Thaten befähigt vorzüglich das große Herz; zu dem der Werke der große Kopf. Jeder der beiden Wege hat seine eigenen Vortheile und Nachtheile. Der Hauptunterschied ist, daß die Thaten vorübergehn, die Werke bleiben. Von den Thaten bleibt nur das Andenken, welches immer schwächer, entstellter und gleichgültiger wird, allmälig sogar erlöschen muß, wenn nicht die Geschichte es aufnimmt und es nun im petrificirten [versteinerten] Zustande der Nachwelt überliefert. Die Werke hingegen sind selbst unsterblich, und können, zumal die schriftlichen, alle Zeiten durchleben. Die edelste That hat doch nur einen zeitweiligen Einfluß; das geniale Werk hingegen lebt und wirkt, wohlthätig und erhebend, durch alle Zeiten. Von Alexander dem Großen lebt Name und Gedächtniß: aber Plato und Aristoteles, Homer und Horaz sind noch selbst da, leben und wirken unmittelbar. Die Veden, mit ihren Upanischaden, sind da: aber von allen den Thaten, die zu ihrer Zeit geschehn, ist gar keine Kunde auf uns gekommen.† – Ein anderer Nachtheil der Thaten ist ihre Abhängigkeit von der Gelegenheit, als welche erst die Möglichkeit dazu geben muß; woran sich knüpft, daß ihr Ruhm sich nicht allein nach ihrem innern Werthe richtet, sondern auch nach den Umständen, welche ihnen Wichtigkeit und Glanz ertheilen. Zudem ist er, wenn, wie im Kriege, die Thaten rein persönliche sind, von der Aussage weniger Augenzeugen abhängig: diese sind nicht immer vorhanden und dann nicht immer gerecht und unbefangen. Dagegen aber haben die Thaten den Vortheil, daß sie, als etwas Praktisches, im Bereich der allgemeinen

† Demnach ist es ein schlechtes Kompliment, wenn man, wie heut zu Tage Mode ist, Werke dadurch zu ehren vermeint, daß man sie Thaten titulirt: Denn Werke sind wesentlich höherer Art. Eine That ist immer nur eine Handlung auf Motiv, mithin ein Einzelnes, Vorübergehendes, und ist ein dem allgemeinen und ursprünglichen Element der Welt, dem Willen, Angehöriges. Ein großes oder schönes Werk hingegen ist ein Bleibendes, weil von allgemeiner Bedeutung, und ist der Intelligenz entsprossen, der schuldlosen, reinen, dieser Willenswelt wie ein Duft entsteigenden.

Ein Vortheil des Ruhmes der Thaten ist, daß er in der Regel sogleich eintritt, mit einer starken Explosion, oft so stark, daß sie in ganz Europa gehört wird; während der Ruhm der Werke langsam und allmälig eintritt, erst leise, dann immer lauter, und oft erst nach hundert Jahren seine ganze Stärke erreicht: dann aber bleibt er, weil die Werke bleiben, bisweilen Jahrtausende hindurch. Jener andere hingegen wird, nachdem die erste Explosion vorüber ist, allmälig schwächer, Wenigeren bekannt und immer Wenigeren, bis er zuletzt nur noch in der Historie ein gespensterhaftes Daseyn führt.

menschlichen Urtheilsfähigkeit liegen; daher ihnen, wenn dieser nur die Data richtig überliefert sind, sofort Gerechtigkeit widerfährt; es sei denn, daß ihre Motive erst später richtig erkannt, oder gerecht abgeschätzt werden: denn zum Verständniß einer jeden Handlung gehört Kenntniß des Motivs derselben. Umgekehrt steht es mit den Werken: ihre Entstehung hängt nicht von der Gelegenheit, sondern allein von ihrem Urheber ab, und was sie an und für sich sind bleiben sie, so lange sie bleiben. Bei ihnen liegt dagegen die Schwierigkeit im Urtheil, und sie ist um so größer, in je höherer Gattung sie sind: oft fehlt es an kompetenten, oft an unbefangenen und redlichen Richtern. Dagegen nun wieder wird ihr Ruhm nicht von e i n e r Instanz entschieden; sondern es findet Appellation Statt. Denn während, wie gesagt, von den Thaten bloß das Andenken auf die Nachwelt kommt und zwar so, wie die Mitwelt es überliefert; so kommen hingegen die Werke selbst dahin, und zwar, etwan fehlende Bruchstücke abgerechnet, so, wie sie sind: hier giebt es also keine Entstellung der Data, und auch der etwan nachtheilige Einfluß der Umgebung, bei ihrem Ursprunge, fällt später weg. Vielmehr bringt oft erst die Zeit, nach und nach, die wenigen wirklich kompetenten Richter heran, welche, schon selbst Ausnahmen, über noch größere Ausnahmen zu Gerichte sitzen: sie geben successiv ihre gewichtigen Stimmen ab, und so steht, bisweilen freilich erst nach Jahrhunderten, ein vollkommen gerechtes Urtheil da, welches keine Folgezeit mehr umstößt. So sicher, ja, unausbleiblich ist der Ruhm der Werke. Hingegen daß ihr Urheber ihn erlebe, hängt von äußern Umständen und dem Zufall ab: es ist um so seltener, je höherer und schwierigerer Gattung sie waren. Diesem gemäß sagt Seneka *(ep. 79)* unvergleichlich schön, daß dem Verdienste sein Ruhm so unfehlbar folge, wie dem Körper sein Schatten, nur aber freilich, eben wie auch dieser, bisweilen vor, bisweilen hinter ihm herschreite, und fügt, nachdem er dies erläutert hat, hinzu: *etiamsi omnibus tecum viventibus s i l e n t i u m l i v o r i n d i x e r i t, venient qui sine offensa, sine gratia judicent* [Wenn auch all deinen Zeitgenossen der Neid die Lippen verschließt, so werden doch einst Menschen kommen, die ohne Mißgunst und ohne Gunst urteilen]; woraus wir nebenbei ersehn, daß die Kunst des Unterdrückens der Verdienste durch hämisches Schweigen und Ignoriren, um, zu Gunsten des Schlechten, das Gute dem Publiko zu verbergen, schon bei den Lumpen des Seneka'schen Zeitalters üblich war, so gut wie bei denen des unserigen, und daß jenen, wie diesen, der Neid die Lippen zudrückte. – In der Regel wird sogar der Ruhm, je länger er zu dauern hat, desto später eintreten; wie ja alles Vorzügliche langsam heranreift. Der Ruhm, welcher zum Nachruhm werden will, gleicht einer Eiche, die aus ihrem Saamen sehr langsam emporwächst; der leichte, ephemere Ruhm den einjährigen, schnellwachsenden Pflanzen, und der falsche Ruhm gar dem schnell hervorschießenden Unkraute, das schleunigst ausgerottet wird. Dieser Hergang beruht eigentlich darauf, daß, je mehr Einer der Nachwelt, d. i. eigentlich der Menschheit überhaupt und im Ganzen, angehört, desto fremder er seinem Zeitalter ist; weil was er hervorbringt nicht diesem speciell gewidmet ist, also nicht demselben als solchem, sondern nur sofern es ein Theil der Menschheit ist, angehört und daher auch nicht mit dessen Lokalfarbe tingirt ist: in Folge hievon aber kann es leicht kommen, daß dasselbe ihn fremd an sich vorübergehn läßt. Es schätzt vielmehr Die, welche den Angelegenheiten seines kurzen Tages, oder der Laune des Augenblickes dienen und daher ganz ihm angehören, mit ihm leben und mit ihm sterben. Demgemäß lehren Kunst- und Litteratur-Geschichte durchgängig, daß die höchsten Leistungen des menschlichen Geistes, in der Regel, mit Ungunst aufgenommen worden und darin so lange geblieben sind, bis Geister höherer Art herankamen, die von ihnen angesprochen wurden und sie zu dem Ansehn brachten, in welchem sie nachher, durch die so erlangte Auktorität, sich erhalten haben. Dies Alles nun aber beruht, im letzten Grunde, darauf, daß Jeder eigentlich nur das ihm Homogene verstehn und schätzen kann. Nun ist aber dem Platten das Platte, dem Gemeinen das Gemeine, dem Unklaren das Verworrene, dem Hirnlosen das Unsinnige homogen, und am allerbesten gefallen Jedem seine eigenen Werke, als welche ihm durchaus homogen sind. Daher sang schon der alte fabelhafte Epicharmos [bei Diogenes Laërtius XII, 16]:

Θαυμαστον ουδεν εστι, με ταυθ' ὁυτω λεγειν,
Και ἁνδανειν αυτοισιν αυτους, και δοκειν
Καλως πεφυκεναι· και γαρ ὁ κυων κυνι
Καλλιστον ειμεν φαινεται, και βους βοϊ.
Ονος δε ονῳ καλλιστον, ὑς δε ὑϊ.

welches ich, damit es Keinem verloren gehe, verdeutschen will:

Kein Wunder ist es, daß ich red', in meinem Sinn,
Und Jene, selbst sich selbst gefallend, stehn im Wahn,
Sie wären lobenswerth: so scheint dem Hund der Hund
Das schönste Wesen, so dem Ochsen auch der Ochs,
Dem Esel auch der Esel, und dem Schwein das Schwein.

Wie selbst der kräftigste Arm, wenn er einen leichten Körper fortschleudert, ihm doch keine Bewegung ertheilen kann, mit der er weit flöge und heftig träfe, sondern derselbe schon in der Nähe matt niederfällt, weil es ihm an eigenem materiellen Gehalte gefehlt hat, die fremde Kraft aufzunehmen; – eben so ergeht es schönen und großen Gedanken, ja den Meisterwerken des Genies, wenn, sie aufzunehmen, keine andere, als kleine, schwache, oder schiefe Köpfe dasind. Dies zu bejammern haben die Stimmen der Weisen aller Zeiten sich zum Chorus vereint. Z. B. Jesus Sirach [22, 8–9] sagt: »Wer mit einem Narren redet, der redet mit einem Schlafenden. Wenn es aus ist, so spricht er: was ist's?« – Und Hamlet [IV, 2]: *a knavish speech sleeps in a fool's ear* (eine schalkhafte Rede schläft im Ohr eines Narren). Und Goethe:

Das glücklichste Wort es wird verhöhnt,
Wenn der Hörer ein Schiefohr ist.
[*West-östlicher Divan*, »Buch der Betrachtungen«, 1. Gedicht.]

und wieder:

Du wirkest nicht, Alles bleibt so stumpf.
Sei guter Dinge!
Der Stein im Sumpf
Macht keine Ringe.
[»Sprichwörtlich«]

Und Lichtenberg: »Wenn ein Kopf und ein Buch zusammenstoßen und es klingt hohl; ist denn das allemal im Buche?« – und wieder: »Solche Werke sind Spiegel: wenn ein Affe hineinguckt, kann kein Apostel heraussehn.« [*Aphorismen*, ed. Leitzmann, D 396 und F 111.] Ja, Vater Gellerts gar schöne und rührende

Klage darüber verdient wohl ein Mal wieder in Erinnerung gebracht zu werden:

»Daß oft die allerbesten Gaben
Die wenigsten Bewund'rer haben,
Und daß der größte Theil der Welt
Das Schlechte für das Gute hält;
Dies Uebel sieht man alle Tage.
Jedoch, wie wehrt man dieser Pest?
Ich zweifle, daß sich diese Plage
Aus unsrer Welt verdrängen läßt.
Ein einzig Mittel ist auf Erden,
Allein es ist unendlich schwer:
Die Narren müssen weise werden;
Und seht! sie werden's nimmermehr.
Nie kennen sie den Werth der Dinge.
Ihr Auge schließt, nicht ihr Verstand:
Sie loben ewig das Geringe,
Weil sie das Gute nie gekannt.«
[Anfang des Gedichts »Die beiden Hunde«]

Zu dieser intellektuellen Unfähigkeit der Menschen, in Folge welcher das Vortreffliche, wie Goethe [*W. Meisters Lehrjahre*, 7. Buch, 9. Kap.] sagt, noch seltener erkannt und geschätzt, als gefunden wird, gesellt sich nun, hier wie überall, auch noch die moralische Schlechtigkeit derselben, und zwar als Neid auftretend. Durch den Ruhm nämlich, den Einer erwirbt, wird abermals Einer mehr über Alle seiner Art erhoben: diese werden also um eben so viel herabgesetzt, so daß jedes ausgezeichnete Verdienst seinen Ruhm auf Kosten Derer erlangt, die keines haben.

»Wenn wir Andern Ehre geben,
Müssen wir uns selbst entadeln.«
Goethe. W.O. Divan [»Buch des Unmuts« 2. Gedicht].

Hieraus erklärt es sich, daß, in welcher Gattung auch immer das Vortreffliche auftreten mag, sogleich die gesammte, so zahlreiche Mittelmäßigkeit verbündet und verschworen ist, es nicht gelten zu lassen, ja, wo möglich, es zu ersticken. Ihre heimliche Parole ist: *à bas le mérite* [Nieder mit dem Verdienst!]. Aber sogar auch Die, welche selbst Verdienst besitzen und bereits den Ruhm desselben erlangt haben, werden nicht gern das Auftreten eines neuen Ruhmes sehn, durch dessen Glanz der des ihrigen um so viel weniger leuchtet. Daher sagt selbst Goethe:

»Hätt' ich gezaudert zu werden,
Bis man mir's Leben gegönnt,
Ich wäre noch nicht auf Erden,
Wie ihr begreifen könnt,
Wenn ihr seht, wie sie sich geberden,
Die, um etwas zu scheinen,
Mich gerne möchten verneinen.«

[Zahme Xenien, v.]

Während also die Ehre, in der Regel, gerechte Richter findet und kein Neid sie anficht, ja sogar sie Jedem zum Voraus, auf Kredit, verliehen wird, muß der Ruhm, dem Neide zum Trotz, erkämpft werden, und den Lorbeer theilt ein Tribunal entschieden ungünstiger Richter aus. Denn die Ehre können und wollen wir mit Jedem theilen: der Ruhm wird geschmälert oder erschwert, durch Jeden, der ihn erlangt. – Nun ferner steht die Schwierigkeit der Erlangung des Ruhmes durch Werke im umgekehrten Verhältniß der Menschenzahl, die das Publikum solcher Werke ausmacht; aus leicht abzusehenden Gründen. Daher ist sie viel größer bei Werken, welche Belehrung, als bei solchen, welche Unterhaltung verheißen. Am größten ist sie bei philosophischen Werken; weil die Belehrung, welche diese versprechen, einerseits ungewiß, und andererseits ohne materiellen Nutzen ist; wonach denn solche zunächst vor einem Publiko auftreten, das aus lauter Mitbewerbern besteht. – Aus den dargelegten Schwierigkeiten, die der Erlangung des Ruhmes entgegenstehn, erhellt, daß wenn Die, welche ruhmwürdige Werke vollenden, es nicht aus Liebe zu diesen selbst und eigener Freude daran thäten, sondern der Aufmunterung durch den Ruhm bedürften, die Menschheit wenige, oder keine, unsterbliche Werke erhalten haben würde. Ja, sogar muß, wer das Gute und Rechte hervorbringen und das Schlechte vermeiden soll, dem Urtheile der Menge und ihrer Wortführer Trotz bieten, mithin sie verachten. Hierauf beruht die Richtigkeit der Bemerkung, die besonders Osorius *(de gloria)* hervorhebt, daß der Ruhm vor Denen flieht, die ihn suchen, und Denen folgt, die ihn vernachlässigen: denn Jene bequemen sich dem Geschmack ihrer Zeitgenossen an, Diese trotzen ihm.

So schwer es demnach ist, den Ruhm zu erlangen, so leicht ist es, ihn zu behalten. Auch hierin steht er im Gegensatz mit der Ehre. Diese wird Jedem, sogar auf Kredit, verliehen: er hat sie nur zu bewahren. Hier aber liegt die Aufgabe: denn durch eine einzige nichtswürdige Handlung geht sie unwiederbringlich verloren. Der Ruhm hingegen kann eigentlich nie verloren gehn: denn die That, oder das Werk, durch die er erlangt worden, stehn für immer fest, und der Ruhm derselben bleibt ihrem Urheber, auch wenn er keinen neuen hinzufügt. Wenn jedoch der Ruhm wirklich verklingt, wenn er überlebt wird; so war er unächt, d. h. unverdient, durch augenblickliche Ueberschätzung entstanden, wo nicht gar so ein Ruhm wie Hegel ihn hatte und Lichtenberg ihn beschreibt, »ausposaunt von einer freundschaftlichen Kandidatenjunta und vom Echo leerer Köpfe widergehallt: --- aber die Nachwelt, wie wird sie lächeln, wann sie dereinst an die bunten Wörtergehäuse, die schönen Nester ausgeflogener Mode und die Wohnungen weggestorbener Verabredungen anklopfen und Alles, Alles leer finden wird, auch nicht den kleinsten Gedanken, der mit Zuversicht sagen könnte: h e r e i n !« [*Verm. Schriften*, IV, S. 15.] –

Der Ruhm beruht eigentlich auf Dem, was Einer im Vergleich mit den Uebrigen ist. Demnach ist er wesentlich ein Relatives, kann daher auch nur relativen Werth haben. Er fiele ganz weg, wenn die Uebrigen würden was der Gerühmte ist. Absoluten Werth kann nur Das haben, was ihn unter allen Umständen behält, also hier, was Einer unmittelbar und für sich selbst ist: folglich muß hierin der Werth und das Glück des großen Herzens und des großen Kopfes liegen. Also nicht der Ruhm, sondern Das, wodurch man ihn verdient, ist das Werthvolle. Denn es ist gleichsam die Substanz und der Ruhm nur das Accidenz der Sache: ja dieser wirkt auf den Gerühmten hauptsächlich als ein äußerliches Symptom, durch welches er die Bestätigung seiner eigenen hohen Meinung von sich selbst erhält; demnach man sagen könnte, daß, wie das Licht gar nicht sichtbar ist, wenn es nicht von einem Körper zurückgeworfen wird; eben so jede Trefflichkeit erst durch den Ruhm ihrer selbst recht gewiß wird. Allein er ist nicht ein Mal ein untrügliches Symptom; da es auch

Ruhm ohne Verdienst und Verdienst ohne Ruhm giebt; weshalb ein Ausdruck Lessings so artig herauskommt: »Einige Leute sind berühmt, und andere verdienen es zu seyn.« Auch wäre es eine elende Existenz, deren Werth oder Unwerth darauf beruhte, wie sie in den Augen Anderer erschiene: eine solche aber wäre das Leben des Helden und des Genies, wenn dessen Werth im Ruhme, d. h. im Beifall Anderer, bestände. Vielmehr lebt und existirt ja jegliches Wesen seiner selbst wegen, daher auch zunächst in sich und für sich. – Was Einer ist, in welcher Art und Weise es auch sei, das ist er zuvörderst und hauptsächlich für sich selbst: und wenn es hier nicht viel werth ist, so ist es überhaupt nicht viel. Hingegen ist das Abbild seines Wesens in den Köpfen Anderer ein Sekundäres, Abgeleitetes und dem Zufall Unterworfenes, welches nur sehr mittelbar sich auf das Erstere zurückbezieht. Zudem sind die Köpfe der Menge ein zu elender Schauplatz, als daß auf ihm das wahre Glück seinen Ort haben könnte. Vielmehr ist daselbst nur ein chimärisches Glück zu finden. Welche gemischte Gesellschaft trifft doch in jenem Tempel des allgemeinen Ruhms zusammen! Feldherren, Minister, Quacksalber, Gaukler, Tänzer, Sänger, Millionäre und Juden: ja, die Vorzüge aller dieser werden dort viel aufrichtiger geschätzt, finden viel mehr *estime sentie* [wirklich gefühlte Wertschätzung], als die geistigen, zumal der hohen Art, die ja bei der großen Mehrzahl nur eine *estime sur parole* [Wertschätzung auf den bloßen Namen hin] erlangen. In eudämonologischer Hinsicht ist also der Ruhm nichts weiter, als der seltenste und köstlichste Bissen für unsern Stolz und unsere Eitelkeit. Diese aber sind in den meisten Menschen, obwohl sie es verbergen, übermäßig vorhanden, vielleicht sogar am stärkesten in Denen, die irgendwie geeignet sind, sich Ruhm zu erwerben und daher meistens das unsichere Bewußtseyn ihres überwiegenden Werthes lange in sich herumtragen müssen, ehe die Gelegenheit kommt, solchen zu erproben und dann die Anerkennung desselben zu erfahren: bis dahin war ihnen zu Muthe, als erlitten sie ein heimliches Unrecht.† Ueberhaupt aber ist ja, wie am Anfange dieses Kapitels erörtert worden, der Werth, den der

† Da unser größtes Vergnügen darin besteht, bewundert zu werden, die Bewunderer aber, selbst wo alle Ursache wäre, sich ungern dazu herbeilassen; so ist der Glücklichste Der, welcher, gleichviel wie, es dahin gebracht hat, sich selbst aufrichtig zu bewundern. Nur müssen die Andern ihn nicht irre machen.

Mensch auf die Meinung Anderer von ihm legt, ganz unverhältnißmäßig und unvernünftig; so daß Hobbes die Sache zwar sehr stark, aber vielleicht doch richtig ausgedrückt hat in den Worten: *omnis animi voluptas, omnisque alacritas in eo sita est, quod quis habeat quibuscum conferens se, possit magnifice sentire de se ipso* [Alle Herzensfreude, alle Heiterkeit beruhen darauf, daß man Menschen habe, im Vergleich zu denen man von sich selbst recht hoch denken kann] *(de cive. I, 5).* Hieraus ist der hohe Werth erklärlich, den man allgemein auf den Ruhm legt, und die Opfer, welche man bringt, in der bloßen Hoffnung, ihn dereinst zu erlangen:

Fame is the spur, that the clear spirit doth raise
(That last infirmity of noble minds)
To scorn delights and live laborious days.

[Ruhm (diese letzte Schwäche edler Seelen)
Spornt an den Geist, Genüsse zu verschmähen
Und arbeitsvolle Tage zu erwählen.
Milton, *Lycidas,* 70.]

wie auch:

how hard it is to climb
The h[e]ights where Fame's proud temple shines afar

[Wie schwer es ist, die Höhe zu erklimmen,
auf der des Ruhmes stolzer Tempel glänzt.
Beattie, *The Minstrel,* 1.]

Hieraus endlich erklärt es sich auch, daß die eitelste aller Nationen beständig *la gloire* im Munde führt und solche unbedenklich als die Haupttriebfeder zu großen Thaten und großen Werken ansieht. – Allein, da unstreitig der Ruhm nur das Sekundäre ist, das bloße Echo, Abbild, Schatten, Symptom des Verdienstes, und da jedenfalls das Bewunderte mehr Werth haben muß, als die Bewunderung; so kann das eigentlich Beglückende nicht im Ruhme liegen, sondern in Dem, wodurch man ihn erlangt, also im Verdienste selbst, oder, genauer zu reden, in der Gesinnung und den Fähigkeiten, aus denen es hervorgieng; es mag nun moralischer, oder intellektueller Art seyn. Denn das Beste, was Jeder ist, muß er nothwendig für sich selbst seyn: was davon in den Köpfen Anderer sich abspiegelt und er in ihrer Meinung gilt ist Nebensache und kann nur von untergeordnetem Interesse für ihn seyn. Wer demnach nur den Ruhm verdient, auch ohne ihn zu erhalten, besitzt bei Weitem die Hauptsache, und was er entbehrt ist etwas, darüber er sich mit derselben trösten kann. Denn nicht daß Einer von der urtheilslosen, so oft bethörten Menge für einen großen Mann gehalten werde, sondern daß er es sei, macht ihn beneidenswerth; auch nicht, daß die Nachwelt von ihm erfahre, sondern daß in ihm sich Gedanken erzeugen, welche verdienen, Jahrhunderte hindurch aufbewahrt und nachgedacht zu werden, ist ein hohes Glück. Zudem kann Dieses ihm nicht entrissen werden: es ist των εφ' ἡμιν [uns zugehörig], jenes Andere των ουκ εφ' ἡμιν [zu dem gehörig, was nicht in unserer Macht steht]. Wäre hingegen die Bewunderung selbst die Hauptsache; so wäre das Bewunderte ihrer nicht werth. Dies ist wirklich der Fall beim falschen, d. i. unverdienten Ruhm. An diesem muß sein Besitzer zehren, ohne Das, wovon derselbe das Symptom, der bloße Abglanz, seyn soll, wirklich zu haben. Aber sogar dieser Ruhm selbst muß ihm oft verleidet werden, wann bisweilen, trotz aller, aus der Eigenliebe entspringenden Selbsttäuschung, ihm auf der Höhe, für die er nicht geeignet ist, doch schwindelt, oder ihm zu Muthe wird, als wäre er ein kupferner Dukaten; wo dann die Angst vor Enthüllung und verdienter Demüthigung ihn ergreift, zumal wann er auf den Stirnen der Weiseren schon das Urtheil der Nachwelt liest. Er gleicht sonach dem Besitzer durch ein falsches Testament. – Den ächtesten Ruhm, den Nachruhm, vernimmt sein Gegenstand ja nie, und doch schätzt man ihn glücklich. Also bestand sein Glück in den großen Eigenschaften selbst, die ihm den Ruhm erwarben, und darin, daß er Gelegenheit fand, sie zu entwickeln, also daß ihm vergönnt wurde, zu handeln, wie es ihm angemessen war, oder zu treiben was er mit Lust und Liebe trieb: denn nur die aus dieser entsprungenen Werke erlangen Nachruhm. Sein Glück bestand also in seinem großen Herzen, oder auch im Reichthum eines Geistes, dessen Abdruck, in seinen Werken, die Bewunderung kommender Jahrhunderte erhält; es bestand in den Gedanken selbst, welchen nachzudenken, die Beschäftigung und der Genuß der edelsten Geister einer unabsehbaren Zukunft ward. Der Werth des Nachruhms liegt also im Verdienen desselben, und dieses ist sein eigener Lohn. Ob nun die Werke, welche ihn erwarben, unterweilen auch den Ruhm der Zeitgenossen hatten, hieng von zufälligen Umständen ab und war nicht von großer Bedeutung. Denn da die Menschen in der Regel ohne eigenes Urtheil sind und zumal hohe und schwierige Leistungen abzuschätzen durchaus keine Fähigkeit haben; so folgen sie hier stets fremder Auktorität, und der Ruhm, in hoher Gattung, beruht bei 99 und 100 Rühmern, bloß auf Treu und Glauben. Daher kann auch der vielstimmigste Beifall der Zeitgenossen für denkende Köpfe nur wenig Werth haben, indem sie in ihm stets nur das Echo weniger Stimmen hören, die zudem selbst nur sind, wie der Tag sie gebracht hat. Würde wohl ein Virtuose sich geschmeichelt fühlen durch das laute Beifallsklatschen seines Publikums, wenn ihm bekannt wäre, daß es, bis auf Einen oder Zwei, aus lauter völlig Tauben bestände, die, um einander gegenseitig ihr Gebrechen zu verbergen, eifrig klatschten, sobald sie die Hände jenes Einen in Bewegung sähen? Und nun gar, wenn die Kenntniß hinzu käme, daß jene Vorklatscher sich oft bestechen ließen, um dem elendesten Geiger den lautesten Applaus zu verschaffen! – Hieraus ist erklärlich, warum der Ruhm der Zeitgenossen so selten die Metamorphose in Nachruhm erlebt; weshalb d'Alembert, in seiner überaus schönen Beschreibung des Tempels des litterarischen Ruhmes, sagt: »Das Innere des Tempels ist von lauter Todten bewohnt, die während ihres Lebens nicht darin waren, und von einigen Lebenden, welche fast alle, wann sie sterben, hinausgeworfen werden.« Und beiläufig sei es hier bemerkt, daß, Einem bei Lebzeiten ein Monument setzen, die Erklärung ablegen heißt, daß hinsichtlich seiner der Nachwelt nicht zu trauen sei. – Wenn dennoch Einer den Ruhm, welcher zum Nachruhm werden soll, erlebt; so wird es selten früher, als im Alter geschehn: allenfalls giebt es bei Künstlern und Dichtern Ausnahmen von dieser Regel, am wenigsten bei Philosophen. Eine Bestätigung derselben geben die Bildnisse der durch ihre Werke berühmten Männer, da dieselben meistens erst nach dem Eintritt ihrer Celebrität angefertigt wurden: in der Regel sind sie alt und grau dargestellt, namentlich die Philosophen. Inzwischen steht, eudämonologisch genommen, die Sache ganz recht. Ruhm und Jugend auf Ein Mal ist zu viel für einen Sterblichen. Unser Leben ist so arm, daß seine Güter haushälterischer vertheilt werden müssen. Die Jugend hat vollauf an ihrem eigenen Reichthum und kann sich daran genügen lassen. Aber im Alter, wann alle Genüsse und Freuden, wie die Bäume im Winter, abgestorben sind, dann schlägt am gelegensten der Baum des Ruhmes aus, als ein ächtes Wintergrün: auch kann man ihn den Winterbirnen vergleichen, die im Sommer wachsen, aber im Winter genossen werden. Im Alter giebt es keinen schönern Trost, als daß man die ganze Kraft seiner Jugend Werken einverleibt hat, die nicht mit altern.

Wollen wir jetzt noch etwas näher die Wege betrachten, auf welchen man, in den Wissenschaften, als dem uns zunächst Liegenden, Ruhm erlangt; so läßt sich hier folgende Regel aufstellen. Die durch solchen Ruhm bezeichnete intellektuelle Ueberlegenheit wird allemal an den Tag gelegt durch eine neue Kombination irgendwelcher Data. Diese nun können sehr verschiedener Art seyn; jedoch wird der durch ihre Kombination zu erlangende Ruhm um so größer und ausgebreiteter seyn, je mehr sie selbst allgemein bekannt und Jedem zugänglich sind. Bestehn z. B. die Data in einigen Zahlen, oder Kurven, oder auch in irgend einer speciellen physikalischen, zoologischen, botanischen, oder anatomischen Thatsache, oder auch in einigen verdorbenen Stellen alter Autoren, oder in halbverlöschten Inschriften, oder in solchen, deren Alphabet uns fehlt, oder in dunkeln Punkten der Geschichte; so wird der durch die richtige Kombination derselben zu erlangende Ruhm sich nicht viel weiter erstrecken, als die Kenntniß der Data selbst, also auf eine kleine Anzahl meistens zurückgezogen lebender und auf den Ruhm in ihrem Fach neidischer Leute. – Sind hingegen die Data solche, welche das ganze Menschengeschlecht kennt, sind es z. B. wesentliche, Allen gemeinsame Eigenschaften des menschlichen Verstandes, oder Gemüthes, oder Naturkräfte, deren ganze Wirkungsart wir beständig vor Augen haben, oder der allbekannte Lauf der Natur überhaupt; so wird der Ruhm, durch eine neue, wichtige und evidente Kombination Licht über sie verbreitet zu haben, sich mit der Zeit fast über die ganze civilisirte Menschheit erstrecken. Denn, sind die Data Jedem zugänglich, so wird ihre Kombination es meistens auch seyn. – Dennoch wird hiebei der Ruhm allemal nur der überwundenen Schwierigkeit entsprechen. Denn, je allbekannter die Data sind, desto schwerer ist es, sie auf eine neue und doch richtige Weise zu kombiniren; da schon eine überaus große Anzahl von Köpfen sich an ihnen versucht und die möglichen Kombinationen derselben erschöpft hat. Hingegen werden Data, welche, dem großen Publiko unzugänglich, nur auf mühsamen und schwierigen Wegen erreichbar sind, fast immer noch neue Kombinationen zulassen: wenn man daher an solche nur mit geradem Verstande und gesunder Urtheilskraft, also einer mäßigen geistigen Ueberlegenheit, kommt; so ist es leicht möglich, daß man eine neue und richtige Kombination derselben zu machen das Glück habe. Allein der hiedurch erworbene Ruhm wird ungefähr die selben Gränzen haben, wie die Kenntniß der Data. Denn zwar erfordert die Lösung von Problemen solcher Art großes Studium und Arbeit, schon um nur die Kenntniß der Data zu erlangen; während in jener andern Art, in welcher eben der größte und ausgebreiteteste Ruhm zu erwerben ist, die Data unentgeltlich gegeben sind: allein in dem Maaße, wie diese letztere Art weniger Arbeit erfordert, gehört mehr Talent, ja Genie dazu, und mit diesen hält, hinsichtlich des Werthes und der Werthschätzung, keine Arbeit, oder Studium, den Vergleich aus.

Hieraus nun ergiebt sich, daß Die, welche einen tüchtigen Verstand und ein richtiges Urtheil in sich spüren, ohne jedoch die höchsten Geistesgaben sich zuzutrauen, viel Studium und ermüdende Arbeit nicht scheuen dürfen, um mittelst dieser sich aus dem großen Haufen der Menschen, welchen die allbekannten Data vorliegen, herauszuarbeiten und zu den entlegeneren Orten zu gelangen, welche nur dem gelehrten Fleiße zugänglich sind. Denn hier, wo die Zahl der Mitbewerber unendlich verringert ist, wird der auch nur einigermaaßen überlegene Kopf bald zu einer neuen und richtigen Kombination der Data Gelegenheit finden: sogar wird das Verdienst seiner Entdeckung sich mit auf die Schwierigkeit, zu den Datis zu gelangen, stützen. Aber der also erworbene Applaus seiner Wissensgenossen, als welche die alleinigen Kenner in diesem Fache sind, wird von der großen Menge der Menschen nur von Weitem vernommen werden. – Will man nun den hier angedeuteten Weg bis zum Extrem verfolgen; so läßt sich der Punkt nachweisen, wo die Data, wegen der großen Schwierigkeit ihrer Erlangung, für sich allein und ohne daß eine Kombination derselben erfordert wäre, den Ruhm zu begründen hinreichen. Dies leisten Reisen in sehr entlegene und wenig besuchte Länder: man wird berühmt durch Das, was man gesehn, nicht durch Das, was man gedacht hat. Dieser Weg hat auch noch einen großen Vortheil darin, daß es viel leichter ist, was man gesehn, als was man gedacht hat, Andern mitzutheilen und es mit dem Verständniß sich eben so verhält: demgemäß wird man für das Erstere auch viel mehr Leser finden, als für das Andere. Denn, wie schon Asmus [Matthias Claudius] sagt:

»Wenn Jemand eine Reise thut,
So kann er was erzählen.«
[»Urians Reise um die Welt«]

Diesem Allen entspricht es aber auch, daß, bei der persönlichen Bekanntschaft berühmter Leute dieser Art, Einem oft die Horazische Bemerkung einfällt:

Coelum, non animum, mutant, qui trans mare currunt.

[Nur das Klima vertauscht, nicht den Sinn, wer über das Meer fährt.]

(Epist. I, 11, v. 27.)

Was aber nun andererseits den mit hohen Fähigkeiten ausgestatteten Kopf betrifft, als welcher allein sich an die Lösung der großen, das Allgemeine und Ganze betreffenden und daher schwierigsten Probleme wagen darf; so wird dieser zwar wohl daran thun, seinen Horizont möglichst auszudehnen, jedoch immer gleichmäßig, nach allen Seiten, und ohne je sich zu weit in irgend eine der besondern und nur Wenigen bekannten Regionen zu verlieren, d. h. ohne auf die Specialitäten irgend einer einzelnen Wissenschaft weit einzugehn, geschweige sich mit den Mikrologien zu befassen. Denn er hat nicht nöthig, sich an die schwer zugänglichen Gegenstände zu machen, um dem Gedränge der Mitbewerber zu entgehn; sondern eben das Allen Vorliegende wird ihm Stoff zu neuen, wichtigen und wahren Kombinationen geben. Dem nun aber gemäß wird sein Verdienst von allen Denen geschätzt werden können, welchen die Data bekannt sind, also von einem großen Theile des menschlichen Geschlechts. Hierauf gründet sich der mächtige Unterschied zwischen dem Ruhm, den Dichter und Philosophen erlangen, und dem, welcher Physikern, Chemikern, Anatomen, Mineralogen, Zoologen, Philologen, Historikern u. s. w. erreichbar ist.

Kapitel v.

Paränesen [Ermahnungen] *und Maximen.*

Weniger noch, als irgendwo, bezwecke ich hier Vollständigkeit; da ich sonst die vielen, von Denkern aller Zeiten aufgestellten, zum Theil vortrefflichen Lebensregeln zu wiederholen haben würde, vom Theognis und Pseudo-Salomo an, bis auf den Rochefoucauld herab; wobei ich dann auch viele, schon breit getretene Gemeinplätze nicht würde vermeiden können. Mit der Vollständigkeit fällt aber auch die systematische Anordnung größtentheils weg. Ueber Beide tröste man sich damit, daß sie, in Dingen dieser Art, fast unausbleiblich die Langeweile in ihrem Gefolge haben. Ich habe bloß gegeben, was mir eben eingefallen ist, der Mittheilung werth schien und, so viel mir erinnerlich, noch nicht, wenigstens nicht ganz und eben so, gesagt worden ist, also eben nur eine Nachlese zu dem auf diesem unabsehbaren Felde bereits von Andern Geleisteten.

Um jedoch in die große Mannigfaltigkeit der hieher gehörigen Ansichten und Rathschläge einige Ordnung zu bringen, will ich sie eintheilen in allgemeine, in solche, welche unser Verhalten gegen uns selbst, dann gegen Andere, und endlich gegen den Weltlauf und das Schicksal betreffen.

A. Allgemeine.

1) Als die oberste Regel aller Lebensweisheit sehe ich einen Satz an, den Aristoteles beiläufig ausgesprochen hat, in der Nikomachäischen Ethik (VII, 12): ὁ φρονιμος το αλυπον διωκει, ου το ἡδυ *(quod dolore vacat, non quod suave est, persequitur vir prudens.* Die lateinische Version des Satzes ist matt: Deutsch ließe er sich schon besser geben, etwan: »Nicht dem Vergnügen, der Schmerzlosigkeit geht der Vernünftige nach«; oder: »Der Vernünftige geht auf Schmerzlosigkeit, nicht auf Genuß

aus.«) Die Wahrheit desselben beruht darauf, daß aller Genuß und alles Glück negativer, hingegen der Schmerz positiver Natur ist. Die Ausführung und Begründung dieses letzteren Satzes findet man in meinem Hauptwerke Bd. 1, § 58. Doch will ich denselben hier noch an einer täglich zu beobachtenden Thatsache erläutern. Wenn der ganze Leib gesund und heil ist, bis auf irgend eine kleine wunde, oder sonst schmerzende Stelle; so tritt jene Gesundheit des Ganzen weiter nicht ins Bewußtseyn, sondern die Aufmerksamkeit ist beständig auf den Schmerz der verletzten Stelle gerichtet und das Behagen der gesammten Lebensempfindung ist aufgehoben. – Eben so, wenn alle unsere Angelegenheiten nach unserm Sinne gehn, bis auf e i n e, die unserer Absicht zuwider läuft, so kommt diese, auch wenn sie von geringer Bedeutung ist, uns immer wieder in den Kopf: wir denken häufig an sie und wenig an alle jene andern wichtigeren Dinge, die nach unserm Sinne gehn. – In beiden Fällen nun ist das Beeinträchtigte der Wille, ein Mal, wie er sich im Organismus, das andere, wie er sich im Streben des Menschen objektivirt, und in beiden sehn wir, daß seine Befriedigung immer nur negativ wirkt und daher gar nicht direkt empfunden wird, sondern höchstens auf dem Wege der Reflexion ins Bewußtseyn kommt. Hingegen ist seine Hemmung das Positive und daher sich selbst Ankündigende. Jeder Genuß besteht bloß in der Aufhebung dieser Hemmung, in der Befreiung davon, ist mithin von kurzer Dauer.

Hierauf nun also beruht die oben belobte Aristotelische Regel, welche uns anweist, unser Augenmerk nicht auf die Genüsse und Annehmlichkeiten des Lebens zu richten, sondern darauf, daß wir den zahllosen Uebeln desselben, so weit es möglich ist, entgehn. Wäre dieser Weg nicht der richtige; so müßte auch V o l t a i r e ' s Ausspruch, *le bonheur n'est qu'un rève, et la douleur est réelle* [Das Glück ist nur ein Traum – wirklich ist der Schmerz: Lettre à M. le Marquis de Florian, 16 – 3 – 1774], so falsch seyn, wie er in der That wahr ist. Demnach soll auch Der, welcher das Resultat seines Lebens, in eudämonologischer Rücksicht, ziehn will, die Rechnung nicht nach den Freuden, die er genossen, sondern nach den Uebeln, denen er entgangen ist, aufstellen. Ja, die Eudämonologie hat mit der Belehrung anzuheben, daß ihr Name selbst ein Euphemismus ist und daß unter »glücklich leben« nur zu verstehn ist »weniger unglücklich«, also erträglich leben. Allerdings ist das Leben nicht eigentlich da, um genossen, sondern um überstanden, abgethan zu werden: dies bezeichnen auch manche Ausdrücke, wie *degere vitam, vita defungi* [das Leben hinbringen, das Leben überstehen], das Italiänische *si scampa cosi* [man kommt so durch], das Deutsche »man muß suchen, durchzukommen«, »er wird schon durch die Welt kommen«, u. dgl. m. Ja, es ist ein Trost im Alter, daß man die Arbeit des Lebens hinter sich hat. Demnach nun hat das glücklichste Loos Der, welcher sein Leben ohne übergroße Schmerzen, sowohl geistige, als körperliche, hinbringt; nicht aber Der, dem die lebhaftesten Freuden, oder die größten Genüsse zu Theil geworden. Wer nach diesen Letzteren das Glück eines Lebenslaufes bemessen will, hat einen falschen Maaßstab ergriffen. Denn die Genüsse sind und bleiben negativ: daß sie beglücken ist ein Wahn, den der Neid, zu seiner eigenen Strafe, hegt. Die Schmerzen hingegen werden positiv empfunden: daher ist ihre Abwesenheit der Maaßstab des Lebensglückes. Kommt zu einem schmerzlosen Zustand noch die Abwesenheit der Langenweile; so ist das irdische Glück im Wesentlichen erreicht: denn das Uebrige ist Chimäre. Hieraus nun folgt, daß man nie Genüsse durch Schmerzen, ja, auch nur durch die Gefahr derselben, erkaufen soll; weil man sonst ein Negatives und daher Chimärisches mit einem Positiven und Realen bezahlt. Hingegen bleibt man im Gewinn, wenn man Genüsse opfert, um Schmerzen zu entgehn. In beiden Fällen ist es gleichgültig, ob die Schmerzen den Genüssen nachfolgen, oder vorhergehn. Es ist wirklich die größte Verkehrtheit, diesen Schauplatz des Jammers in einen Lustort verwandeln zu wollen und, statt der möglichsten Schmerzlosigkeit, Genüsse und Freuden sich zum Ziele zu stecken; wie doch so Viele thun. Viel weniger irrt wer, mit zu finsterm Blicke, diese Welt als eine Art Hölle ansieht und demnach nur darauf bedacht ist, sich in derselben eine feuerfeste Stube zu verschaffen. Der Thor läuft den Genüssen des Lebens nach und sieht sich betrogen: der Weise vermeidet die Uebel. Sollte ihm jedoch auch Dieses mißglücken; so ist es dann die Schuld des Geschicks, nicht die seiner Thorheit. So weit es ihm aber glückt, ist er nicht betrogen: denn die Uebel, denen er aus dem Wege gieng, sind höchst real. Selbst wenn er etwan ihnen zu weit aus dem Wege gegangen seyn sollte und Genüsse unnöthigerweise geopfert hätte; so ist eigentlich doch nichts verloren:

denn alle Genüsse sind chimärisch, und über die Versäumniß derselben zu trauern wäre kleinlich, ja lächerlich.

Das Verkennen dieser Wahrheit, durch den Optimismus begünstigt, ist die Quelle vielen Unglücks. Während wir nämlich von Leiden frei sind, spiegeln unruhige Wünsche uns die Chimären eines Glückes vor, das gar nicht existirt, und verleiten uns sie zu verfolgen: dadurch bringen wir den Schmerz, der unleugbar real ist, auf uns herab. Dann jammern wir über den verlorenen schmerzlosen Zustand, der, wie ein verscherztes Paradies, hinter uns liegt, und wünschen vergeblich, das Geschehene ungeschehn machen zu können. So scheint es, als ob ein böser Dämon uns aus dem schmerzlosen Zustande, der das höchste wirkliche Glück ist, stets herauslockte, durch die Gaukelbilder der Wünsche. – Unbesehns glaubt der Jüngling, die Welt sei da, um genossen zu werden, sie sei der Wohnsitz eines positiven Glückes, welches nur Die verfehlen, denen es an Geschick gebricht, sich seiner zu bemeistern. Hierin bestärken ihn Romane und Gedichte, wie auch die Gleißnerei, welche die Welt, durchgängig und überall, mit dem äußern Scheine treibt und auf die ich bald zurückkommen werde. Von nun an ist sein Leben eine, mit mehr oder weniger Ueberlegung angestellte Jagd nach dem positiven Glück, welches, als solches, aus positiven Genüssen bestehn soll. Die Gefahren, denen man sich dabei aussetzt, müssen in die Schanze geschlagen werden. Da führt denn diese Jagd nach einem Wilde, welches gar nicht existirt, in der Regel, zu sehr realem, positivem Unglück. Dies stellt sich ein als Schmerz, Leiden, Krankheit, Verlust, Sorge, Armuth, Schande und tausend Nöthe. Die Enttäuschung kommt zu spät. – Ist hingegen, durch Befolgung der hier in Betracht genommenen Regel, der Plan des Lebens auf Vermeidung der Leiden, also auf Entfernung des Mangels, der Krankheit und jeder Noth, gerichtet; so ist das Ziel ein reales: da läßt sich etwas ausrichten, und um so mehr, je weniger dieser Plan gestört wird durch das Streben nach der Chimäre des positiven Glücks. Hiezu stimmt auch was G o e t h e , in den Wahlverwandtschaften [1. Teil, 2. Kap.], den, für das Glück der Andern stets thätigen M i t t l e r sagen läßt: »Wer ein Uebel los seyn will, der weiß immer was er will: wer was besseres will, als er hat, der ist ganz staarblind.« Und dieses erinnert an den schönen französischen Ausspruch: *le mieux est l'ennemi du bien* [das Bessere ist der Feind des Guten]. Ja, hieraus ist sogar der Grundgedanke des Kynismus abzuleiten, wie ich ihn dargelegt habe, in meinem Hauptwerke, Bd. 2, Kap. 16. Denn, was bewog die Kyniker zur Verwerfung aller Genüsse, wenn es nicht eben der Gedanke an die mit ihnen, näher oder ferner, verknüpften Schmerzen war, welchen aus dem Wege zu gehn ihnen viel wichtiger schien, als die Erlangung jener. Sie waren tief ergriffen von der Erkenntniß der Negativität des Genusses und der Positivität des Schmerzes; daher sie, konsequent, Alles thaten für die Vermeidung der Uebel, hiezu aber die völlige und absichtliche Verwerfung der Genüsse nöthig erachteten; weil sie in diesen nur Fallstricke sahen, die uns dem Schmerze überliefern.

In Arkadien geboren, wie Schiller [im Gedicht »Resignation«] sagt, sind wir freilich Alle: d. h. wir treten in die Welt, voll Ansprüche auf Glück und Genuß, und hegen die thörichte Hoffnung, solche durchzusetzen. In der Regel jedoch kommt bald das Schicksal, packt uns unsanft an und belehrt uns, daß nichts u n s e r ist, sondern Alles s e i n, indem es ein unbestrittenes Recht hat, nicht nur auf allen unsern Besitz und Erwerb und auf Weib und Kind, sondern sogar auf Arm und Bein, Auge und Ohr, ja, auf die Nase mitten im Gesicht. Jedenfalls aber kommt, nach einiger Zeit, die Erfahrung und bringt die Einsicht, daß Glück und Genuß eine Fata Morgana sind, welche, nur aus der Ferne sichtbar, verschwindet, wenn man herangekommen ist; daß hingegen Leiden und Schmerz Realität haben, sich selbst unmittelbar vertreten und keiner Illusion, noch Erwartung bedürfen. Fruchtet nun die Lehre; so hören wir auf, nach Glück und Genuß zu jagen, und sind vielmehr darauf bedacht, dem Schmerz und Leiden möglichst den Zugang zu versperren. Wir erkennen alsdann, daß das Beste, was die Welt zu bieten hat, eine schmerzlose, ruhige, erträgliche Existenz ist und beschränken unsere Ansprüche auf diese, um sie desto sicherer durchzusetzen. Denn, um nicht sehr unglücklich zu werden, ist das sicherste Mittel, daß man nicht verlange, sehr glücklich zu seyn. Dies hatte auch Goethes Jugendfreund M e r c k erkannt, da er schrieb: »Die garstige Prätension an Glücksäligkeit, und zwar an das Maaß, das wir uns träumen, verdirbt Alles auf dieser Welt. Wer sich davon los machen kann und nichts begehrt, als was er vor sich hat, kann sich durchschlagen« (Briefe an und von Merck, S. 100). Demnach ist es gerathen, seine Ansprüche auf Genuß,

Besitz, Rang, Ehre u. s. f. auf ein ganz Mäßiges herabzusetzen; weil gerade das Streben und Ringen nach Glück, Glanz und Genuß es ist, was die großen Unglücksfälle herbeizieht. Aber schon darum ist Jenes weise und rathsam, weil sehr unglücklich zu seyn gar leicht ist; sehr glücklich hingegen, nicht etwan schwer, sondern ganz unmöglich. Mit großem Rechte also singt der Dichter der Lebensweisheit:

Auream quisquis mediocritatem
Diligit, tutus caret obsoleti
Sordibus tecti, caret invidenda
Sobrius aula.

Saevius ventis agitatur ingens
Pinus: et celsae graviore casu
Decidunt turres: feriuntque summos
Fulgura montes.

[Wer die goldene Mitte liebt, geht sicher, er meidet
den Schmutz des verfallenen Hauses, er meidet
genügsam das neiderweckende Schloß.

Öfter schwankt vom Sturme bewegt die riesige Fichte:
schwereren Fall tun hochragende Türme, die höchsten
Berge treffen die Blitze.

Horaz, *carm.*, II, 10.]

Wer aber vollends die Lehre meiner Philosophie in sich aufgenommen hat und daher weiß, daß unser ganzes Daseyn etwas ist, das besser nicht wäre, und welches zu verneinen und abzuweisen die größte Weisheit ist, der wird auch von keinem Dinge, oder Zustand, große Erwartungen hegen, nach nichts auf der Welt mit Leidenschaft streben, noch große Klagen erheben über sein Verfehlen irgend einer Sache; sondern er wird von Plato's »ουτε τι των ανϑρωπινων αξιον μεγαλης σπουδης« [Auch ist keine menschliche Angelegenheit es wert, daß man sich sehr darum bemüht] *(rep. X, 604)* durchdrungen seyn. Siehe das Motto zu Sadis Gulistan, übers. von Graf:

Ist einer Welt Besitz für dich zerronnen,
Sei nicht in Leid darüber, es ist nichts;
Und hast Du einer Welt Besitz gewonnen,

Sei nicht erfreut darüber, es ist nichts.
Vorüber gehn die Schmerzen und die Wonnen,
Geh' an der Welt vorüber, es ist nichts.
Anwari Soheili.

Was jedoch die Erlangung dieser heilsamen Einsichten besonders erschwert, ist die schon oben erwähnte Gleißnerei der Welt, welche man daher der Jugend früh aufdecken sollte. Die allermeisten Herrlichkeiten sind bloßer Schein, wie die Theaterdekoration, und das Wesen der Sache fehlt. Z. B. bewimpelte und bekränzte Schiffe, Kanonenschüsse, Illuminationen, Pauken und Trompeten, Jauchzen und Schreien u. s. w., dies Alles ist das Aushängeschild, die Andeutung, die Hieroglyphe der Freude: aber die Freude ist daselbst meistens nicht zu finden: sie allein hat beim Feste abgesagt. Wo sie sich wirklich einfindet, da kommt sie, in der Regel, ungeladen und ungemeldet, von selbst und *sans façon* [ohne Umstände], ja, still herangeschlichen, oft bei den unbedeutendesten, futilsten Anlässen, unter den alltäglichsten Umständen, ja, bei nichts weniger als glänzenden, oder ruhmvollen Gelegenheiten: sie ist, wie das Gold in Australien, hierhin und dorthin gestreuet, nach der Laune des Zufalls, ohne alle Regel und Gesetz, meist nur in ganz kleinen Körnchen, höchst selten in großen Massen. Bei allen jenen oben erwähnten Dingen hingegen ist auch der Zweck bloß, Andere glauben zu machen, hier wäre die Freude eingekehrt: dieser Schein, im Kopfe Anderer, ist die Absicht. Nicht anders als mit der Freude verhält es sich mit der Trauer. Wie schwermüthig kommt jener lange und langsame Leichenzug daher! der Reihe der Kutschen ist kein Ende. Aber seht nur hinein: sie sind alle leer, und der Verblichene wird eigentlich bloß von sämmtlichen Kutschern der ganzen Stadt zu Grabe geleitet. Sprechendes Bild der Freundschaft und Hochachtung dieser Welt! Dies also ist die Falschheit, Hohlheit und Gleißnerei des menschlichen Treibens. – Ein anderes Beispiel wieder geben viele geladene Gäste, in Feierkleidern, unter festlichem Empfange; sie sind das Aushängeschild der edelen, erhöhten Geselligkeit: aber statt ihrer ist, in der Regel, nur Zwang, Pein und Langeweile gekommen: denn schon wo viele Gäste sind, ist viel Pack, – und hätten sie auch sämmtlich Sterne auf der Brust. Die wirklich gute Gesellschaft nämlich ist, überall und nothwendig, sehr klein. Ueberhaupt aber tragen glänzende, rauschende Feste und Lustbarkeiten stets eine Leere, wohl gar einen Mißton im Innern; schon weil sie dem Elend und der Dürftigkeit unsers Daseyns laut widersprechen, und der Kontrast erhöht die Wahrheit. Jedoch von außen gesehn wirkt jenes Alles: und Das war der Zweck. Ganz allerliebst sagt daher Chamfort: *la société, les cercles, les salons, ce qu'on appelle le monde, est une pièce misérable, un mauvais opéra, sans intérêt, qui se soutient un peu par les machines, les costumes, et les décorations.* [Die Geselligkeit, die Klubs, die Salons, kurz alles das, was man so die große Welt nennt, sind ein miserables Theaterstück, eine schlechte uninteressante Opernaufführung, die nur durch die Maschinerie, die Kostüme und die Dekorationen notdürftig getragen werden: *Maximes et pensées,* chap. III.] – Desgleichen sind nun auch Akademien und philosophische Katheder das Aushängeschild, der äußere Schein der Weisheit: aber auch sie hat meistens abgesagt und ist ganz wo anders zu finden. – Glockengebimmel, Priesterkostüme, fromme Gebärden und fratzenhaftes Thun ist das Aushängeschild, der falsche Schein der Andacht, u. s. w. – So ist denn fast Alles in der Welt hohle Nüsse zu nennen: der Kern ist an sich selten, und noch seltener steckt er in der Schaale. Er ist ganz wo anders zu suchen und wird meistens nur zufällig gefunden.

2) Wenn man den Zustand eines Menschen, seiner Glücklichkeit nach, abschätzen will, soll man nicht fragen nach Dem, was ihn vergnügt, sondern nach Dem, was ihn betrübt: denn, je geringfügiger Dieses, an sich selbst genommen, ist, desto glücklicher ist der Mensch; weil ein Zustand des Wohlbefindens dazu gehört, um gegen Kleinigkeiten empfindlich zu seyn: im Unglück spüren wir sie gar nicht.

3) Man hüte sich, das Glück seines Lebens, mittelst vieler Erfordernisse zu demselben, auf ein breites Fundament zu bauen: denn auf einem solchen stehend stürzt es am leichtesten ein, weil es viel mehr Unfällen Gelegenheit darbietet und diese nicht ausbleiben. Das Gebäude unsers Glückes verhält sich also, in dieser Hinsicht, umgekehrt wie alle andern, als welche auf breitem Fundament am festesten stehn. Seine Ansprüche, im Verhältniß zu seinen Mitteln jeder Art, möglichst niedrig zu stellen, ist demnach der sicherste Weg, großem Unglück zu entgehn.

Ueberhaupt ist es eine der größten und häufigsten Thorheiten, daß man weitläuftige Anstalten zum Leben macht, in welcher Art auch immer dies geschehe. Bei solchen nämlich ist zuvörderst auf ein ganzes und volles Menschenleben gerechnet; welches jedoch sehr Wenige erreichen. Sodann fällt es, selbst wenn sie so lange leben, doch für die gemachten Pläne zu kurz aus; da deren Ausführung immer sehr viel mehr Zeit erfordert, als angenommen war: ferner sind solche, wie alle menschlichen Dinge, dem Mißlingen, den Hindernissen so vielfach ausgesetzt, daß sie sehr selten zum Ziele gebracht werden. Endlich, wenn zuletzt auch Alles erreicht wird, so waren die Umwandlungen, welche die Zeit an uns selbst hervorbringt, außer Acht und Rechnung gelassen; also nicht bedacht worden, daß weder zum Leisten, noch zum Genießen, unsere Fähigkeiten das ganze Leben hindurch vorhalten. Daher kommt es, daß wir oft auf Dinge hinarbeiten, welche, wenn endlich erlangt, uns nicht mehr angemessen sind; wie auch, daß wir mit den Vorarbeiten zu einem Werke die Jahre hinbringen, welche derweilen unvermerkt uns die Kräfte zur Ausführung desselben rauben. So geschieht es denn oft, daß der mit so langer Mühe und vieler Gefahr erworbene Reichthum uns nicht mehr genießbar ist und wir für Andere gearbeitet haben; oder auch, daß wir den durch vieljähriges Treiben und Trachten endlich erreichten Posten auszufüllen nicht mehr im Stande sind: die Dinge sind zu spät für uns gekommen. Oder auch umgekehrt, wir kommen zu spät mit den Dingen; da nämlich, wo es sich um Leistungen, oder Produktionen handelt: der Geschmack der Zeit hat sich geändert; ein neues Geschlecht ist herangewachsen, welches an den Sachen keinen Antheil nimmt; Andere sind, auf kürzeren Wegen, uns zuvorgekommen u. s. f. Alles unter dieser Nummer Angeführte hat Horaz im Sinne, wenn er sagt:

quid aeternis minorem
Consiliis animum fatigas?

[Was mühst du deinen schwachen Geist mit Plänen
für die Ewigkeit?
Carmina, II, 11.]

Der Anlaß zu diesem häufigen Mißgriff ist die unvermeidliche optische Täuschung des geistigen Auges, vermöge welcher das

Leben, vom Eingange aus gesehn, endlos, aber wenn man vom Ende der Bahn zurückblickt, sehr kurz erscheint. Freilich hat sie ihr Gutes: denn ohne sie käme schwerlich etwas Großes zu Stande.

Ueberhaupt aber ergeht es uns im Leben wie dem Wanderer, vor welchem, indem er vorwärts schreitet, die Gegenstände andere Gestalten annehmen, als die sie von ferne zeigten, und sich gleichsam verwandeln, indem er sich nähert. Besonders geht es mit unsern Wünschen so. Oft finden wir etwas ganz Anderes, ja, Besseres, als wir suchten; oft auch das Gesuchte selbst auf einem ganz andern Wege, als den wir zuerst vergeblich danach eingeschlagen hatten. Zumal wird uns oft da, wo wir Genuß, Glück, Freude suchten, statt ihrer Belehrung, Einsicht, Erkenntniß, – ein bleibendes, wahrhaftes Gut, statt eines vergänglichen und scheinbaren. Dies ist auch der Gedanke, welcher im Wilhelm Meister als Grundbaß durchgeht, indem dieser ein intellektueller Roman und eben dadurch höherer Art ist, als alle übrigen, sogar die von Walter Scott, als welche sämmtlich nur ethisch sind, d. h. die menschliche Natur bloß von der Willensseite auffassen. Ebenfalls in der Zauberflöte, dieser grottesken, aber bedeutsamen und vieldeutigen Hieroglyphe, ist jener selbe Grundgedanke, in großen und groben Zügen, wie die der Theaterdekorationen sind, symbolisirt; sogar würde er es vollkommen seyn, wenn, am Schlusse, der Tamino, vom Wunsche, die Tamina zu besitzen, zurückgebracht, statt ihrer, allein die Weihe im Tempel der Weisheit verlangte und erhielte; hingegen seinem nothwendigen Gegensatze, dem Papageno, richtig seine Papagena würde. – Vorzügliche und edle Menschen werden jener Erziehung des Schicksals bald inne und fügen sich bildsam und dankbar in dieselbe: sie sehn ein, daß in der Welt wohl Belehrung, aber nicht Glück zu finden sei, werden es sonach gewohnt und zufrieden, Hoffnungen gegen Einsichten zu vertauschen, und sagen endlich mit Petrarka:

Altro diletto, che'mparar, non provo.
[Kein andres Glück empfind' ich als zu lernen.
Trionfo d'amore, I, 21.]

Es kann damit sogar dahin kommen, daß sie ihren Wünschen und Bestrebungen gewissermaaßen nur noch zum Schein und tändelnd nachgehn, eigentlich aber und im Ernst ihres Innern, bloß Belehrung erwarten; welches ihnen alsdann einen beschaulichen, genialen, erhabenen Anstrich giebt. – Man kann in diesem Sinne auch sagen, es gehe uns wie den Alchemisten, welche, indem sie nur Gold suchten, Schießpulver, Porzellan, Arzeneien, ja, Naturgesetze entdeckten.

B. Unser Verhalten gegen uns selbst betreffend.

4) Wie der Arbeiter, welcher ein Gebäude aufführen hilft, den Plan des Ganzen entweder nicht kennt, oder doch nicht immer gegenwärtig hat; so verhält der Mensch, indem er die einzelnen Tage und Stunden seines Lebens abspinnt, sich zum Ganzen seines Lebenslaufes und des Charakters desselben. Je würdiger, bedeutender, planvoller und individueller dieser ist; desto mehr ist es nöthig und wohlthätig, daß der verkleinerte Grundriß desselben, der Plan, ihm bisweilen vor die Augen komme. Freilich gehört auch dazu, daß er einen kleinen Anfang in dem γνωϑι σαυτον [Erkenne dich selbst!] gemacht habe, also wisse, was er eigentlich, hauptsächlich und vor allem Andern will, was also für sein Glück das Wesentlichste ist, sodann was die zweite und dritte Stelle nach diesem einnimmt; wie auch, daß er erkenne, welches, im Ganzen, sein Beruf, seine Rolle und sein Verhältniß zur Welt sei. Ist nun dieses bedeutender und grandioser Art; so wird der Anblick des Planes seines Lebens, im verjüngten Maaßstabe, ihn, mehr als irgend etwas, stärken, aufrichten, erheben, zur Thätigkeit ermuntern und von Abwegen zurückhalten.

Wie der Wanderer erst, wann er auf einer Höhe angekommen ist, den zurückgelegten Weg, mit allen seinen Wendungen und Krümmungen, im Zusammenhange überblickt und erkennt; so erkennen wir erst am Ende einer Periode unsers Lebens, oder gar des ganzen, den wahren Zusammenhang unserer Thaten, Leistungen und Werke, die genaue Konsequenz und Verkettung, ja, auch den Werth derselben. Denn, so lange wir darin begriffen sind, handeln wir nur immer nach den feststehenden Eigenschaften unsers Charakters, unter dem Einfluß der Motive, und nach dem Maaße unserer Fähigkeiten, also durchweg mit Nothwendigkeit, indem wir in jedem Augenblick bloß thun, was uns jetzt eben das Rechte und Angemessene dünkt. Erst der Erfolg zeigt was dabei herausgekommen, und der Rückblick auf den ganzen Zusammenhang das Wie und Wodurch. Daher eben auch sind wir, während wir die größten Thaten vollbringen, oder unsterbliche Werke schaffen, uns derselben nicht als solcher bewußt, sondern bloß als des unsern gegenwärtigen Zwecken Angemessenen, unsern dermaligen Absichten Entsprechenden, also jetzt gerade Rechten: aber erst aus dem Ganzen in seinem Zusammenhange leuchten nachher unser Charakter und unsere Fähigkeiten hervor: und im Einzelnen sehn wir dann, wie wir, als wäre es durch Inspiration geschehn, den einzig richtigen Weg, unter tausend Abwegen, eingeschlagen haben, – von unserm Genius geleitet. Dies Alles gilt vom Theoretischen, wie vom Praktischen, und im umgekehrten Sinne vom Schlechten und Verfehlten. – Die Wichtigkeit der Gegenwart wird selten sofort erkannt, sondern erst viel später.

5) Ein wichtiger Punkt der Lebensweisheit besteht in dem richtigen Verhältniß, in welchem wir unsere Aufmerksamkeit theils der Gegenwart, theils der Zukunft widmen, damit nicht die eine uns die andere verderbe. Viele leben zu sehr in der Gegenwart: die Leichtsinnigen; – Andere zu sehr in der Zukunft: die Aengstlichen und Besorglichen. Selten wird Einer genau das rechte Maaß halten. Die, welche, mittelst Streben und Hoffen, nur in der Zukunft leben, immer vorwärts sehn und mit Ungeduld den kommenden Dingen entgegeneilen, als welche allererst das wahre Glück bringen sollen, inzwischen aber die Gegenwart unbeachtet und ungenossen vorbeiziehn lassen, sind, trotz ihren altklugen Mienen, jenen Eseln in Italien zu vergleichen, deren Schritt dadurch beschleunigt wird, daß an einem, ihrem Kopf angehefteten Stock ein Bündel Heu hängt, welches sie daher stets dicht vor sich sehn und zu erreichen hoffen. Denn sie betrügen sich selbst um ihr ganzes Daseyn, indem sie stets nur *ad interim* [vorläufig] leben, – bis sie todt sind. – Statt also mit den Plänen und Sorgen für die Zukunft ausschließlich und immerdar beschäftigt zu seyn, oder aber uns der Sehnsucht nach der Vergangenheit hinzugeben, sollten wir nie vergessen, daß die Gegenwart allein real und allein gewiß ist; hingegen die Zukunft fast immer anders ausfällt, als wir sie denken; ja, auch die Vergangenheit anders war; und zwar so, daß es mit Beiden, im Ganzen, weniger auf sich hat, als es uns scheint. Denn die Ferne, welche dem Auge die Gegenstände verkleinert, vergrö-

ßert sie dem Gedanken. Die Gegenwart allein ist wahr und wirklich: sie ist die real erfüllte Zeit, und ausschließlich in ihr liegt unser Daseyn. Daher sollten wir sie stets einer heitern Aufnahme würdigen, folglich jede erträgliche und von unmittelbaren Widerwärtigkeiten, oder Schmerzen, freie Stunde mit Bewußtseyn als solche genießen, d. h. sie nicht trüben durch verdrießliche Gesichter über verfehlte Hoffnungen in der Vergangenheit, oder Besorgnisse für die Zukunft. Denn es ist durchaus thöricht, eine gute gegenwärtige Stunde von sich zu stoßen, oder sie sich muthwillig zu verderben, aus Verdruß über das Vergangene, oder Besorgniß wegen des Kommenden. Der Sorge, ja, selbst der Reue, sei ihre bestimmte Zeit gewidmet: danach aber soll man über das Geschehene denken:

Αλλα τα μεν προτετυχθαι εασομεν αχνυμενοι περ,
Θυμον ενι στηθεσσι φιλον δαμασαντες αναγκη,

[Aber so sehr es uns kränkte, wir wollen es lassen geschehn sein
Und, so schwer es uns wird, den Unmut zähmen im Herzen,
Homer, *Ilias*, XVII, 112f]

und über das Künftige:

Ητοι ταυτα θεων εν γουνασι κειται,

[Doch das liegt im Schoße der Götter
Ilias, XVII, 514; *Odyssee*, I, 267]

hingegen über die Gegenwart: *singulas dies singulas vitas puta* [Sieh jeden einzelnen Tag als ein eigenes Leben an] *(Sen.*[*eca, epist.* 101, 10]) und diese allein reale Zeit sich so angenehm wie möglich machen.

Uns zu beunruhigen sind bloß solche künftige Uebel berechtigt, welche gewiß sind und deren Eintrittszeit ebenfalls gewiß ist. Dies werden aber sehr wenige seyn: denn die Uebel sind entweder bloß möglich, allenfalls wahrscheinlich; oder sie sind zwar gewiß; allein ihre Eintrittszeit ist völlig ungewiß. Läßt man nun auf diese beiden Arten sich ein; so hat man keinen ruhigen Augenblick mehr. Um also nicht der Ruhe unsers Lebens durch ungewisse, oder unbestimmte Uebel verlustig zu werden, müssen wir uns gewöhnen, jene anzusehn, als kämen sie nie; diese, als kämen sie gewiß nicht sobald.

Je mehr nun aber Einem die Furcht Ruhe läßt, desto mehr beunruhigen ihn die Wünsche, die Begierden und Ansprüche. Goethes so beliebtes Lied, »ich hab' mein' Sach auf nichts gestellt« [»Vanitas! Vanitatum vanitas!«] besagt eigentlich, daß erst nachdem der Mensch aus allen möglichen Ansprüchen herausgetrieben und auf das nackte, kahle Daseyn zurückgewiesen ist, er derjenigen Geistesruhe theilhaft wird, welche die Grundlage des menschlichen Glückes ausmacht, indem sie nöthig ist, um die Gegenwart, und somit das ganze Leben, genießbar zu finden. Zu eben diesem Zwecke sollten wir stets eingedenk seyn, daß der heutige Tag nur Ein Mal kommt und nimmer wieder. Aber wir wähnen, er komme morgen wieder: morgen ist jedoch ein anderer Tag, der auch nur Ein Mal kommt. Wir aber vergessen, daß jeder Tag ein integrirender und daher unersetzlicher Theil des Lebens ist, und betrachten ihn vielmehr als unter demselben so enthalten, wie die Individuen unter dem Gemeinbegriff. – Ebenfalls würden wir die Gegenwart besser würdigen und genießen, wenn wir, in guten und gesunden Tagen, uns stets bewußt wären, wie, in Krankheiten, oder Betrübnissen, die Erinnerung uns jede schmerz- und entbehrungslose Stunde als unendlich beneidenswerth, als ein verlorenes Paradies, als einen verkannten Freund vorhält. Aber wir verleben unsere schönen Tage, ohne sie zu bemerken: erst wann die schlimmen kommen, wünschen wir jene zurück. Tausend heitere, angenehme Stunden lassen wir, mit verdrießlichem Gesicht, ungenossen an uns vorüberziehn, um nachher, zu trüber Zeit, mit vergeblicher Sehnsucht ihnen nachzuseufzen. Statt dessen sollten wir jede erträgliche Gegenwart, auch die alltägliche, welche wir jetzt so gleichgültig vorüberziehn lassen, und wohl gar noch ungeduldig nachschieben, – in Ehren halten, stets eingedenk, daß sie eben jetzt hinüberwallt in jene Apotheose der Vergangenheit, woselbst sie fortan, vom Lichte der Unvergänglichkeit umstrahlt, vom Gedächtnisse aufbewahrt wird, um, wann dieses einst, besonders zur schlimmen Stunde, den Vorhang lüftet, als ein Gegenstand unserer innigen Sehnsucht sich darzustellen.

6) Alle Beschränkung beglückt. Je enger unser Gesichts-, Wirkungs- und Berührungskreis, desto glücklicher sind

wir: je weiter, desto öfter fühlen wir uns gequält, oder geängstigt. Denn mit ihm vermehren und vergrößern sich die Sorgen, Wünsche und Schrecknisse. Darum sind sogar Blinde nicht so unglücklich, wie es uns *a priori* scheinen muß: dies bezeugt die sanfte, fast heitere Ruhe in ihren Gesichtszügen. Auch beruht es zum Theil auf dieser Regel, daß die zweite Hälfte des Lebens trauriger ausfällt, als die erste. Denn im Laufe des Lebens wird der Horizont unserer Zwecke und Beziehungen immer weiter. In der Kindheit ist er auf die nächste Umgebung und die engsten Verhältnisse beschränkt; im Jünglingsalter reicht er schon bedeutend weiter; im Mannesalter umfaßt er unsern ganzen Lebenslauf, ja, erstreckt sich oft auf die entferntesten Verhältnisse, auf Staaten und Völker; im Greisenalter umfaßt er die Nachkommen. – – Jede Beschränkung hingegen, sogar die geistige, ist unserm Glücke förderlich. Denn je weniger Erregung des Willens, desto weniger Leiden: und wir wissen, daß das Leiden das Positive, das Glück bloß negativ ist. Beschränktheit des Wirkungskreises benimmt dem Willen die äußern Veranlassungen zur Erregung; Beschränktheit des Geistes die innern. Nur hat Letztere den Nachtheil, daß sie der Langenweile die Thüre öffnet, welche mittelbar die Quelle unzähliger Leiden wird, indem man, um nur sie zu bannen, nach Allem greift, also Zerstreuung, Gesellschaft, Luxus, Spiel, Trunk u. s. w. versucht, welche jedoch Schaden, Ruin und Unglück jeder Art herbeiziehn. *Difficilis in otio quies* [Gefährlich ist Ruhe in der Muße; vgl. S. 373]. Wie sehr hingegen die ä u ß e r e Beschränkung dem menschlichen Glücke, so weit es gehn kann, förderlich, ja, nothwendig sei, ist daran ersichtlich, daß die einzige Dichtungsart, welche glückliche Menschen zu schildern unternimmt, das Idyll, sie stets und wesentlich in höchst beschränkter Lage und Umgebung darstellt. Das Gefühl der Sache liegt auch unserm Wohlgefallen an den sogenannten Genre-Bildern zum Grunde. – Demgemäß wird die möglichste E i n f a c h h e i t unserer Verhältnisse und sogar die E i n f ö r m i g k e i t der Lebensweise, so lange sie nicht Langeweile erzeugt, beglücken; weil sie das Leben selbst, folglich auch die ihm wesentliche Last, am wenigsten spüren läßt: es fließt dahin, wie ein Bach, ohne Wellen und Strudel.

7) In Hinsicht auf unser Wohl und Wehe kommt es in letzter Instanz darauf an, womit das Bewußtseyn erfüllt und beschäf-

tigt sei. Hier wird nun im Ganzen jede rein intellektuelle Beschäftigung dem ihrer fähigen Geiste viel mehr leisten, als das wirkliche Leben, mit seinem beständigen Wechsel des Gelingens und Mißlingens, nebst seinen Erschütterungen und Plagen. Nur sind dazu freilich schon überwiegende geistige Anlagen erfordert. Sodann ist hiebei zu bemerken, daß, wie das nach außen thätige Leben uns von den Studien zerstreut und ablenkt, auch dem Geiste die dazu erforderliche Ruhe und Sammlung benimmt; eben so andererseits die anhaltende Geistesbeschäftigung zum Treiben und Tummeln des wirklichen Lebens, mehr oder weniger, untüchtig macht: daher ist es rathsam, dieselbe auf eine Weile ganz einzustellen, wann Umstände eintreten, die irgendwie eine energische praktische Thätigkeit erfordern.

8) Um mit vollkommener B e s o n n e n h e i t zu leben und aus der eigenen Erfahrung alle Belehrung, die sie enthält, herauszuziehn, ist erfordert, daß man oft zurückdenke und was man erlebt, gethan, erfahren und dabei empfunden hat rekapitulire, auch sein ehemaliges Urtheil mit seinem gegenwärtigen, seinen Vorsatz und Streben mit dem Erfolg und der Befriedigung durch denselben vergleiche. Dies ist die Repetition des Privatissimums, welches Jedem die Erfahrung liest. Auch läßt die eigene Erfahrung sich ansehn als der Text; Nachdenken und Kenntnisse als der Kommentar dazu. Viel Nachdenken und Kenntnisse, bei wenig Erfahrung, gleicht den Ausgaben, deren Seiten zwei Zeilen Text und vierzig Zeilen Kommentar darbieten. Viel Erfahrung, bei wenig Nachdenken und geringen Kenntnissen, gleicht den bipontinischen [Zweibrückener] Ausgaben, ohne Noten, welche Vieles unverstanden lassen.

Auf die hier gegebene Anempfehlung zielt auch die Regel des Pythagoras, daß man Abends, vor dem Einschlafen, durchmustern solle, was man den Tag über gethan hat. Wer im Getümmel der Geschäfte, oder Vergnügungen, dahinlebt, ohne je seine Vergangenheit zu ruminiren, vielmehr nur immerfort sein Leben abhaspelt, dem geht die klare Besonnenheit verloren: sein Gemüth wird ein Chaos, und eine gewisse Verworrenheit kommt in seine Gedanken, von welcher alsbald das Abrupte, Fragmentarische, gleichsam Kleingehackte seiner Konversation zeugt. Dies ist um so mehr der Fall, je größer die äußere Unruhe, die Menge der Eindrücke, und je geringer die innere Thätigkeit seines Geistes ist.

Hieher gehört die Bemerkung, daß, nach längerer Zeit und nachdem die Verhältnisse und Umgebungen, welche auf uns einwirkten, vorübergegangen sind, wir nicht vermögen, unsere damals durch sie erregte Stimmung und Empfindung uns zurückzurufen und zu erneuern: wohl aber können wir unserer eigenen, damals von ihnen hervorgerufenen Aeußerungen uns erinnern. Diese nun sind das Resultat, der Ausdruck und der Maaßstab jener. Daher sollte das Gedächtniß, oder das Papier, dergleichen, aus denkwürdigen Zeitpunkten, sorgfältig aufbewahren. Hiezu sind Tagebücher sehr nützlich.

9) Sich selber genügen, sich selber Alles in Allem seyn, und sagen können *omnia mea mecum porto* [All meinen Besitz trage ich bei mir: vgl. Cicero, *Paradoxa,* 1, 1, 8, und Seneca, *Epistulae,* IX, 18], ist gewiß für unser Glück die förderlichste Eigenschaft: daher der Ausspruch des Aristoteles ἡ ευδαιμονια των αυταρκων εστι *(felicitas sibi sufficientium est* [Das Glück gehört denen, die sich selbst genügen] *Eth. Eud. 7, 2)* nicht zu oft wiederholt werden kann. (Auch ist es im Wesentlichen der selbe Gedanke, den, in einer überaus artigen Wendung, die Sentenz Chamfort's ausdrückt, welche ich dieser Abhandlung als Motto vorgesetzt habe.) Denn theils darf man, mit einiger Sicherheit, auf niemand zählen, als auf sich selbst, und theils sind die Beschwerden und Nachtheile, die Gefahr und der Verdruß, welche die Gesellschaft mit sich führt, unzählig und unausweichbar.

Kein verkehrterer Weg zum Glück, als das Leben in der großen Welt, in Saus und Braus *(high life)*: Denn es bezweckt, unser elendes Daseyn in eine Succession von Freude, Genuß, Vergnügen zu verwandeln, wobei die Enttäuschung nicht ausbleiben kann; so wenig, wie bei der obligaten Begleitung dazu, dem gegenseitigen einander Belügen.†

Zunächst erfordert jede Gesellschaft nothwendig eine gegenseitige Ackommodation und Temperatur: daher wird sie, je größer, desto fader. Ganz er selbst seyn darf Jeder nur so lange er allein ist: wer also nicht die Einsamkeit liebt, der liebt auch nicht die Freiheit: denn nur wann man allein ist, ist man

† Wie unser Leib in die Gewänder, so ist unser Geist in Lügen verhüllt. Unser Reden, Thun, unser ganzes Wesen, ist lügenhaft: und erst durch diese Hülle hindurch kann man bisweilen unsere wahre Gesinnung errathen, wie durch die Gewänder hindurch die Gestalt des Leibes.

frei. Zwang ist der unzertrennliche Gefährte jeder Gesellschaft, und jede fordert Opfer, die um so schwerer fallen, je bedeutender die eigene Individualität ist. Demgemäß wird Jeder in genauer Proportion zum Werthe seines eigenen Selbst die Einsamkeit fliehen, ertragen, oder lieben. Denn in ihr fühlt der Jämmerliche seine ganze Jämmerlichkeit, der große Geist seine ganze Größe, kurz, Jeder sich als was er ist. Ferner, je höher Einer auf der Rangliste der Natur steht, desto einsamer steht er, und zwar wesentlich und unvermeidlich. Dann aber ist es eine Wohlthat für ihn, wenn die physische Einsamkeit der geistigen entspricht: widrigenfalls dringt die häufige Umgebung heterogener Wesen störend, ja, feindlich auf ihn ein, raubt ihm sein Selbst und hat nichts als Ersatz dafür zu geben. Sodann, während die Natur zwischen Menschen die weiteste Verschiedenheit, im Moralischen und Intellektuellen, gesetzt hat, stellt die Gesellschaft, diese für nichts achtend, sie alle gleich, oder vielmehr sie setzt an ihre Stelle die künstlichen Unterschiede und Stufen des Standes und Ranges, welche der Rangliste der Natur sehr oft diametral entgegen laufen. Bei dieser Anordnung stehn sich Die, welche die Natur niedrig gestellt hat, sehr gut; die Wenigen aber, welche sie hoch stellte, kommen dabei zu kurz; daher diese sich der Gesellschaft zu entziehn pflegen und in jeder, sobald sie zahlreich ist, das Gemeine vorherrscht. Was den großen Geistern die Gesellschaft verleidet, ist die Gleichheit der Rechte, folglich der Ansprüche, bei der Ungleichheit der Fähigkeiten, folglich der (gesellschaftlichen) Leistungen, der Andern. Die sogenannte gute Societät läßt Vorzüge aller Art gelten, nur nicht die geistigen: diese sind sogar Kontrebande [Bannware]. Sie verpflichtet uns, gegen jede Thorheit, Narrheit, Verkehrtheit, Stumpfheit, gränzenlose Geduld zu beweisen; persönliche Vorzüge hingegen sollen sich Verzeihung erbetteln, oder sich verbergen; denn die geistige Ueberlegenheit verletzt durch ihre bloße Existenz, ohne alles Zuthun des Willens. Demnach hat die Gesellschaft, welche man die gute nennt, nicht nur den Nachtheil, daß sie uns Menschen darbietet, die wir nicht loben und lieben können, sondern sie läßt auch nicht zu, daß wir selbst seien, wie es unserer Natur angemessen ist; vielmehr nöthigt sie uns, des Einklanges mit den Andern wegen, einzuschrumpfen, oder gar uns selbst zu verunstalten. Geistreiche Reden oder Einfälle gehören nur vor geistreiche Gesellschaft: in der gewöhnlichen sind sie geradezu verhaßt; denn um in dieser zu gefallen, ist durchaus nothwendig, daß man platt und bornirt sei. In solcher Gesellschaft müssen wir daher, mit schwerer Selbstverleugnung, $^3/_4$ unserer selbst aufgeben, um uns den Andern zu verähnlichen. Dafür haben wir dann freilich die Andern: aber je mehr eigenen Werth Einer hat, desto mehr wird er finden, daß hier der Gewinn den Verlust nicht deckt und das Geschäft zu seinem Nachtheil ausschlägt; weil die Leute, in der Regel, insolvent sind, d. h. in ihrem Umgang nichts haben, das für die Langweiligkeit, die Beschwerden und Unannehmlichkeiten desselben und für die Selbstverleugnung, die er auflegt, schadlos hielte: demnach ist die allermeiste Gesellschaft so beschaffen, daß wer sie gegen die Einsamkeit vertauscht einen guten Handel macht. Dazu kommt noch, daß die Gesellschaft, um die ächte, d. i. die geistige Ueberlegenheit, welche sie nicht verträgt und die auch schwer zu finden ist, zu ersetzen, eine falsche, konventionelle, auf willkürlichen Satzungen beruhende und traditionell unter den höhern Ständen sich fortpflanzende, auch, wie die Parole, veränderliche Ueberlegenheit, beliebig angenommen hat: diese ist, was der gute Ton, *bon ton, fashionableness* [modische Feinheit] genannt wird. Wann sie jedoch ein Mal mit der ächten in Kollision geräth, zeigt sich ihre Schwäche. – Zudem, *quand le bon ton arrive, le bon sens se retire* [Wenn der gute Ton sich einstellt, zieht sich der gesunde Menschenverstand zurück; vgl. Bd. VII, S. 295].

Ueberhaupt aber kann Jeder im vollkommensten Einklange nur mit sich selbst stehn; nicht mit seinem Freunde, nicht mit seiner Geliebten: denn die Unterschiede der Individualität und Stimmung führen allemal eine, wenn auch geringe, Dissonanz herbei. Daher ist der wahre, tiefe Friede des Herzens und die vollkommene Gemüthsruhe, dieses, nächst der Gesundheit, höchste irdische Gut, allein in der Einsamkeit zu finden und als dauernde Stimmung nur in der tiefsten Zurückgezogenheit. Ist dann das eigene Selbst groß und reich; so genießt man den glücklichsten Zustand, der auf dieser armen Erde gefunden werden mag. Ja, es sei herausgesagt: so eng auch Freundschaft, Liebe und Ehe Menschen verbinden; ganz ehrlich meint Jeder es am Ende doch nur mit sich selbst und höchstens noch mit seinem Kinde. – Je weniger Einer, in Folge objektiver oder subjektiver Bedingungen, nöthig hat, mit den Menschen in Berührung zu kommen, desto besser ist er daran.

Die Einsamkeit und Oede läßt alle ihre Uebel auf ein Mal, wenn auch nicht empfinden, doch übersehn: hingegen die Gesellschaft ist insidiös [heimtückisch]: sie verbirgt hinter dem Scheine der Kurzweil, der Mittheilung, des geselligen Genusses u. s. f. große, oft unheilbare Uebel. Ein Hauptstudium der Jugend sollte seyn, die Einsamkeit ertragen zu lernen; weil sie eine Quelle des Glückes, der Gemüthsruhe ist. – Aus diesem Allen nun folgt, daß Der am besten daran ist, der nur auf sich selbst gerechnet hat und sich selber Alles in Allem seyn kann; sogar sagt Cicero: *Nemo potest non beatissimus esse, qui est totus aptus ex sese, quique in se uno ponit omnia.* [Wer ganz auf sich allein gestellt ist und alles auf sich allein setzt, der kann nur vollkommen glücklich sein.] *(Paradox. II.)* Zudem, je mehr Einer an sich selber hat, desto weniger können Andere ihm seyn. Ein gewisses Gefühl von Allgenugsamkeit ist es, welches die Leute von innerm Werth und Reichthum abhält, der Gemeinschaft mit Andern die bedeutenden Opfer, welche sie verlangt, zu bringen, geschweige dieselbe, mit merklicher Selbstverleugnung, zu suchen. Das Gegentheil hievon macht die gewöhnlichen Leute so gesellig und ackommodant [fügsam]: es wird ihnen nämlich leichter, Andere zu ertragen, als sich selbst. Noch kommt hinzu, daß was wirklichen Werth hat in der Welt nicht geachtet wird, und was geachtet wird keinen Werth hat. Hievon ist die Zurückgezogenheit jedes Würdigen und Ausgezeichneten der Beweis und die Folge. Diesem Allen nach wird es in Dem, der etwas Rechtes an sich selber hat, ächte Lebensweisheit seyn, wenn er, erforderlichen Falls, seine Bedürfnisse einschränkt, um nur seine Freiheit zu wahren, oder zu erweitern, und demnach mit seiner Person, da sie unvermeidliche Verhältnisse zur Menschenwelt hat, so kurz wie möglich sich abfindet.

Was nun andererseits die Menschen gesellig macht ist ihre Unfähigkeit, die Einsamkeit, und in dieser sich selbst, zu ertragen. Innere Leere und Ueberdruß sind es, von denen sie sowohl in die Gesellschaft, wie in die Fremde und auf Reisen getrieben werden. Ihrem Geiste mangelt es an Federkraft, sich eigene Bewegung zu ertheilen: daher suchen sie Erhöhung derselben durch Wein und werden Viele auf diesem Wege zu Trunkenbolden. Eben daher bedürfen sie der steten Erregung von außen und zwar der stärkesten, d. i. der durch Wesen ihres Gleichen. Ohne diese sinkt ihr Geist, unter seiner eigenen Schwere, zusammen und verfällt in eine drückende Lethargie.† Imgleichen ließe sich sagen, daß Jeder von ihnen nur ein kleiner Bruch der Idee der Menschheit sei, daher er vieler Ergänzung durch Andere bedarf, damit einigermaaßen ein volles menschliches Bewußtseyn herauskomme: hingegen wer ein ganzer Mensch ist, ein Mensch *par excellence* [schlechthin], der stellt eine Einheit und keinen Bruch dar, hat daher an sich selbst genug. Man kann, in diesem Sinne, die gewöhnliche Gesellschaft jener russischen Hornmusik vergleichen, bei der jedes Horn nur Einen Ton hat und bloß durch das pünktliche Zusammentreffen aller eine Musik herauskommt. Denn monoton, wie ein solches eintöniges Horn, ist der Sinn und Geist der allermeisten Menschen: sehn doch viele von ihnen schon aus, als hätten sie immerfort nur Einen und den selben Gedanken, unfähig irgend einen andern zu denken. Hieraus also erklärt sich nicht nur, warum sie so langweilig, sondern auch warum sie so gesellig sind und am liebsten heerdenweise einhergehn: *the gregariousness of mankind* [der Herdentrieb der Menschheit]. Die Monotonie seines eigenen Wesens ist es, die jedem von ihnen unerträglich wird: – *omnis stultitia laborat fastidio sui* [Alle Dummheit leidet an ihrem eigenen Überdruß: vgl. S. 361]: – nur zusammen und durch die Vereinigung sind sie irgend etwas; – wie jene Hornbläser. Dagegen ist der geistvolle Mensch einem Virtuosen zu vergleichen, der sein Konzert allein ausführt; oder auch dem Klavier. Wie nämlich dieses, für sich allein, ein kleines Orchester, so ist er eine kleine Welt, und was jene Alle erst durch das

---

† Bekanntlich werden Uebel dadurch erleichtert, daß man sie gemeinschaftlich erträgt: zu diesen scheinen die Leute die Langeweile zu zählen; daher sie sich zusammensetzen, um sich gemeinschaftlich zu langweilen. Wie die Liebe zum Leben im Grunde nur Furcht vor dem Tode ist, so ist auch der Geselligkeitstrieb der Menschen im Grunde kein direkter, beruht nämlich nicht auf Liebe zur Gesellschaft, sondern auf Furcht vor der Einsamkeit, indem es nicht sowohl die holdsälige Gegenwart der Andern ist, die gesucht, als vielmehr die Oede und Beklommenheit des Alleinseyns, nebst der Monotonie des eigenen Bewußtseyns, die geflohen wird; welcher zu entgehn man daher auch mit schlechter Gesellschaft vorlieb nimmt, imgleichen das Lästige und den Zwang, den eine jede nothwendig mit sich bringt, sich gefallen läßt. – Hat hingegen der Widerwille gegen dieses Alles gesiegt und ist, in Folge davon, die Gewohnheit der Einsamkeit und die Abhärtung gegen ihren unmittelbaren Eindruck eingetreten, so daß sie die oben bezeichneten Wirkungen nicht mehr hervorbringt; dann kann man mit größter Behaglichkeit immerfort allein seyn, ohne sich nach Gesellschaft zu sehnen; eben weil das Bedürfniß derselben kein direktes ist, und man andererseits sich jetzt an die wohlthätigen Eigenschaften der Einsamkeit gewöhnt hat.

Zusammenwirken sind, stellt er dar in der Einheit Eines Bewußtseyns. Wie das Klavier, ist er kein Theil der Symphonie, sondern für das Solo und die Einsamkeit geeignet: soll er mit ihnen zusammenwirken; so kann er es nur seyn als Principalstimme [Hauptstimme] mit Begleitung, wie das Klavier; oder zum Tonangeben, bei Vokalmusik, wie das Klavier. – Wer inzwischen Gesellschaft liebt kann sich aus diesem Gleichniß die Regel abstrahiren, daß was den Personen seines Umgangs an Qualität abgeht durch die Quantität einigermaaßen ersetzt werden muß. An einem einzigen geistvollen Menschen kann er Umgang genug haben: ist aber nichts, als die gewöhnliche Sorte zu finden; so ist es gut, von dieser recht viele zu haben, damit durch die Mannigfaltigkeit und das Zusammenwirken etwas herauskomme, – nach Analogie der besagten Hornmusik: – und der Himmel schenke ihm dazu Geduld.

Jener innern Leere aber und Dürftigkeit der Menschen ist auch Dieses zuzuschreiben, daß, wenn ein Mal, irgend einen edlen, idealen Zweck beabsichtigend, Menschen besserer Art zu einem Verein zusammentreten, alsdann der Ausgang fast immer dieser ist, daß aus jenem *plebs* [großen Haufen] der Menschheit, welcher, in zahlloser Menge, wie Ungeziefer, überall Alles erfüllt und bedeckt, und stets bereit ist, Jedes, ohne Unterschied, zu ergreifen, um damit seiner Langenweile, wie unter andern Umständen seinem Mangel, zu Hülfe zu kommen, – auch dort Einige sich einschleichen, oder eindrängen, und dann bald entweder die ganze Sache zerstören, oder sie so verändern, daß sie ziemlich das Gegentheil der ersten Absicht wird. –

Uebrigens kann man die Geselligkeit auch betrachten als ein geistiges Erwärmen der Menschen an einander, gleich jenem körperlichen, welches sie, bei großer Kälte, durch Zusammendrängen hervorbringen. Allein wer selbst viel geistige Wärme hat, bedarf solcher Gruppirung nicht. Eine in diesem Sinne von mir erdachte Fabel wird man im 2. Bande dieses Werkes finden, im letzten Kapitel [Bd. x, S. 708]. Diesem Allen zufolge steht die Geselligkeit eines Jeden ungefähr im umgekehrten Verhältnisse seines intellektuellen Werthes; und »er ist sehr ungesellig« besagt beinahe schon »er ist ein Mann von großen Eigenschaften.«

Dem intellektuell hochstehenden Menschen gewährt nämlich die Einsamkeit einen zwiefachen Vortheil: erstlich den, mit sich selber zu seyn, und zweitens den, nicht mit Andern zu seyn.

Diesen letzteren wird man hoch anschlagen, wenn man bedenkt, wie viel Zwang, Beschwerde und selbst Gefahr jeder Umgang mit sich bringt. *Tout notre mal vient de ne pouvoir être seuls* [All unser Ungemach kommt von unserer Unfähigkeit, allein zu sein], sagt Labruyère [*Les caractères*, chap. de l'homme]. Geselligkeit gehört zu den gefährlichen, ja, verderblichen Neigungen, da sie uns in Kontakt bringt mit Wesen, deren große Mehrzahl moralisch schlecht und intellektuell stumpf oder verkehrt ist. Der Ungesellige ist Einer, der ihrer nicht bedarf. An sich selber so viel zu haben, daß man der Gesellschaft nicht bedarf, ist schon deshalb ein großes Glück, weil fast alle unsere Leiden aus der Gesellschaft entspringen, und die Geistesruhe, welche, nächst der Gesundheit, das wesentlichste Element unsers Glückes ausmacht, durch jede Gesellschaft gefährdet wird und daher ohne ein bedeutendes Maaß von Einsamkeit nicht wohl bestehn kann. Um des Glückes der Geistesruhe theilhaft zu werden, entsagten die Kyniker jedem Besitz: wer in gleicher Absicht der Gesellschaft entsagt, hat das weiseste Mittel erwählt. Denn so treffend, wie schön, ist was Bernardin de St. Pierre sagt: *la diète des alimens nous rend la santé du corps, et celle des hommes la tranquillité de l'âme* [Die Enthaltsamkeit in der Ernährung sichert uns die körperliche Gesundheit, und die Enthaltsamkeit im Umgang mit Menschen die Seelenruhe]. Sonach hat wer sich zeitig mit der Einsamkeit befreundet, ja, sie lieb gewinnt, eine Goldmine erworben. Aber keineswegs vermag Dies Jeder. Denn, wie ursprünglich die Noth, so treibt, nach Beseitigung dieser, die Langeweile die Menschen zusammen. Ohne Beide bliebe wohl Jeder allein; schon weil nur in der Einsamkeit die Umgebung der ausschließlichen Wichtigkeit, ja Einzigkeit entspricht, die Jeder in seinen eigenen Augen hat, und welche vom Weltgedränge zu nichts verkleinert wird; als wo sie, bei jedem Schritt, ein schmerzliches *démenti* erhält. In diesem Sinne ist die Einsamkeit sogar der natürliche Zustand eines Jeden: sie setzt ihn wieder ein, als ersten Adam, in das ursprüngliche, seiner Natur angemessene Glück.

Aber hatte doch auch Adam weder Vater, noch Mutter! Daher wieder ist, in einem andern Sinne, die Einsamkeit dem Menschen nicht natürlich; sofern nämlich er, bei seinem Eintritt in die Welt, sich nicht allein, sondern zwischen Eltern und Geschwistern, also in Gemeinschaft, gefunden hat. Demzufolge kann die

Liebe zur Einsamkeit nicht als ursprünglicher Hang daseyn, sondern erst in Folge der Erfahrung und des Nachdenkens entstehn: und Dies wird Statt haben, nach Maaßgabe der Entwickelung eigener geistiger Kraft, zugleich aber auch mit der Zunahme der Lebensjahre; wonach dann, im Ganzen genommen, der Geselligkeitstrieb eines Jeden im umgekehrten Verhältnisse seines Alters stehn wird. Das kleine Kind erhebt ein Angst- und Jammergeschrei, sobald es nur einige Minuten allein gelassen wird. Dem Knaben ist das Alleinseyn eine große Pönitenz [Strafe]. Jünglinge gesellen sich leicht zu einander: nur die edleren und hochgesinnten unter ihnen suchen schon bisweilen die Einsamkeit: jedoch einen ganzen Tag allein zuzubringen wird ihnen noch schwer. Dem Manne hingegen ist Dies leicht: er kann schon viel allein seyn, und desto mehr, je älter er wird. Der Greis, welcher aus verschwundenen Generationen allein übrig geblieben und dazu den Lebensgenüssen theils entwachsen, theils abgestorben ist, findet an der Einsamkeit sein eigentliches Element. Immer aber wird hiebei, in den Einzelnen, die Zunahme der Neigung zur Absonderung und Einsamkeit nach Maaßgabe ihres intellektuellen Werthes erfolgen. Denn dieselbe ist, wie gesagt, keine rein natürliche, direkt durch die Bedürfnisse hervorgerufene, vielmehr bloß eine Wirkung gemachter Erfahrung und der Reflexion über solche, namentlich der erlangten Einsicht in die moralisch und intellektuell elende Beschaffenheit der allermeisten Menschen, bei welcher das Schlimmste ist, daß, im Individuo, die moralischen und die intellektuellen Unvollkommenheiten desselben konspiriren und sich gegenseitig in die Hände arbeiten, woraus dann allerlei höchst widerwärtige Phänomene hervorgehn, welche den Umgang der meisten Menschen ungenießbar, ja, unerträglich machen. So kommt es denn, daß, obwohl in dieser Welt gar Vieles recht schlecht ist, doch das Schlechteste darin die Gesellschaft bleibt; so daß selbst Voltaire, der gesellige Franzose, hat sagen müssen: *la terre est couverte de gens qui ne méritent pas qu'on leur parle* [Die Erde wimmelt von Menschen, die nicht verdienen, daß man mit ihnen spricht: Lettre à M. le Cardinal de Bernis, 21–6–1762]. Den selben Grund giebt auch der die Einsamkeit so stark und beharrlich liebende, sanftmüthige Petrarka für diese Neigung an:

Cercato ho sempre solitaria vita
(Le rive il sanno, e le campagne, e i boschi),
Per fuggir quest' ingegni storti e loschi,
Che la strada del ciel' hanno smarrita.

[Ein einsam Leben hab' ich stets gesucht
(Bach, Feld und Wald weiß davon zu erzählen),
Vor jenen stumpfen Geistern auf der Flucht,
Durch die ich nicht den Pfad zum Licht kann wählen.
Il Canzoniere, Sonett 221.]

In gleichem Sinne führt er die Sache aus, in seinem schönen Buche *de vita solitaria* [vom einsamen Leben], welches Zimmermann's Vorbild zu seinem berühmten Werke über die Einsamkeit gewesen zu seyn scheint. Eben diesen bloß sekundären und mittelbaren Ursprung der Ungeselligkeit drückt, in seiner sarkastischen Weise, Chamfort aus, wenn er sagt: *on dit quelquefois d'un homme qui vit seul, il n'aime pas la société. C'est souvent comme si on disait d'un homme, qu'il n'aime pas la promenade, sous le prétexte qu'il ne se promène pas volontiers le soir dans la forêt de Bondy* [Man sagt zuweilen von jemand, der einsam lebt, er liebe die Gesellschaft nicht. Das ist oft so, wie wenn man von jemand sagte, er ginge nicht gerne spazieren, mit der Begründung, er ginge nicht gerne nachts durch den (gefährlichen) Wald von Bondy: *Maximes et Pensées*, chap. IV].† Aber auch der sanfte und christliche Angelus Silesius sagt, in seiner Weise und mythischen Sprache, ganz das Selbe:

»Herodes ist ein Feind; der Joseph der Verstand,
Dem macht Gott die Gefahr im Traum (im Geist) bekannt.
Die Welt ist Bethlehem, Aegypten Einsamkeit:
Fleuch, meine Seele! Fleuch, sonst stirbest du vor Leid.«
[*Der Cherubinische Wandersmann*, 3. Buch, Nr. 241.]

In gleichem Sinne läßt sich Jordanus Brunus [*Opera*, ed. Wagner, II, 408] vernehmen, *tanti uomini, che in terra hanno voluto*

† Im selben Sinne sagt Sadi im Gulistan: »Seit dieser Zeit haben wir von der Gesellschaft Abschied genommen und uns den Weg der Absonderung vorgenommen: denn die Sicherheit wohnt in der Einsamkeit.«

gustare vita celeste, dissero con una voce: »ecce elongavi fugiens, et mansi in solitudine«. [So viele Menschen, die auf Erden ein himmlisches Leben genießen wollten, haben einstimmig gesagt (Psalm 54, 8): »Siehe, ich bin geflohen eine lange Zeit und geblieben in der Einsamkeit.«] In gleichem Sinne berichtet Sadi, der Perser, im Gulistan, von sich selbst: »Meiner Freunde in Damaskus überdrüssig zog ich mich in die Wüste bei Jerusalem zurück, die Gesellschaft der Thiere aufzusuchen.« Kurz, in gleichem Sinne haben Alle geredet, die Prometheus aus besserem Thone geformet hatte [vgl. Juvenal, *sat.* 14, 34]. Welchen Genuß kann ihnen der Umgang mit Wesen gewähren, zu denen sie nur vermittelst des Niedrigsten und Unedelsten in ihrer eigenen Natur, nämlich des Alltäglichen, Trivialen und Gemeinen darin, irgend Beziehungen haben, die eine Gemeinschaft begründen, und denen, weil sie nicht zu ihrem Niveau sich erheben können, nichts übrig bleibt, als sie zu dem ihrigen herabzuziehn, was demnach ihr Trachten wird? Sonach ist es ein aristokratisches Gefühl, welches den Hang zur Absonderung und Einsamkeit nährt. Alle Lumpe sind gesellig, zum Erbarmen: daß hingegen ein Mensch edlerer Art sei, zeigt sich zunächst daran, daß er kein Wohlgefallen an den Uebrigen hat, sondern mehr und mehr die Einsamkeit ihrer Gesellschaft vorzieht und dann allmälig, mit den Jahren, zu der Einsicht gelangt, daß es, seltene Ausnahmen abgerechnet, in der Welt nur die Wahl giebt, zwischen Einsamkeit und Gemeinheit. Sogar auch Dieses, so hart es klingt, hat selbst Angelus Silesius, seiner christlichen Milde und Liebe ungeachtet, nicht ungesagt lassen können:

»Die Einsamkeit ist noth: doch sei nur nicht gemein;
So kannst du überall in einer Wüste seyn.«
[2. Buch, Nr. 117.]

Was nun aber gar die großen Geister betrifft, so ist es wohl natürlich, daß diese eigentlichen Erzieher des ganzen Menschengeschlechtes zu häufiger Gemeinschaft mit den Uebrigen so wenig Neigung fühlen, als den Pädagogen anwandelt, sich in das Spiel der ihn umlermenden Kinderheerde zu mischen. Denn sie, die auf die Welt gekommen sind, um sie auf dem Meer ihrer Irrthümer der Wahrheit zuzulenken und aus dem finstern Abgrund ihrer Rohheit und Gemeinheit nach oben, dem Lichte zu, der Bildung und Veredlung entgegen zu ziehn, – sie müssen zwar unter ihnen leben, ohne jedoch eigentlich zu ihnen zu gehören, fühlen sich daher, von Jugend auf, als merklich von den andern verschiedene Wesen, kommen aber erst allmälig, mit den Jahren, zur deutlichen Erkenntniß der Sache, wonach sie dann Sorge tragen, daß zu ihrer geistigen Entfremdung von den Andern auch die physische komme, und Keiner ihnen nahe rücken darf, er sei denn schon selbst ein mehr oder weniger Eximirter von der allgemeinen Gemeinheit.

Aus diesem Allem ergiebt sich also, daß die Liebe zur Einsamkeit nicht direkt und als ursprünglicher Trieb auftritt, sondern sich indirekt, vorzüglich bei edleren Geistern und erst nach und nach entwickelt, nicht ohne Ueberwindung des natürlichen Geselligkeitstriebes, ja, unter gelegentlicher Opposition mephistophelischer Einflüsterung:

»Hör' auf, mit deinem Gram zu spielen,
Der, wie ein Geier, dir am Leben frißt:
Die schlechteste Gesellschaft läßt dich fühlen,
Daß du ein Mensch mit Menschen bist.«
[*Faust I*, 1635–38.]

Einsamkeit ist das Loos aller hervorragenden Geister: sie werden solche bisweilen beseufzen; aber stets sie als das kleinere von zwei Uebeln erwählen. Mit zunehmendem Alter wird jedoch das *sapere aude* [Wage es, Einsicht zu haben! Horaz, *epist.* I, 2] in diesem Stücke immer leichter und natürlicher, und in den sechsziger Jahren ist der Trieb zur Einsamkeit ein wirklich naturgemäßer, ja, instinktartiger. Denn jetzt vereint sich Alles, ihn zu befördern. Der stärkste Zug zur Geselligkeit, Weiberliebe und Geschlechtstrieb, wirkt nicht mehr, ja, die Geschlechtslosigkeit des Alters legt den Grund zu einer gewissen Selbstgenügsamkeit, die allmälig den Geselligkeitstrieb überhaupt absorbirt; von tausend Täuschungen und Thorheiten ist man zurückgekommen; das aktive Leben ist meistens abgethan, man hat nichts mehr zu erwarten, hat keine Pläne und Absichten mehr; die Generation, der man eigentlich angehört, lebt nicht mehr; von einem fremden Geschlecht umgeben, steht man schon objektiv und wesentlich allein. Dabei hat der Flug der Zeit sich beschleunigt, und geistig möchte man sie noch benutzen. Denn, wenn nur der Kopf seine Kraft behalten hat; so machen jetzt die vielen erlangten Kenntnisse und Erfahrungen, die allmälig vollendete Durcharbeitung aller Gedanken und die große Uebungsfertigkeit aller Kräfte das Studium jeder Art interessanter und leichter, als jemals. Man sieht klar in tausend Dingen, die früher noch wie im Nebel lagen: man gelangt zu Resultaten und fühlt seine ganze Ueberlegenheit. In Folge langer Erfahrung hat man aufgehört, von den Menschen viel zu erwarten; da sie, im Ganzen genommen, nicht zu den Leuten gehören, welche bei näherer Bekanntschaft gewinnen: vielmehr weiß man, daß, von seltenen Glücksfällen abgesehn, man nichts antreffen wird, als sehr defekte Exemplare der menschlichen Natur, welche es besser ist, unberührt zu lassen. Man ist daher den gewöhnlichen Täuschungen nicht mehr ausgesetzt, merkt Jedem bald an was er ist und wird selten den Wunsch fühlen, nähere Verbindung mit ihm einzugehn. Endlich ist auch, zumal wenn man an der Einsamkeit eine Jugendfreundin erkennt, die Gewohnheit der Isolation und des Umgangs mit sich selbst hinzugekommen und zur zweiten Natur geworden. Demnach ist jetzt die Liebe zur Einsamkeit, welche früher dem Geselligkeitstriebe erst abgerungen werden mußte, eine ganz natürliche und einfache: man ist in der Einsamkeit, wie der Fisch im Wasser. Daher fühlt jede vorzügliche, folglich den übrigen unähnliche, mithin allein stehende Individualität sich, durch diese ihr wesentliche Isolation, zwar in der Jugend gedrückt, aber im Alter erleichtert.

Denn freilich wird dieses wirklichen Vorzugs des Alters Jeder immer nur nach Maaßgabe seiner intellektuellen Kräfte theilhaft, also der eminente Kopf vor Allen; jedoch in geringerem Grade wohl Jeder. Nur höchst dürftige und gemeine Naturen werden im Alter noch so gesellig seyn, wie ehedem: sie sind der Gesellschaft, zu der sie nicht mehr passen, beschwerlich, und bringen es höchstens dahin, tolerirt zu werden; während sie ehemals gesucht wurden.

An dem dargelegten, entgegengesetzten Verhältnisse zwischen der Zahl unserer Lebensjahre und dem Grade unserer Geselligkeit läßt sich auch noch eine teleologische Seite herausfinden. Je jünger der Mensch ist, desto mehr hat er noch, in jeder Beziehung, zu lernen: nun hat ihn die Natur auf den wechselseitigen Unterricht verwiesen, welchen Jeder im Umgange mit seines Gleichen empfängt und in Hinsicht auf welchen die menschliche

Gesellschaft eine große Bell-Lancaster'sche Erziehungsanstalt genannt werden kann; da Bücher und Schulen künstliche, weil vom Plane der Natur abliegende Anstalten sind. Sehr zweckmäßig also besucht er die natürliche Unterrichtsanstalt desto fleißiger, je jünger er ist.

Nihil est ab omni parte beatum [Nichts ist von allen Seiten aus glücklich] sagt Horaz [*Oden*, II, 16], und »Kein Lotus ohne Stengel« lautet ein indisches Sprichwort: so hat denn auch die Einsamkeit, neben so vielen Vortheilen, ihre kleinen Nachtheile und Beschwerden, die jedoch, im Vergleich mit denen der Gesellschaft, gering sind; daher wer etwas Rechtes an sich selber hat es immer leichter finden wird, ohne die Menschen auszukommen, als mit ihnen. – Unter jenen Nachtheilen ist übrigens einer, der nicht so leicht, wie die übrigen, zum Bewußtseyn gebracht wird, nämlich dieser: wie durch anhaltend fortgesetztes Zuhausebleiben unser Leib so empfindlich gegen äußere Einflüsse wird, daß jedes kühle Lüftchen ihn krankhaft afficirt; so wird, durch anhaltende Zurückgezogenheit und Einsamkeit, unser Gemüth so empfindlich, daß wir durch die unbedeutendesten Vorfälle, Worte, wohl gar durch bloße Mienen, uns beunruhigt, oder gekränkt, oder verletzt fühlen; während Der, welcher stets im Getümmel bleibt, Dergleichen gar nicht beachtet.

Wer nun aber, zumal in jüngern Jahren, so oft ihn auch schon gerechtes Mißfallen an den Menschen in die Einsamkeit zurückgescheucht hat, doch die Oede derselben, auf die Länge, zu ertragen nicht vermag, dem rathe ich, daß er sich gewöhne, einen Theil seiner Einsamkeit in die Gesellschaft mitzunehmen, also daß er lerne, auch in der Gesellschaft, in gewissem Grade, allein zu seyn, demnach was er denkt nicht sofort den Andern mitzutheilen, und andererseits mit Dem, was sie sagen, es nicht genau zu nehmen, vielmehr, moralisch wie intellektuell, nicht viel davon zu erwarten und daher, hinsichtlich ihrer Meinungen, diejenige Gleichgültigkeit in sich zu befestigen, die das sicherste Mittel ist, um stets eine lobenswerthe Toleranz zu üben. Er wird alsdann, obwohl mitten unter ihnen, doch nicht so ganz in ihrer Gesellschaft seyn, sondern hinsichtlich ihrer sich mehr rein objektiv verhalten: Dies wird ihn vor zu genauer Berührung mit der Gesellschaft, und dadurch vor jeder Besudelung, oder gar Verletzung, schützen. Sogar eine lesenswerthe dramatische Schilderung dieser restringirten, oder verschanzten Geselligkeit besitzen wir am Lustspiel »*el Café o sea la comedia nueva*« von Moratin, und zwar im Charakter des D. Pedro daselbst, zumal in der zweiten und dritten Scene des ersten Akts. In diesem Sinne kann man auch die Gesellschaft einem Feuer vergleichen, an welchem der Kluge sich in gehöriger Entfernung wärmt, nicht aber hineingreift, wie der Thor, der dann, nachdem er sich verbrannt hat, in die Kälte der Einsamkeit flieht und jammert, daß das Feuer brennt.

10) Neid ist dem Menschen natürlich: dennoch ist er ein Laster und ein Unglück zugleich.† Wir sollen daher ihn als den Feind unsers Glückes betrachten und als einen bösen Dämon zu ersticken suchen. Hiezu leitet uns Seneka an, mit den schönen Worten: *nostra nos sine comparatione delectent: nunquam erit felix quem torquebit felicior* [Wir wollen uns an unserem Zustand freuen, ohne ihn mit anderen zu vergleichen; niemals wird jemand glücklich, wenn es ihn quält, daß ein anderer glücklicher ist] *(de ira III, 30)*, und wiederum: *quum adspexeris quot te antecedant, cogita quot sequantur* [Wenn du siehst, wieviele dir etwas voraus haben, so denke daran, wieviele dir nachstehen] *(ep. 15)*: also wir sollen öfter Die betrachten, welche schlimmer daran sind, als wir, denn Die, welche besser daran zu seyn scheinen. Sogar wird, bei eingetretenen, wirklichen Uebeln, uns den wirksamsten, wiewohl aus der selben Quelle mit dem Neide fließenden Trost die Betrachtung größerer Leiden, als die unserigen sind, gewähren, und nächstdem der Umgang mit Solchen, die mit uns im selben Falle sich befinden, mit den *sociis malorum* [Gefährten im Unglück].

Soviel von der aktiven Seite des Neides. Von der passiven ist zu erwägen, daß kein Haß so unversöhnlich ist, wie der Neid; daher wir nicht unablässig und eifrig bemüht seyn sollten, ihn zu erregen; vielmehr besser thäten, diesen Genuß, wie manchen andern, der gefährlichen Folgen wegen, uns zu versagen.

Es giebt drei Aristokratien: 1) die der Geburt und des Ranges, 2) die Geldaristokratie, 3) die geistige Aristokratie. Letztere ist eigentlich die vornehmste, wird auch dafür anerkannt, wenn man ihr nur Zeit läßt: hat doch schon Friedrich der

† Der Neid der Menschen zeigt an, wie unglücklich sie sich fühlen; ihre beständige Aufmerksamkeit auf fremdes Thun und Lassen, wie sehr sie sich langweilen.

Große gesagt: *les âmes privilégiées rangent à l'égal des souverains* [Die bevorrechtigten Geister stehen auf der gleichen Stufe wie die Fürsten], und zwar zu seinem Hofmarschall, der Anstoß daran nahm, daß, während Minister und Generäle an der Marschallstafel saßen, Voltaire an einer Tafel Platz nehmen sollte, an welcher bloß regierende Herren und ihre Prinzen saßen. – Jede dieser Aristokratien ist umgeben von einem Heer ihrer Neider, welche gegen Jeden ihr Angehörigen heimlich erbittert und, wenn sie ihn nicht zu fürchten haben, bemüht sind, ihm auf mannigfaltige Weise zu verstehn zu geben, »du bist nichts mehr, als wir!« Aber gerade diese Bemühungen verrathen ihre Ueberzeugung vom Gegentheil. Das von den Beneideten dagegen anzuwendende Verfahren besteht im Fernhalten Aller dieser Schaar Angehörigen und im möglichsten Vermeiden jeder Berührung mit ihnen, so daß sie durch eine weite Kluft abgetrennt bleiben; wo aber dies nicht angeht, im höchst gelassenen Ertragen ihrer Bemühungen, deren Quelle sie ja neutralisirt: – auch sehn wir dasselbe durchgängig angewandt. Hingegen werden die der Einen Aristokratie Angehörigen sich mit denen einer der beiden andern meistens gut und ohne Neid vertragen; weil Jeder seinen Vorzug gegen den der Andern in die Waage legt.

11) Man überlege ein Vorhaben reiflich und wiederholt, ehe man dasselbe ins Werk setzt, und selbst nachdem man Alles auf das Gründlichste durchdacht hat, räume man noch der Unzulänglichkeit aller menschlichen Erkenntniß etwas ein, in Folge welcher es immer noch Umstände geben kann, die zu erforschen oder vorherzusehn unmöglich ist und welche die ganze Berechnung unrichtig machen könnten. Dieses Bedenken wird stets ein Gewicht auf die negative Schaale legen und uns anrathen, in wichtigen Dingen, ohne Noth, nichts zu rühren: *quieta non movere* [Ruhendes nicht bewegen]. Ist man aber ein Mal zum Entschluß gekommen und hat Hand ans Werk gelegt, so daß jetzt Alles seinen Verlauf zu nehmen hat und nur noch der Ausgang abzuwarten steht; dann ängstige man sich nicht durch stets erneuerte Ueberlegung des bereits Vollzogenen und durch wiederholtes Bedenken der möglichen Gefahr: vielmehr entschlage man der Sache sich jetzt gänzlich, halte das ganze Gedankenfach derselben verschlossen, sich mit der Ueberzeugung beruhigend, daß man Alles zu seiner Zeit reiflich erwogen habe.

Diesen Rath ertheilt auch das italiänische Sprichwort *legala bene, e poi lascia la andare,* welches Goethe übersetzt »Du, sattle gut und reite getrost«; – wie denn, beiläufig gesagt, ein großer Theil seiner unter der Rubrik »Sprichwörtlich« gegebenen Gnomen [Sinnsprüche] übersetzte italiänische Sprichwörter sind. – Kommt dennoch ein schlimmer Ausgang; so ist es weil alle menschlichen Angelegenheiten dem Zufall und dem Irrthum unterliegen. Daß Sokrates, der Weiseste der Menschen, um nur in seinen eigenen, persönlichen Angelegenheiten das Richtige zu treffen, oder wenigstens Fehltritte zu vermeiden, eines warnenden Dämonions bedurfte, beweist, daß hiezu kein menschlicher Verstand ausreicht. Daher ist jener, angeblich von einem Papste herrührende Ausspruch, daß von jedem Unglück, das uns trifft, wir selbst, wenigstens in irgend etwas, die Schuld tragen, nicht unbedingt und in allen Fällen wahr: wiewohl bei Weitem in den meisten. Sogar scheint das Gefühl hievon viel Antheil daran zu haben, daß die Leute ihr Unglück möglichst zu verbergen suchen und, so weit es gelingen will, eine zufriedene Miene aufsetzen. Sie besorgen, daß man vom Leiden auf die Schuld schließen werde.

12) Bei einem unglücklichen Ereigniß, welches bereits eingetreten, also nicht mehr zu ändern ist, soll man sich nicht ein Mal den Gedanken, daß dem anders seyn könnte, noch weniger den, wodurch es hätte abgewendet werden können, erlauben: denn gerade er steigert den Schmerz ins Unerträgliche; so daß man damit zum ἑαυτοντιμωρουμενος [Selbstquäler: nach Terenz] wird. Vielmehr mache man es wie der König David, der, so lange sein Sohn krank darniederlag, den Jehovah unablässig mit Bitten und Flehen bestürmte; als er aber gestorben war, ein Schnippchen schlug und nicht weiter daran dachte. Wer aber dazu nicht leichtsinnig genug ist flüchte sich auf den fatalistischen Standpunkt, indem er sich die große Wahrheit verdeutlicht, daß Alles, was geschieht, nothwendig eintritt, also unabwendbar ist.

Bei allen Dem ist diese Regel einseitig. Sie taugt zwar zu unserer unmittelbaren Erleichterung und Beruhigung bei Unglücksfällen: allein wenn an diesen, wie doch meistens, unsere eigene Nachlässigkeit, oder Verwegenheit, wenigstens zum Theil Schuld ist; so ist die wiederholte, schmerzliche Ueberlegung, wie Dem hätte vorgebeugt werden können, zu unserer Witzigung und Besserung, also für die Zukunft, eine heilsame Selbstzüchtigung. Und gar offenbar begangene Fehler sollen wir nicht, wie wir doch pflegen, vor uns selber zu entschuldigen, oder zu beschönigen, oder zu verkleinern suchen, sondern sie uns eingestehn und in ihrer ganzen Größe deutlich uns vor Augen bringen, um den Vorsatz sie künftig zu vermeiden fest fassen zu können. Freilich hat man sich dabei den großen Schmerz der Unzufriedenheit mit sich selbst anzuthun: aber ὁ μη δαρεις ανϑρωπος ου παιδευεται [Wer nicht geschunden wurde, wurde nicht erzogen: Menander].

13) In Allem, was unser Wohl und Wehe betrifft, sollen wir die Phantasie im Zügel halten: also zuvörderst keine Luftschlösser bauen; weil diese zu kostspielig sind, indem wir, gleich darauf, sie, unter Seufzern, wieder einzureißen haben. Aber noch mehr sollen wir uns hüten, durch das Ausmalen bloß möglicher Unglücksfälle unser Herz zu ängstigen. Wenn nämlich diese ganz aus der Luft gegriffen, oder doch sehr weit hergeholt wären; so würden wir, beim Erwachen aus einem solchen Traume, gleich wissen, daß Alles nur Gaukelei gewesen, daher uns der bessern Wirklichkeit um so mehr freuen und allenfalls eine Warnung gegen ganz entfernte, wiewohl mögliche Unglücksfälle daraus entnehmen. Allein mit Dergleichen spielt unsere Phantasie nicht leicht: ganz müßigerweise baut sie höchstens heitere Luftschlösser. Der Stoff zu ihren finstern Träumen sind Unglücksfälle, die uns, wenn auch aus der Ferne, doch einigermaaßen wirklich bedrohen: diese vergrößert sie, bringt ihre Möglichkeit viel näher, als sie in Wahrheit ist, und malt sie auf das Fürchterlichste aus. Einen solchen Traum können wir, beim Erwachen, nicht sogleich abschütteln, wie den heitern: denn diesen widerlegt alsbald die Wirklichkeit und läßt höchstens eine schwache Hoffnung im Schooße der Möglichkeit übrig. Aber haben wir uns den schwarzen Phantasien *(blue devils)* überlassen; so haben sie uns Bilder nahe gebracht, die nicht so leicht wieder weichen: denn die Möglichkeit der Sache, im Allgemeinen, steht fest, und den Maaßstab des Grades derselben vermögen wir nicht jederzeit anzulegen: sie wird nun leicht zur Wahrscheinlichkeit, und wir haben uns der Angst in die Hände geliefert. Daher also sollen wir die Dinge, welche unser Wohl und Wehe betreffen, bloß mit dem Auge der Vernunft und der Urtheilskraft betrachten, folglich in trockener und kalter Ueber-

legung, mit bloßen Begriffen und *in abstracto* operiren. Die Phantasie soll dabei aus dem Spiele bleiben: denn urtheilen kann sie nicht; sondern bringt bloße Bilder vor die Augen, welche das Gemüth unnützer und oft sehr peinlicher Weise bewegen. Am strengsten sollte diese Regel Abends beobachtet werden. Denn wie die Dunkelheit uns furchtsam macht und uns überall Schreckensgestalten erblicken läßt, so wirkt, ihr analog, die Undeutlichkeit der Gedanken; weil jede Ungewißheit Unsicherheit gebiert: deshalb nehmen des Abends, wann die Abspannung Verstand und Urtheilskraft mit einer subjektiven Dunkelheit überzogen hat, der Intellekt müde und ϑορυβουμενος [verwirrt] ist und den Dingen nicht auf den Grund zu kommen vermag, die Gegenstände unserer Meditation, wenn sie unsere persönlichen Verhältnisse betreffen, leicht ein gefährliches Ansehn an und werden zu Schreckbildern. Am meisten ist dies der Fall Nachts, im Bette, als wo der Geist völlig abgespannt und daher die Urtheilskraft ihrem Geschäfte gar nicht mehr gewachsen, die Phantasie aber noch rege ist. Da giebt die Nacht Allem und Jedem ihren schwarzen Anstrich. Daher sind unsere Gedanken vor dem Einschlafen, oder gar beim nächtlichen Erwachen, meistens fast eben so arge Verzerrungen und Verkehrungen der Dinge, wie die Träume es sind, und dazu, wenn sie persönliche Angelegenheiten betreffen, gewöhnlich pechschwarz, ja, entsetzlich. Am Morgen sind dann alle solche Schreckbilder, so gut wie die Träume, verschwunden: dies bedeutet das Spanische Sprichwort: *noche tinta, blanco el dia* (die Nacht ist gefärbt, weiß ist der Tag). Aber auch schon Abends, sobald das Licht brennt, sieht der Verstand, wie das Auge, nicht so klar, wie bei Tage: daher diese Zeit nicht zur Meditation ernster, zumal unangenehmer Angelegenheiten geeignet ist. Hiezu ist der Morgen die rechte Zeit; wie er es überhaupt zu allen Leistungen, ohne Ausnahme, sowohl den geistigen, wie den körperlichen, ist. Denn der Morgen ist die Jugend des Tages: Alles ist heiter, frisch und leicht: wir fühlen uns kräftig und haben alle unsere Fähigkeiten zu völliger Disposition. Man soll ihn nicht durch spätes Aufstehn verkürzen, noch auch an unwürdige Beschäftigungen, oder Gespräche verschwenden, sondern ihn als die Quintessenz des Lebens betrachten und gewissermaaßen heilig halten. Hingegen ist der Abend das Alter des Tages: wir sind Abends matt, geschwätzig und leichtsinnig. Jeder Tag ist ein kleines Leben, zu welchem das Erwachen die Geburt ist und welches durch den Schlaf, als Tod, beschlossen wird. – So ist denn endlich auch das Einschlafen ein täglicher Tod und jedes Erwachen eine neue Geburt. Ja, um es ganz durchzuführen, könnte man die Unbequemlichkeit und Schwierigkeit des Aufstehns als die Geburtsschmerzen betrachten.

Ueberhaupt aber hat Gesundheitszustand, Schlaf, Nahrung, Temperatur, Wetter, Umgebung und noch viel anderes Aeußerliches auf unsere Stimmung, und diese auf unsere Gedanken, einen mächtigen Einfluß. Daher ist, wie unsere Ansicht einer Angelegenheit, so auch unsere Fähigkeit zu einer Leistung so sehr der Zeit und selbst dem Orte unterworfen. Darum also

> »Nehmt die ernste Stimmung wahr,
> Denn sie kommt so selten.«
>
> Goethe [»Generalbeichte«].

Nicht etwan bloß objektive Konceptionen und Originalgedanken muß man abwarten, ob und wann es ihnen zu kommen beliebt; sondern selbst die gründliche Ueberlegung einer persönlichen Angelegenheit gelingt nicht immer zu der Zeit, die man zum Voraus für sie bestimmt und wann man sich dazu zurechtgesetzt hat; sondern auch sie wählt sich ihre Zeit selbst; wo alsdann der ihr angemessene Gedankengang unaufgefordert rege wird und wir mit vollem Antheil ihn verfolgen.

Zur anempfohlenen Zügelung der Phantasie gehört auch noch, daß wir ihr nicht gestatten, ehemals erlittenes Unrecht, Schaden, Verlust, Beleidigungen, Zurücksetzungen, Kränkungen u. dgl. uns wieder zu vergegenwärtigen und auszumalen; weil wir dadurch den längst schlummernden Unwillen, Zorn und alle gehässigen Leidenschaften wieder aufregen, wodurch unser Gemüth verunreinigt wird. Denn, nach einem schönen, vom Neuplatoniker Proklos beigebrachten Gleichniß, ist, wie in jeder Stadt, neben den Edelen und Ausgezeichneten, auch der Pöbel jeder Art (οχλος) wohnt, so in jedem, auch dem edelsten und erhabensten Menschen das ganz Niedrige und Gemeine der menschlichen, ja thierischen Natur, der Anlage nach, vorhanden. Dieser Pöbel darf nicht zum Tumult aufgeregt werden, noch darf er aus den Fenstern schauen; da er sich häßlich ausnimmt: die bezeichneten Phantasiestücke sind aber die Demagogen desselben. Hieher gehört auch, daß die kleinste Widerwärtigkeit, sei sie von Menschen oder Dingen ausgegangen, durch fortgesetztes Brüten darüber und Ausmalen mit grellen Farben und nach vergrößertem Maaßstabe, zu einem Ungeheuer anschwellen kann, darüber man außer sich geräth. Alles Unangenehme soll man, vielmehr höchst prosaisch und nüchtern auffassen, damit man es möglichst leicht nehmen könne.

Wie kleine Gegenstände, dem Auge nahe gehalten, unser Gesichtsfeld beschränkend, die Welt verdecken, – so werden oft die Menschen und Dinge unserer nächsten Umgebung, so höchst unbedeutend und gleichgültig sie auch seien, unsere Aufmerksamkeit und Gedanken über die Gebühr beschäftigen, dazu noch oft auf unerfreuliche Weise, und wichtige Gedanken und Angelegenheiten verdrängen. Dem soll man entgegenarbeiten.

14) Beim Anblick dessen, was wir nicht besitzen, steigt gar leicht in uns der Gedanke auf: »wie, wenn Das mein wäre?« und er macht uns die Entbehrung fühlbar. Statt Dessen sollten wir öfter fragen: »wie, wenn Das nicht mein wäre?«, ich meine, wir sollten Das, was wir besitzen, bisweilen so anzusehn uns bemühen, wie es uns vorschweben würde, nachdem wir es verloren hätten; und zwar Jedes, was es auch sei: Eigenthum, Gesundheit, Freunde, Geliebte, Weib, Kind, Pferd und Hund: denn meistens belehrt erst der Verlust uns über den Werth der Dinge. Hingegen in Folge der anempfohlenen Betrachtungsweise derselben wird erstlich ihr Besitz uns unmittelbar mehr, als zuvor, beglücken, und zweitens werden wir auf alle Weise dem Verlust vorbeugen, also das Eigenthum nicht in Gefahr bringen, die Freunde nicht erzürnen, die Treue des Weibes nicht der Versuchung aussetzen, die Gesundheit der Kinder bewachen u. s. f. – Oft suchen wir die Trübe der Gegenwart aufzuhellen durch Spekulation auf günstige Möglichkeiten und ersinnen vielerlei chimärische Hoffnungen, von denen jede mit einer Enttäuschung schwanger ist, die nicht ausbleibt, wann jene an der harten Wirklichkeit zerschellt. Besser wäre es die vielen schlimmen Möglichkeiten zum Gegenstand unserer Spekulation zu machen, als welches theils Vorkehrungen zu ihrer Abwehr, theils angenehme Ueberraschungen, wenn sie sich nicht verwirklichen, veranlassen würde. Sind wir doch, nach etwan ausgestandener Angst, stets merklich heiter. Ja, es ist sogar gut, große Unglücks-

fälle, die uns möglicherweise treffen könnten, uns bisweilen zu vergegenwärtigen; um nämlich die uns nachher wirklich treffenden viel kleineren leichter zu ertragen, indem wir dann durch den Rückblick auf jene großen, nicht eingetroffenen, uns trösten. Ueber diese Regel ist jedoch die ihr vorhergegangene nicht zu vernachlässigen.

15) Weil die uns betreffenden Angelegenheiten und Begebenheiten ganz vereinzelt, ohne Ordnung und ohne Beziehung auf einander, im grellsten Kontrast und ohne irgend etwas Gemeinsames, als eben daß sie unsere Angelegenheiten sind, auftreten und durcheinanderlaufen; so muß unser Denken und Sorgen um sie eben so abrupt seyn, damit es ihnen entspreche. – Sonach müssen wir, wenn wir Eines vornehmen, von allem Andern abstrahiren und uns der Sache entschlagen, um Jedes zu seiner Zeit zu besorgen, zu genießen, zu erdulden, ganz unbekümmert um das Uebrige: wir müssen also gleichsam Schiebfächer unserer Gedanken haben, von denen wir eines öffnen, derweilen alle andern geschlossen bleiben. Dadurch erlangen wir, daß nicht eine schwer lastende Sorge jeden kleinen Genuß der Gegenwart verkümmere und uns alle Ruhe raube; daß nicht eine Ueberlegung die andere verdränge; daß nicht die Sorge für eine wichtige Angelegenheit die Vernachlässigung vieler geringen herbeiführe u. s. f. Zumal aber soll wer hoher und edeler Betrachtungen fähig ist seinen Geist durch persönliche Angelegenheiten und niedrige Sorgen nie so ganz einnehmen und erfüllen lassen, daß sie jenen den Zugang versperren: denn das wäre recht eigentlich *propter vitam vivendi perdere causas* [Um des Lebens willen des Lebens Ziel verfehlen: Juvenal, *sat.*, 8, 84]. – Freilich ist zu dieser Lenkung und Ablenkung unserer selbst, wie zu so viel Anderm, Selbstzwang erfordert: zu diesem aber sollte uns die Ueberlegung stärken, daß jeder Mensch gar vielen und großen Zwang von außen zu erdulden hat, ohne welchen es in keinem Leben abgeht; daß jedoch ein kleiner, an der rechten Stelle angebrachter Selbstzwang nachmals vielem Zwange von außen vorbeugt; wie ein kleiner Abschnitt des Kreises zunächst dem Centro einem oft hundert Mal größern an der Peripherie entspricht. Durch nichts entziehn wir uns so sehr dem Zwange von außen, wie durch Selbstzwang: das besagt Seneka's Ausspruch: *si tibi vis omnia subjicere, te subjice rationi* [Willst du dir alles unterwerfen, so unterwirf du dich der Vernunft] *(ep. 37)*. Auch haben

wir den Selbstzwang noch immer in der Gewalt, und können, im äußersten Fall, oder wo er unsere empfindlichste Stelle trifft, etwas nachlassen: hingegen der Zwang von außen ist ohne Rücksicht, ohne Schonung und unbarmherzig. Daher ist es weise, diesem durch jenen zuvorzukommen.

16) Unsern Wünschen ein Ziel stecken, unsere Begierden im Zaume halten, unsern Zorn bändigen, stets eingedenk, daß dem Einzelnen nur ein unendlich kleiner Theil alles Wünschenswerthen erreichbar ist, hingegen viele Uebel Jeden treffen müssen, also mit einem Worte απεχειν και ανεχειν, *abstinere et sustinere* [entsagen und ertragen: Epiktet] – ist eine Regel, ohne deren Beobachtung weder Reichthum, noch Macht verhindern können, daß wir uns armsälig fühlen. Dahin zielt Horaz:

Inter cuncta leges, et percontabere doctos
Qua ratione queas traducere leniter aevum;
Ne te semper inops agitet vexetque cupido,
Ne pavor, et rerum mediocriter utilium spes.

[Bei allem Tun und Treiben lies und befrage die Weisen,
Wie du leichten Sinns hinbringen mögest das Leben,
Daß die Begierde dich nicht, die ewig bedürftige, quäle,
Noch auch Furcht, noch Hoffnung auf wenig nützliche Dinge.
Epistulae, I, 18, 95–99.]

17) Ὁ βιος εν τη κινησει εστι *(vita motu constat)* [Das Leben besteht in der Bewegung; S. 355] sagt Aristoteles, mit offenbarem Recht: und wie demnach unser physisches Leben nur in und durch eine unaufhörliche Bewegung besteht; so verlangt auch unser inneres, geistiges Leben fortwährend Beschäftigung, Beschäftigung mit irgend etwas, durch Thun oder Denken: einen Beweis hievon giebt schon das Trommeln mit den Händen oder irgend einem Geräth, zu welchem unbeschäftigte und gedankenlose Menschen sogleich greifen. Unser Daseyn nämlich ist ein wesentlich rastloses: daher wird die gänzliche Unthätigkeit uns bald unerträglich, indem sie die entsetzlichste Langeweile herbeiführt. Diesen Trieb nun soll man regeln, um ihn methodisch und dadurch besser zu befriedigen. Daher also ist Thätigkeit, etwas treiben, wo möglich, etwas machen, wenigstens aber etwas lernen, – zum Glücke des Menschen unerläßlich: seine Kräfte ver-

langen nach ihrem Gebrauch und er möchte den Erfolg desselben irgendwie wahrnehmen. Die größte Befriedigung jedoch, in dieser Hinsicht, gewährt es etwas zu m a c h e n , zu verfertigen, sei es ein Korb, sei es ein Buch; aber daß man ein Werk unter seinen Händen täglich wachsen und endlich seine Vollendung erreichen sehe, beglückt unmittelbar. Dies leistet ein Kunstwerk, eine Schrift, ja selbst eine bloße Handarbeit: freilich, je edlerer Art das Werk, desto höher der Genuß. Am glücklichsten sind, in diesem Betracht, die Hochbegabten, welche sich der Fähigkeit zur Hervorbringung bedeutsamer, großer und zusammenhängender Werke bewußt sind. Denn dadurch verbreitet ein Interesse höherer Art sich über ihr ganzes Daseyn und ertheilt ihm eine Würze, welche dem der Uebrigen abgeht, welches demnach, mit jenem verglichen, gar schaal ist. Für sie nämlich hat das Leben und die Welt, neben dem Allen gemeinsamen, materiellen, noch ein zweites und höheres, ein formelles Interesse, indem es den Stoff zu ihren Werken enthält, mit dessen Einsammlung sie, ihr Leben hindurch, emsig beschäftigt sind, sobald nur die persönliche Noth sie irgend athmen läßt. Auch ist ihr Intellekt gewissermaaßen ein doppelter: theils einer für die gewöhnlichen Beziehungen (Angelegenheiten des Willens), gleich dem aller Andern; theils einer für die rein objektive Auffassung der Dinge. So leben sie zwiefach, sind Zuschauer und Schauspieler zugleich, während die Uebrigen letzteres allein sind. – Inzwischen treibe Jeder etwas, nach Maaßgabe seiner Fähigkeiten. Denn wie nachtheilig der Mangel an planmäßiger Thätigkeit, an irgend einer Arbeit, auf uns wirke, merkt man auf langen Vergnügungsreisen, als wo man, dann und wann, sich recht unglücklich fühlt; weil man, ohne eigentliche Beschäftigung, gleichsam aus seinem natürlichen Elemente gerissen ist. Sich zu mühen und mit dem Widerstande zu kämpfen ist dem Menschen Bedürfniß, wie dem Maulwurf das Graben. Der Stillstand, den die Allgenugsamkeit eines bleibenden Genusses herbeiführte, wäre ihm unerträglich. Hindernisse überwinden ist der Vollgenuß seines Daseyns; sie mögen materieller Art seyn, wie beim Handeln und Treiben, oder geistiger Art, wie beim Lernen und Forschen: der Kampf mit ihnen und der Sieg beglückt. Fehlt ihm die Gelegenheit dazu, so macht er sie sich, wie er kann: je nachdem seine Individualität es mit sich bringt, wird er jagen, oder Bilboquet [Fangbecherspiel] spielen, oder, vom unbewußten Zuge seiner

Natur geleitet, Händel suchen, oder Intriguen anspinnen, oder sich auf Betrügereien und allerlei Schlechtigkeiten einlassen, um nur dem ihm unerträglichen Zustande der Ruhe ein Ende zu machen. *Difficilis in otio quies* [Vgl. S. 373 und 455].

18) Zum Leitstern seiner Betrachtungen soll man nicht Bilder der Phantasie nehmen, sondern deutlich gedachte Begriffe. Meistens aber geschieht das Umgekehrte. Man wird nämlich, bei genauerer Untersuchung, finden, daß was bei unsern Entschließungen, in letzter Instanz, den Ausschlag giebt, meistens nicht die Begriffe und Urtheile sind, sondern ein Phantasiebild, welches die eine der Alternativen repräsentirt und vertritt. Ich weiß nicht mehr, in welchem Romane von Voltaire, oder Diderot, dem Helden, als er ein Jüngling und Herkules am Scheidewege war, die Tugend sich stets darstellte in Gestalt seines alten Hofmeisters, in der Linken die Tabaksdose, in der rechten eine Prise haltend und so moralisirend; das Laster hingegen in Gestalt der Kammerjungfer seiner Mutter. – Besonders in der Jugend fixirt sich das Ziel unsers Glückes in Gestalt einiger Bilder, die uns vorschweben und oft das halbe, ja das ganze Leben hindurch verharren. Sie sind eigentlich neckende Gespenster: denn, haben wir sie erreicht; so zerrinnen sie in nichts, indem wir die Erfahrung machen, daß sie gar nichts, von dem was sie verhießen, leisten. Dieser Art sind einzelne Scenen des häuslichen, bürgerlichen, gesellschaftlichen, ländlichen Lebens, Bilder der Wohnung, Umgebung, der Ehrenzeichen, Respektsbezeugungen u. s. w. u. s. w. *chaque fou a sa marotte* [Jeder Narr hat seine Kappe]: auch das Bild der Geliebten gehört oft dahin. Daß es uns so ergehe ist wohl natürlich: denn das Anschauliche wirkt, weil es das Unmittelbare ist, auch unmittelbarer auf unsern Willen, als der Begriff, der abstrakte Gedanke, der bloß das Allgemeine giebt, ohne das Einzelne, welches doch gerade die Realität enthält: er kann daher nur mittelbar auf unsern Willen wirken. Und doch ist es nur der Begriff, der Wort hält: daher ist es Bildung, nur ihm zu trauen. Freilich wird er wohl mitunter der Erläuterung und Paraphrase durch einige Bilder bedürfen: nur *cum grano salis* [mit der nötigen Einschränkung].

19) Die vorhergegangene Regel läßt sich der allgemeineren subsumiren, daß man überall Herr werden soll über den Eindruck des Gegenwärtigen und Anschaulichen überhaupt. Dieser ist gegen das bloß Gedachte und Gewußte unverhältnißmäßig

stark, nicht vermöge seiner Materie und Gehalt, die oft sehr gering sind; sondern vermöge seiner Form, der Anschaulichkeit und Unmittelbarkeit, als welche auf das Gemüth eindringt und dessen Ruhe stört, oder seine Vorsätze erschüttert. Denn das Vorhandene, das Anschauliche, wirkt, als leicht übersehbar, stets mit seiner ganzen Gewalt auf ein Mal: hingegen Gedanken und Gründe verlangen Zeit und Ruhe, um stückweise durchdacht zu werden; daher man sie nicht jeden Augenblick ganz gegenwärtig haben kann. Demzufolge reizt das Angenehme, welchem wir, in Folge der Ueberlegung, entsagt haben, uns doch bei seinem Anblick: eben so kränkt uns ein Urtheil, dessen gänzliche Inkompetenz wir kennen; erzürnt uns eine Beleidigung, deren Verächtlichkeit wir einsehn; eben so werden zehn Gründe gegen das Vorhandenseyn einer Gefahr überwogen vom falschen Schein ihrer wirklichen Gegenwart, u. s. f. In allem Diesen macht sich die ursprüngliche Unvernünftigkeit unsers Wesens geltend. Auch werden einem derartigen Eindruck die Weiber oft erliegen, und wenige Männer haben ein solches Uebergewicht der Vernunft, daß sie von dessen Wirkungen nicht zu leiden hätten. Wo wir nun denselben nicht ganz überwältigen können, mittelst bloßer Gedanken, da ist das Beste einen Eindruck durch den entgegengesetzten zu neutralisiren, z. B. den Eindruck einer Beleidigung durch Aufsuchen Derer, die uns hochschätzen; den Eindruck einer drohenden Gefahr durch wirkliches Betrachten des ihr Entgegenwirkenden. Konnte doch jener Italiäner, von dem Leibnitz (in den *nouveaux essais, Liv. I, c. 2, § 11*) erzählt, sogar den Schmerzen der Folter dadurch widerstehn, daß er, während derselben, wie er sich vorgesetzt, das Bild des Galgens, an welchen sein Geständniß ihn gebracht haben würde, nicht einen Augenblick aus der Phantasie entweichen ließ; weshalb er von Zeit zu Zeit *io ti vedo* [ich sehe dich] rief; welche Worte er später dahin erklärt hat. – Eben aus dem hier betrachteten Grunde ist es ein schweres Ding, wenn Alle, die uns umgeben, anderer Meinung sind, als wir, und danach sich benehmen, selbst wenn wir von ihrem Irrthum überzeugt sind, nicht durch sie wankend gemacht zu werden. Einem flüchtigen, verfolgten, ernstlich *incognito* reisenden Könige muß das unter vier Augen beobachtete Unterwürfigkeitsceremoniell seines vertrauten Begleiters eine fast nothwendige Herzensstärkung seyn, damit er nicht am Ende sich selbst bezweifle.

20) Nachdem ich schon im zweiten Kapitel den hohen Werth der Gesundheit, als welche für unser Glück das Erste und Wichtigste ist, hervorgehoben habe, will ich hier ein Paar ganz allgemeiner Verhaltungsregeln zu ihrer Befestigung und Bewahrung angeben.

Man härte sich dadurch ab, daß man dem Körper, sowohl im Ganzen, wie in jedem Theile, so lange man gesund ist, recht viel Anstrengung und Beschwerde auflege und sich gewöhne, widrigen Einflüssen jeder Art zu widerstehn. Sobald hingegen ein krankhafter Zustand, sei es des Ganzen, oder eines Theiles, sich kund giebt, ist sogleich das entgegengesetzte Verfahren zu ergreifen und der kranke Leib, oder Theil desselben, auf alle Weise zu schonen und zu pflegen: denn das Leidende und Geschwächte ist keiner Abhärtung fähig.

Der Muskel wird durch starken Gebrauch gestärkt; der Nerv hingegen dadurch geschwächt. Also übe man seine Muskeln durch jede angemessene Anstrengung, hüte hingegen die Nerven vor jeder; also die Augen vor zu hellem, besonders reflektirtem Lichte, vor jeder Anstrengung in der Dämmerung, wie auch vor anhaltendem Betrachten zu kleiner Gegenstände; eben so die Ohren vor zu starkem Geräusch; vorzüglich aber das Gehirn vor gezwungener, zu anhaltender, oder unzeitiger Anstrengung: demnach lasse man es ruhen, während der Verdauung; weil dann eben die selbe Lebenskraft, welche im Gehirn Gedanken bildet, im Magen und den Eingeweiden angestrengt arbeitet, Chymus und Chylus [Speisebrei und Darmlymphe] zu bereiten; ebenfalls während, oder auch nach, bedeutender Muskelanstrengung. Denn, es verhält sich mit den motorischen, wie mit den sensibeln Nerven, und wie der Schmerz, den wir in verletzten Gliedern empfinden, seinen wahren Sitz im Gehirn hat; so sind es auch eigentlich nicht die Beine und Arme, welche gehn und arbeiten, sondern das Gehirn; nämlich der Theil desselben, welcher, mittelst des verlängerten und des Rücken-Marks, die Nerven jener Glieder erregt und dadurch diese in Bewegung setzt. Demgemäß hat auch die Ermüdung, welche wir in den Beinen oder Armen fühlen, ihren wahren Sitz im Gehirn; weshalb eben bloß die Muskeln ermüden, deren Bewegung willkürlich, d. h. vom Gehirn ausgeht, hingegen nicht die ohne Willkür arbeitenden, wie das Herz. Offenbar also wird das Gehirn beeinträchtigt, wenn man ihm starke Muskelthätigkeit und geistige

Anspannung zugleich, oder auch nur dicht hinter einander abzwingt. Hiemit streitet es nicht, daß man im Anfang eines Spaziergangs, oder überhaupt auf kurzen Gängen, oft erhöhte Geistesthätigkeit spürt: denn da ist noch keine Ermüdung besagter Gehirntheile eingetreten, und andererseits befördert eine solche leichte Muskelthätigkeit und die durch sie vermehrte Respiration das Aufsteigen des arteriellen, nunmehr auch besser oxydirten Blutes zum Gehirn. – Besonders aber gebe man dem Gehirn das zu seiner Refektion [Erholung] nöthige, volle Maaß des Schlafes; denn der Schlaf ist für den ganzen Menschen was das Aufziehn für die Uhr. (Vergl. Welt als Wille und Vorstellung II, 217 [Bd. III uns. Ausg., S. 249].) Dieses Maaß wird um so größer seyn, je entwickelter und thätiger das Gehirn ist; es jedoch zu überschreiten wäre bloßer Zeitverlust, weil dann der Schlaf an Intension verliert was er an Extension gewinnt. [Vergl. Welt als Wille und Vorstellung II, 247. [Bd. III uns. Ausg., S. 284].]† Ueberhaupt begreife man wohl, daß unser Denken nichts Anderes ist, als die organische Funktion des Gehirns, und sonach jeder andern organischen Thätigkeit, in Hinsicht auf Anstrengung und Ruhe, sich analog verhält. Wie übermäßige Anstrengung die Augen verdirbt, eben so das Gehirn. Mit Recht ist gesagt worden: das Gehirn denkt, wie der Magen verdaut. Der Wahn von einer immateriellen, einfachen, wesentlich und immer denkenden, folglich unermüdlichen Seele, die da im Gehirn bloß logirte, und nichts auf der Welt bedürfte, hat gewiß Manchen zu unsinnigem Verfahren und Abstumpfung seiner Geisteskräfte verleitet; wie denn z. B. Friedrich der Große ein Mal versucht hat, sich das Schlafen ganz abzugewöhnen. Die Philosophieprofessoren würden wohl thun, einen solchen, sogar praktisch verderblichen Wahn nicht durch ihre katechismusgerechtseynwollende Rocken-Philosophie zu befördern. – Man soll sich gewöhnen, seine Geisteskräfte durchaus als physiologische Funktionen zu betrachten, um danach sie zu behandeln, zu scho-

† Der Schlaf ist ein Stück Tod, welches wir *anticipando* [vorwegnehmend] borgen und dafür das durch einen Tag erschöpfte Leben wieder erhalten und erneuern. *Le sommeil est un emprunt fait à la mort* [Der Schlaf ist eine Anleihe beim Tod]. Der Schlaf borgt vom Tode zur Aufrechterhaltung des Lebens. Oder: er ist der einstweilige Zins des Todes, welcher selbst die Kapitalabzahlung ist. Diese wird um so später eingefordert, je reichlichere Zinsen und je regelmäßiger sie gezahlt werden.

nen, anzustrengen u. s. w., und zu bedenken, daß jedes körperliche Leiden, Beschwerde, Unordnung, in welchem Theil es auch sei, den Geist afficirt. Am besten befähigt hiezu Cabanis, *des Rapports du physique et du moral de l'homme.*

Die Vernachlässigung des hier gegebenen Raths ist die Ursache, aus welcher manche große Geister, wie auch große Gelehrte, im Alter schwachsinnig, kindisch und selbst wahnsinnig geworden sind. Daß z. B. die gefeierten Englischen Dichter dieses Jahrhunderts, wie Walter Scott, Wordsworth, Southey u. a. m. im Alter, ja, schon in den sechziger Jahren, geistig stumpf und unfähig geworden, ja, zur Imbecillität [Schwachsinn] herabgesunken sind, ist ohne Zweifel daraus zu erklären, daß sie sämmtlich, vom hohen Honorar verlockt, die Schriftstellerei als Gewerbe getrieben, also des Geldes wegen geschrieben haben. Dies verführt zu widernatürlicher Anstrengung, und wer seinen Pegasus ins Joch spannt und seine Muse mit der Peitsche antreibt, wird es auf analoge Weise büßen, wie Der, welcher der Venus Zwangsdienste geleistet hat. Ich argwöhne, daß auch Kant, in seinen späten Jahren, nachdem er endlich berühmt geworden war, sich überarbeitet und dadurch die zweite Kindheit seiner vier letzten Jahre veranlaßt hat. Dagegen sind die Herren des Weimarischen Hofes, Goethe, Wieland, Knebel bis ins hohe und höchste Alter geisteskräftig und geistesthätig geblieben, weil sie keine Lohnschreiber waren: eben so Voltaire.

Jeder Monat des Jahres hat einen eigenthümlichen und unmittelbaren, d. h. vom Wetter unabhängigen, Einfluß auf unsere Gesundheit, unsere körperlichen Zustände überhaupt, ja, auch auf die geistigen.

C. Unser Verhalten gegen Andere betreffend.

21) Um durch die Welt zu kommen, ist es zweckmäßig, einen großen Vorrath von Vorsicht und Nachsicht mitzunehmen: durch erstere wird man vor Schaden und Verlust, durch letztere vor Streit und Händeln geschützt.

Wer unter Menschen zu leben hat, darf keine Individualität, sofern sie doch ein Mal von der Natur gesetzt und gegeben ist, unbedingt verwerfen; auch nicht die schlechteste, erbärmlichste, oder lächerlichste. Er hat sie vielmehr zu nehmen, als ein Unabänderliches, welches, in Folge eines ewigen und metaphysischen Princips, so seyn muß, wie es ist, und in den argen Fällen soll er denken: »es muß auch solche Käutze geben.« Hält er es anders; so thut er Unrecht und fordert den Andern heraus, zum Kriege auf Tod und Leben. Denn seine eigentliche Individualität, d. h. seinen moralischen Charakter, seine Erkenntnißkräfte, sein Temperament, seine Physiognomie u. s. w. kann Keiner ändern. Verdammen wir nun sein Wesen ganz und gar; so bleibt ihm nichts übrig, als in uns einen Todfeind zu bekämpfen: denn wir wollen ihm das Recht zu existiren nur unter der Bedingung zugestehn, daß er ein Anderer werde, als er unabänderlich ist. Darum also müssen wir, um unter Menschen leben zu können, Jeden, mit seiner gegebenen Individualität, wie immer sie auch ausgefallen seyn mag, bestehn und gelten lassen, und dürfen bloß darauf bedacht seyn, sie so, wie ihre Art und Beschaffenheit es zuläßt, zu benutzen; aber weder auf ihre Aenderung hoffen, noch sie, so wie sie ist, schlechthin verdammen. Dies ist der wahre Sinn des Spruches: »leben und leben lassen.« Die Aufgabe ist indessen nicht so leicht, wie sie gerecht ist; und glücklich ist zu schätzen, wer gar manche Individualitäten auf immer meiden darf. – Inzwischen übe man, um Menschen ertragen zu lernen, seine Geduld an leblosen Gegenständen, welche, vermöge mechanischer, oder sonst physischer Nothwendigkeit, unserm Thun sich hartnäckig widersetzen; wozu täglich Gelegenheit ist. Die dadurch erlangte Geduld lernt man nachher auf Menschen übertragen, indem man sich gewöhnt, zu denken, daß auch sie, wo immer sie uns hinderlich sind, Dies vermöge einer eben so strengen, aus ihrer Natur hervorgehenden Nothwendigkeit seyn müssen, wie Die, mit welcher die leblosen Dinge wirken; daher es eben so thöricht ist, über ihr Thun sich zu entrüsten, wie über einen Stein, der uns in den Weg rollt. Bei Manchem ist es am klügsten zu denken: »ändern werde ich ihn nicht; also will ich ihn benutzen«.

22) Es ist zum Erstaunen, wie leicht und schnell Homogeneität, oder Heterogeneität des Geistes und Gemüths zwischen Menschen sich im Gespräche kund giebt: an jeder Kleinigkeit wird sie fühlbar. Betreffe das Gespräch auch die fremdartigsten, gleichgültigsten Dinge; so wird, zwischen wesentlich Heterogenen, fast jeder Satz des Einen dem Andern mehr oder minder

mißfallen, mancher gar ihm ärgerlich seyn. Homogene hingegen fühlen sogleich und in Allem eine gewisse Uebereinstimmung, die, bei großer Homogeneität, bald zur vollkommenen Harmonie, ja, zum Unisono [Gleichklang] zusammenfließt. Hieraus erklärt sich zuvörderst, warum die ganz Gewöhnlichen so gesellig sind und überall so leicht recht gute Gesellschaft finden, – so rechte, liebe, wackere Leute. Bei den Ungewöhnlichen fällt es umgekehrt aus, und desto mehr, je ausgezeichneter sie sind; so daß sie, in ihrer Abgesondertheit, zu Zeiten, sich ordentlich freuen können, in einem Andern nur irgend eine ihnen selbst homogene Fiber herausgefunden zu haben, und wäre sie noch so klein! Denn Jeder kann dem Andern nur so viel seyn, wie dieser ihm ist. Die eigentlich großen Geister horsten, wie die Adler, in der Höhe, allein. – Zweitens aber wird hieraus verständlich, wie die Gleichgesinnten sich so schnell zusammenfinden, gleich als ob sie magnetisch zu einander gezogen würden: – verwandte Seelen grüßen sich von ferne. Am häufigsten freilich wird man Dies an niedrig Gesinnten, oder schlecht Begabten, zu beobachten Gelegenheit haben; aber nur weil diese legionenweise existiren, die bessern und vorzüglichen Naturen hingegen die seltenen sind und heißen. Demnach nun werden z. B. in einer großen, auf praktische Zwecke gerichteten Gemeinschaft zwei rechte Schurken sich so schnell erkennen, als trügen sie ein Feldzeichen, und werden alsbald zusammentreten, um Mißbrauch, oder Verrath zu schmieden. Desgleichen, wenn man sich, *per impossibile* [was zwar unmöglich ist], eine große Gesellschaft von lauter sehr verständigen und geistreichen Leuten denkt, bis auf zwei Dummköpfe, die auch dabei wären; so werden diese sich sympathetisch zu einander gezogen fühlen und bald wird jeder von beiden sich in seinem Herzen freuen, doch wenigstens Einen vernünftigen Mann angetroffen zu haben. Wirklich merkwürdig ist es, Zeuge davon zu seyn, wie Zwei, besonders von den moralisch und intellektuell Zurückstehenden, beim ersten Anblick einander erkennen, sich eifrig einander zu nähern streben, freundlich und freudig sich begrüßend, einander entgegen eilen, als wären sie alte Bekannte; – so auffallend ist es, daß man versucht wird, der Buddhaistischen Metempsychosenlehre gemäß, anzunehmen, sie wären schon in einem frühern Leben befreundet gewesen.

Was jedoch, selbst bei vieler Uebereinstimmung, Menschen

auseinanderhält, auch wohl vorübergehende Disharmonie zwischen ihnen erzeugt, ist die Verschiedenheit der gegenwärtigen Stimmung, als welche fast immer für Jeden eine andere ist, nach Maaßgabe seiner gegenwärtigen Lage, Beschäftigung, Umgebung, körperlichen Zustandes, augenblicklichen Gedankenganges u. s. w. Daraus entstehn zwischen den harmonirendesten Persönlichkeiten Dissonanzen. Die zur Aufhebung dieser Störung erforderliche Korrektion stets vornehmen und eine gleichschwebende Temperatur einführen zu können, wäre eine Leistung der höchsten Bildung. Wie viel die Gleichheit der Stimmung für die gesellige Gemeinschaft leiste, läßt sich daran ermessen, daß sogar eine zahlreiche Gesellschaft zu lebhafter gegenseitiger Mittheilung und aufrichtiger Theilnahme, unter allgemeinem Behagen, erregt wird, sobald irgend etwas Objektives, sei es eine Gefahr, oder eine Hoffnung, oder eine Nachricht, oder ein seltener Anblick, ein Schauspiel, eine Musik, oder was sonst, auf Alle zugleich und gleichartig einwirkt: denn Dergleichen, indem es alle Privatinteressen überwältigt, erzeugt universelle Einheit der Stimmung. In Ermangelung einer solchen objektiven Einwirkung wird in der Regel eine subjektive ergriffen, und sind demnach die Flaschen das gewöhnliche Mittel, eine gemeinschaftliche Stimmung in die Gesellschaft zu bringen. Sogar Thee und Kaffee dienen dieser Absicht.

Eben aber aus jener Disharmonie, welche die Verschiedenheit der momentanen Stimmung so leicht in alle Gemeinschaft bringt, ist es zum Theil erklärlich, daß in der von dieser und allen ähnlichen, störenden, wenn auch vorübergehenden, Einflüssen befreiten Erinnerung sich Jeder idealisirt, ja, bisweilen fast verklärt darstellt. Die Erinnerung wirkt, wie das Sammlungsglas in der Kamera obskura: sie zieht Alles zusammen und bringt dadurch ein viel schöneres Bild hervor, als sein Original ist. Den Vortheil, so gesehn zu werden, erlangen wir zum Theil schon durch jede Abwesenheit. Denn obgleich die idealisirende Erinnerung, bis zur Vollendung ihres Werkes, geraumer Zeit bedarf; so wird der Anfang desselben doch sogleich gemacht. Dieserwegen ist es sogar klug, sich seinen Bekannten und guten Freunden nur nach bedeutenden Zwischenräumen zu zeigen; indem man alsdann, beim Wiedersehn, merken wird, daß die Erinnerung schon bei der Arbeit gewesen ist.

23) Keiner kann über sich sehn. Hiemit will ich sagen:

Jeder sieht am Andern nur so viel, als er selbst auch ist: denn er kann ihn nur nach Maaßgabe seiner eigenen Intelligenz fassen und verstehn. Ist nun diese von der niedrigsten Art; so werden alle Geistesgaben, auch die größten, ihre Wirkung auf ihn verfehlen und er an dem Besitzer derselben nichts wahrnehmen, als bloß das Niedrigste in dessen Individualität, also nur dessen sämmtliche Schwächen, Temperaments- und Charakterfehler. Daraus wird er für ihn zusammengesetzt seyn. Die höheren geistigen Fähigkeiten desselben sind für ihn so wenig vorhanden, wie die Farbe für den Blinden. Denn alle Geister sind Dem unsichtbar, der keinen hat: und jede Werthschätzung ist ein Produkt aus dem Werthe des Geschätzten mit der Erkenntnißsphäre des Schätzers. Hieraus folgt, daß man sich mit Jedem, mit dem man spricht, nivellirt, indem Alles, was man vor ihm voraushaben kann, verschwindet und sogar die dazu erforderte Selbstverleugnung völlig unerkannt bleibt. Erwägt man nun, wie durchaus niedrig gesinnt und niedrig begabt, also wie durchaus gemein die meisten Menschen sind; so wird man einsehn, daß es nicht möglich ist, mit ihnen zu reden, ohne, auf solche Zeit, (nach Analogie der elektrischen Vertheilung) selbst gemein zu werden, und dann wird man den eigentlichen Sinn und das Treffende des Ausdrucks »sich gemein machen« gründlich verstehn, jedoch auch gern jede Gesellschaft meiden, mit welcher man nur mittelst der *partie honteuse* [niederen Teils] seiner Natur kommuniciren kann. Auch wird man einsehn, daß, Dummköpfen und Narren gegenüber, es nur einen Weg giebt, seinen Verstand an den Tag zu legen, und der ist, daß man mit ihnen nicht redet. Aber freilich wird alsdann in der Gesellschaft Manchem bisweilen zu Muthe seyn, wie einem Tänzer, der auf einen Ball gekommen wäre, wo er lauter Lahme anträfe: mit wem soll er tanzen?

24) Der Mensch gewinnt meine Hochachtung, als ein unter hundert Auserlesener, welcher, wann er auf irgend etwas zu warten hat, also unbeschäftigt dasitzt, nicht sofort mit Dem, was ihm gerade in die Hände kommt, etwan seinem Stock, oder Messer und Gabel, oder was sonst, taktmäßig hämmert, oder klappert. Wahrscheinlich denkt er an etwas. Vielen Leuten hingegen sieht man an, daß bei ihnen das Sehn die Stelle des Denkens ganz eingenommen hat: sie suchen sich durch Klappern ihrer Existenz bewußt zu werden; wenn nämlich kein Cigarro

bei der Hand ist, der eben diesem Zwecke dient. Aus dem selben Grunde sind sie auch beständig ganz Auge und Ohr für Alles, was um sie vorgeht.

25) Rochefoucauld hat treffend bemerkt, daß es schwer ist, Jemanden zugleich hoch zu verehren und sehr zu lieben. Demnach hätten wir die Wahl, ob wir uns um die Liebe, oder um die Verehrung der Menschen bewerben wollen. Ihre Liebe ist stets eigennützig, wenn auch auf höchst verschiedene Weise. Zudem ist Das, wodurch man sie erwirbt, nicht immer geeignet, uns darauf stolz zu machen. Hauptsächlich wird Einer in dem Maaße beliebt seyn, als er seine Ansprüche an Geist und Herz der Andern niedrig stellt, und zwar im Ernst und ohne Verstellung, auch nicht bloß aus derjenigen Nachsicht, die in der Verachtung wurzelt. Ruft man sich nun hiebei den sehr wahren Ausspruch des Helvetius zurück: *le degré d'esprit nécessaire pour nous plaire, est une mesure assez exacte du degré d'esprit que nous avons* [Das Maß von Geist, das erforderlich ist, um uns zu gefallen, ist ein ziemlich genauer Gradmesser unseres eigenen Geistes; *De l'esprit*, 2, 10]; – so folgt aus diesen Prämissen die Konklusion. – Hingegen mit der Verehrung der Menschen steht es umgekehrt: sie wird ihnen nur wider ihren Willen abgezwungen, auch, eben deshalb, meistens verhehlt. Daher giebt sie uns, im Innern, eine viel größere Befriedigung: sie hängt mit unserm Werthe zusammen; welches von der Liebe der Menschen nicht unmittelbar gilt: denn diese ist subjektiv, die Verehrung objektiv. Nützlich ist uns die Liebe freilich mehr.

26) Die meisten Menschen sind so subjektiv, daß im Grunde nichts Interesse für sie hat, als ganz allein sie selbst. Daher kommt es, daß sie bei Allem, was gesagt wird, sogleich an sich denken und jede zufällige, noch so entfernte Beziehung auf irgend etwas ihnen Persönliches ihre ganze Aufmerksamkeit an sich reißt und in Besitz nimmt; so daß sie für den objektiven Gegenstand der Rede keine Fassungskraft übrig behalten; wie auch, daß keine Gründe etwas bei ihnen gelten, sobald ihr Interesse oder ihre Eitelkeit denselben entgegen steht. Daher sind sie so leicht zerstreut, so leicht verletzt, beleidigt oder gekränkt, daß man, von was es auch sei, objektiv mit ihnen redend, nicht genug sich in Acht nehmen kann, vor irgend welchen möglichen, vielleicht nachtheiligen Beziehungen des Gesagten zu dem werthen und zarten Selbst, das man da vor sich hat: denn ganz allein an

diesem ist ihnen gelegen, sonst an nichts, und während sie für das Wahre und Treffende, oder Schöne, Feine, Witzige der fremden Rede ohne Sinn und Gefühl sind, haben sie die zarteste Empfindlichkeit gegen Jedes, was auch nur auf die entfernteste und indirekteste Weise ihre kleinliche Eitelkeit verletzen, oder irgendwie nachtheilig auf ihr höchst pretioses Selbst reflektiren könnte; so daß sie in ihrer Verletzbarkeit den kleinen Hunden gleichen, denen man, ohne sich dessen zu versehn, so leicht auf die Pfoten tritt und nun das Gequieke anzuhören hat; oder auch einem mit Wunden und Beulen bedeckten Kranken verglichen werden können, bei dem man auf das Behutsamste jede mögliche Berührung zu vermeiden hat. Bei Manchen geht nun aber die Sache so weit, daß sie Geist und Verstand, im Gespräch mit ihnen an den Tag gelegt, oder doch nicht genugsam versteckt, geradezu als eine Beleidigung empfinden, wenn gleich sie solche vor der Hand noch verhehlen; wonach dann aber nachher der Unerfahrene vergeblich darüber nachsinnt und grübelt, wodurch in aller Welt er sich ihren Groll und Haß zugezogen haben könne. Vermöge der selben Subjektivität sind sie denn auch so leicht geschmeichelt und gewonnen. Daher ist ihr Urtheil meistens bestochen und bloß ein Ausspruch zu Gunsten ihrer Partei, oder Klasse; nicht aber ein objektives und gerechtes. Dies alles beruht darauf, daß in ihnen der Wille bei Weitem die Erkenntniß überwiegt und ihr geringer Intellekt ganz im Dienste des Willens steht, von welchem er auch nicht auf einen Augenblick sich losmachen kann.

Einen großartigen Beweis von der erbärmlichen Subjektivität der Menschen, in Folge welcher sie Alles auf sich beziehn und von jedem Gedanken sogleich in gerader Linie auf sich zurückgehn, liefert die Astrologie, welche den Gang der großen Weltkörper auf das armsälige Ich bezieht, wie auch die Kometen am Himmel in Verbindung bringt mit den irdischen Händeln und Lumpereien. Dies aber ist zu allen und schon in den ältesten Zeiten geschehn. (S. z. B. *Stob*[*aeus,*] *Eclog. L. I, c. 22, 9, pag. 478.*)

27) Bei jeder Verkehrtheit, die im Publiko, oder in der Gesellschaft, gesagt, oder in der Litteratur geschrieben und wohlaufgenommen, wenigstens nicht widerlegt wird, soll man nicht verzweifeln und meinen, daß es nun dabei sein Bewenden haben werde; sondern wissen und sich getrösten, daß die Sache hinter-

her und allmälig ruminirt, beleuchtet, bedacht, erwogen, besprochen und meistens zuletzt richtig beurtheilt wird; so daß, nach einer, der Schwierigkeit derselben angemessenen Frist, endlich fast Alle begreifen, was der klare Kopf sogleich sah. Unterdessen freilich muß man sich gedulden. Denn ein Mann von richtiger Einsicht unter den Bethörten gleicht Dem, dessen Uhr richtig geht, in einer Stadt, deren Thurmuhren alle falsch gestellt sind. Er allein weiß die wahre Zeit: aber was hilft es ihm? alle Welt richtet sich nach den falsch zeigenden Stadtuhren; sogar auch Die, welche wissen, daß seine Uhr allein die wahre Zeit angiebt.

28) Die Menschen gleichen darin den Kindern, daß sie unartig werden, wenn man sie verzieht; daher man gegen keinen zu nachgiebig und liebreich seyn darf. Wie man, in der Regel, keinen Freund dadurch verlieren wird, daß man ihm ein Darlehn abschlägt, aber sehr leicht dadurch, daß man es ihm giebt; eben so, nicht leicht einen durch stolzes und etwas vernachlässigendes Betragen; aber oft in Folge zu vieler Freundlichkeit und Zuvorkommens, als welche ihn arrogant und unerträglich machen, wodurch der Bruch herbeigeführt wird. Besonders aber den Gedanken, daß man ihrer benöthigt sei, können die Menschen schlechterdings nicht vertragen: Uebermuth und Anmaaßung sind sein unzertrennliches Gefolge. Bei einigen entsteht er, in gewissem Grade, schon dadurch, daß man sich mit ihnen abgiebt, etwan oft, oder auf eine vertrauliche Weise mit ihnen spricht: alsbald werden sie meinen, man müsse sich von ihnen auch etwas gefallen lassen, und werden versuchen, die Schranken der Höflichkeit zu erweitern. Daher taugen so Wenige zum irgend vertrauteren Umgang, und soll man sich besonders hüten, sich nicht mit niedrigen Naturen gemein zu machen. Faßt nun aber gar Einer den Gedanken, er sei mir viel nöthiger, als ich ihm; da ist es ihm sogleich, als hätte ich ihm etwas gestohlen: er wird suchen, sich zu rächen und es wiederzuerlangen. Ueberlegenheit im Umgang erwächst allein daraus, daß man der Andern in keiner Art und Weise bedarf, und dies sehn läßt. Dieserwegen ist es rathsam, Jedem, es sei Mann oder Weib, von Zeit zu Zeit fühlbar zu machen, daß man seiner sehr wohl entrathen könne: das befestigt die Freundschaft; ja, bei den meisten Leuten kann es nicht schaden, wenn man ein Gran Geringschätzung gegen sie, dann und wann, mit einfließen läßt: sie legen

desto mehr Werth auf unsere Freundschaft: *chi non estima vien stimato* (wer nicht achtet wird geachtet) sagt ein feines italiänisches Sprichwort. Ist aber Einer uns wirklich sehr viel werth; so müssen wir dies vor ihm verhehlen, als wäre es ein Verbrechen. Das ist nun eben nicht erfreulich; dafür aber wahr. Kaum daß Hunde die zu große Freundlichkeit vertragen; geschweige Menschen.

29) Daß Leute edlerer Art und höherer Begabung so oft, zumal in der Jugend, auffallenden Mangel an Menschenkenntniß und Weltklugheit verrathen, daher leicht betrogen oder sonst irre geführt werden, während die niedrigen Naturen sich viel schneller und besser in die Welt zu finden wissen, liegt daran, daß man, beim Mangel der Erfahrung, *a priori* zu urtheilen hat, und daß überhaupt keine Erfahrung es dem *a priori* gleichthut. Dies *a priori* nämlich giebt Denen vom gewöhnlichen Schlage das eigene Selbst an die Hand, den Edelen und Vorzüglichen aber nicht: denn eben als solche sind sie von den Andern weit verschieden. Indem sie daher deren Denken und Thun nach dem ihrigen berechnen, trifft die Rechnung nicht zu.

Wenn nun aber auch ein Solcher *a posteriori*, also aus fremder Belehrung und eigener Erfahrung, endlich gelernt hat, was von den Menschen, im Ganzen genommen, zu erwarten steht, daß nämlich etwan $^5/_6$ derselben, in moralischer, oder intellektueller Hinsicht, so beschaffen sind, daß, wer nicht durch die Umstände in Verbindung mit ihnen gesetzt ist besser thut, sie vorweg zu meiden und, so weit es angeht, außer allem Kontakt mit ihnen zu bleiben; – so wird er dennoch von ihrer Kleinlichkeit und Erbärmlichkeit kaum jemals einen a u s r e i c h e n d e n Begriff erlangen, sondern immerfort, so lange er lebt, denselben noch zu erweitern und zu vervollständigen haben, unterdessen aber sich gar oft zu seinem Schaden verrechnen. Und dann wieder, nachdem er die erhaltene Belehrung wirklich beherzigt hat, wird es ihm dennoch zu Zeiten begegnen, daß er, in eine Gesellschaft ihm noch unbekannter Menschen gerathend, sich zu wundern hat, wie sie doch sämmtlich, ihren Reden und Mienen nach, ganz vernünftig, redlich, aufrichtig, ehrenfest und tugendsam, dabei auch wohl noch gescheut und geistreich erscheinen. Dies sollte ihn jedoch nicht irren: denn es kommt bloß daher, daß die Natur es nicht macht, wie die schlechten Poeten, welche, wann sie Schurken oder Narren darstellen, so plump und absichtsvoll dabei zu

Werke gehn, daß man gleichsam hinter jeder solcher Person den Dichter stehn sieht, der ihre Gesinnung und Rede fortwährend desavouirt [bloßstellt] und mit warnender Stimme ruft: »Dies ist ein Schurke, dies ist ein Narr; gebt nichts auf Das, was er sagt.« Die Natur hingegen macht es wie Shakespeare und Goethe, in deren Werken jede Person, und wäre sie der Teufel selbst, während sie dasteht und redet, Recht behält; weil sie so objektiv aufgefaßt ist, daß wir in ihr Interesse gezogen und zur Theilnahme an ihr gezwungen werden: denn sie ist, eben wie die Werke der Natur, aus einem innern Princip entwickelt, vermöge dessen ihr Sagen und Thun als natürlich, mithin als nothwendig auftritt. – Also, wer erwartet, daß in der Welt die Teufel mit Hörnern und die Narren mit Schellen einhergehn, wird stets ihre Beute, oder ihr Spiel seyn. Hiezu kommt aber noch, daß im Umgange die Leute es machen, wie der Mond und die Pucklichten, nämlich stets nur eine Seite zeigen, und sogar Jeder ein angeborenes Talent hat, auf mimischem Wege seine Physiognomie zu einer Maske umzuarbeiten, welche genau darstellt, was er eigentlich seyn s o l l t e, und die, weil sie ausschließlich auf seine Individualität berechnet ist, ihm so genau anliegt und anpaßt, daß die Wirkung überaus täuschend ausfällt. Er legt sie an, so oft es darauf ankommt, sich einzuschmeicheln. Man soll auf dieselbe so viel geben, als wäre sie aus Wachstuch, eingedenk des vortrefflichen italiänischen Sprichworts: *non è si tristo cane, che non meni la coda* (so böse ist kein Hund, daß er nicht mit dem Schwanz wedelte).

Jedenfalls soll man sich sorgfältig hüten, von irgend einem Menschen neuer Bekanntschaft eine sehr günstige Meinung zu fassen; sonst wird man, in den allermeisten Fällen, zu eigener Beschämung, oder gar Schaden, enttäuscht werden. – Hiebei verdient auch ein Wort des Seneka berücksichtigt zu werden: *argumenta morum ex minimis quoque licet capere* [Beweise für die Beschaffenheit eines Charakters kann man auch Kleinigkeiten entnehmen] *(ep. 52)*. Gerade in Kleinigkeiten, als bei welchen der Mensch sich nicht zusammennimmt, zeigt er seinen Charakter, und da kann man oft, an geringfügigen Handlungen, an bloßen Manieren, den gränzenlosen, nicht die mindeste Rücksicht auf Andere kennenden Egoismus bequem beobachten, der sich nachher im Großen nicht verleugnet, wiewohl verlarvt. Und man versäume solche Gelegenheit nicht. Wenn Einer in den kleinen täglichen Vorgängen und Verhältnissen des Lebens, in den Dingen, von welchen das *de minimis lex non curat* [Um Kleinigkeiten kümmert das Gesetz sich nicht] gilt, rücksichtslos verfährt, bloß seinen Vortheil oder seine Bequemlichkeit, zum Nachtheil Anderer, sucht; wenn er sich aneignet was für Alle daist u. s. w.; da sei man überzeugt, daß in seinem Herzen keine Gerechtigkeit wohnt, sondern er auch im Großen ein Schuft seyn würde, sobald das Gesetz und die Gewalt ihm nicht die Hände binden, und traue ihm nicht über die Schwelle. Ja, wer ohne Scheu die Gesetze seines Klubs bricht, wird auch die des Staates brechen, sobald er es ohne Gefahr kann.†

Vergeben und Vergessen heißt gemachte kostbare Erfahrungen zum Fenster hinauswerfen. Hat nun Einer, mit dem wir in Verbindung, oder Umgang, stehn, uns etwas Unangenehmes, oder Aergerliches erzeigt; so haben wir uns nur zu fragen, ob er uns so viel werth sei, daß wir das Nämliche, auch noch etwas verstärkt, uns nochmals und öfter von ihm wollen gefallen lassen; – oder nicht. Im bejahenden Fall wird nicht viel darüber zu sagen seyn, weil das Reden wenig hilft: wir müssen also die Sache, mit oder ohne Ermahnung, hingehn lassen, sollen jedoch wissen, daß wir hiedurch sie uns nochmals ausgebeten haben. Im verneinenden Falle hingegen haben wir sogleich und auf immer mit dem werthen Freunde zu brechen, oder, wenn es ein Diener ist, ihn abzuschaffen. Denn unausbleiblich wird er, vorkommenden Falls, ganz das Selbe, oder das völlig Analoge, wieder thun, auch wenn er uns jetzt das Gegentheil hoch und aufrichtig betheuert. Alles, Alles kann einer vergessen, nur nicht sich selbst, sein eigenes Wesen. Denn der Charakter ist schlechthin inkorrigibel; weil alle Handlungen des Menschen aus einem innern Princip fließen, vermöge dessen er, unter gleichen Umständen, stets das Gleiche thun muß und nicht anders kann. Man lese meine Preisschrift über die sogenannte Freiheit des Willens und befreie sich vom Wahn. Daher auch ist, sich mit einem Freunde, mit dem man gebrochen hatte, wieder auszusöhnen, eine Schwäche, die man abbüßt, wann derselbe, bei erster Gelegen-

† Wenn in den Menschen, wie sie meistentheils sind, das Gute das Schlechte überwöge; so wäre es gerathener, sich auf ihre Gerechtigkeit, Billigkeit, Dankbarkeit, Treue, Liebe oder Mitleid zu verlassen, als auf ihre Furcht: weil es aber mit ihnen umgekehrt steht; so ist das Umgekehrte gerathener.

heit, gerade und genau das Selbe wieder thut, was den Bruch herbeigeführt hatte; ja, mit noch mehr Dreistigkeit, im stillen Bewußtseyn seiner Unentbehrlichkeit. Das Gleiche gilt von abgeschafften Dienern, die man wiedernimmt. Eben so wenig, und aus dem selben Grunde, dürfen wir erwarten, daß Einer, unter veränderten Umständen, das Gleiche, wie vorher, thun werde. Vielmehr ändern die Menschen Gesinnung und Betragen eben so schnell, wie ihr Interesse sich ändert; ja, ihre Absichtlichkeit zieht ihre Wechsel auf so kurze Sicht, daß man selbst noch kurzsichtiger seyn müßte, um sie nicht protestiren zu lassen.

Gesetzt demnach wir wollten etwan wissen, wie Einer, in einer Lage, in die wir ihn zu versetzen gedenken, handeln wird; so dürfen wir hierüber nicht auf seine Versprechungen und Betheuerungen bauen. Denn, gesetzt auch, er spräche aufrichtig; so spricht er von einer Sache, die er nicht kennt. Wir müssen also allein aus der Erwägung der Umstände, in die er zu treten hat, und des Konfliktes derselben mit seinem Charakter, sein Handeln berechnen.

Um überhaupt von der wahren und sehr traurigen Beschaffenheit der Menschen, wie sie meistens sind, das so nöthige, deutliche und gründliche Verständniß zu erlangen, ist es überaus lehrreich, das Treiben und Benehmen derselben in der Litteratur als Kommentar ihres Treibens und Benehmens im praktischen Leben zu gebrauchen, und *vice versa* [umgekehrt]. Dies ist sehr dienlich, um weder an sich, noch an ihnen irre zu werden. Dabei aber darf kein Zug von besonderer Niederträchtigkeit oder Dummheit, der uns im Leben oder in der Litteratur aufstößt, uns je ein Stoff zum Verdruß und Aerger, sondern bloß zur Erkenntniß werden, indem wir in ihm einen neuen Beitrag zur Charakteristik des Menschengeschlechts sehn und demnach ihn uns merken. Alsdann werden wir ihn ungefähr so betrachten, wie der Mineralog ein ihm aufgestoßenes, sehr charakteristisches Specimen eines Minerals. – Ausnahmen giebt es, ja, unbegreiflich große, und die Unterschiede der Individualitäten sind enorm: aber, im Ganzen genommen, liegt, wie längst gesagt ist, die Welt im Argen: die Wilden fressen einander und die Zahmen betrügen einander, und Das nennt man den Lauf der Welt. Was sind denn die Staaten, mit aller ihrer künstlichen, nach außen und nach innen gerichteten Maschinerie und ihren Gewaltmitteln

Anderes, als Vorkehrungen, der gränzenlosen Ungerechtigkeit der Menschen Schranken zu setzen? Sehn wir nicht, in der ganzen Geschichte, jeden König, sobald er fest steht, und sein Land einiger Prosperität genießt, diese benutzen, um mit seinem Heer, wie mit einer Räuberschaar, über die Nachbarstaaten herzufallen? sind nicht fast alle Kriege im Grunde Raubzüge? Im frühen Alterthum, wie auch zum Theil im Mittelalter, wurden die Besiegten Sklaven der Sieger, d. h. im Grunde, sie mußten für diese arbeiten: das Selbe müssen aber Die, welche Kriegskontributionen zahlen: sie geben nämlich den Ertrag früherer Arbeit hin. *Dans toutes les guerres il ne s'agit que de voler* [in allen Kriegen geht es nur ums Stehlen], sagt Voltaire [*La Pucelle*, ch. XIX], und die Deutschen sollen es sich gesagt seyn lassen.

30) Kein Charakter ist so, daß er sich selbst überlassen bleiben und sich ganz und gar gehn lassen dürfte; sondern jeder bedarf der Lenkung durch Begriffe und Maximen. Will man nun aber es hierin weit bringen, nämlich bis zu einem nicht aus unserer angeborenen Natur, sondern bloß aus vernünftiger Ueberlegung hervorgegangenen, ganz eigentlich erworbenen und künstlichen Charakter; so wird man gar bald das

Naturam expelles furca, tamen usque recurret.

[Treib die Natur mit der Heugabel aus, sie kehrt doch wieder.
Horaz, *epist.*, I, 10, 24]

bestätigt finden. Man kann nämlich eine Regel für das Betragen gegen Andere sehr wohl einsehn, ja, sie selbst auffinden und treffend ausdrücken, und wird dennoch, im wirklichen Leben, gleich darauf, gegen sie verstoßen. Jedoch soll man nicht sich dadurch entmuthigen lassen und denken, es sei unmöglich, im Weltleben sein Benehmen nach abstrakten Regeln und Maximen zu leiten, und daher am besten, sich eben nur gehn zu lassen. Sondern es ist damit, wie mit allen theoretischen Vorschriften und Anweisungen für das Praktische: die Regel verstehn ist das Erste, sie ausüben lernen ist das Zweite. Jenes wird durch Vernunft auf Ein Mal, Dieses durch Uebung allmälig gewonnen. Man zeigt dem Schüler die Griffe auf dem Instrument, die Paraden und Stöße mit dem Rapier: er fehlt sogleich, trotz dem besten Vorsatze, dagegen, und meint nun, sie in der Schnelle des Notenlesens und der Hitze des Kampfes zu beobachten sei schier unmöglich. Dennoch lernt er es allmälig, durch Uebung, unter Straucheln, Fallen und Aufstehn. Eben so geht es mit den Regeln der Grammatik im lateinisch Schreiben und Sprechen. Nicht anders also wird der Tölpel zum Hofmann, der Hitzkopf zum feinen Weltmann, der Offene verschlossen, der Edle ironisch. Jedoch wird eine solche, durch lange Gewohnheit erlangte Selbstdressur stets als ein von außen gekommener Zwang wirken, welchem zu widerstreben die Natur nie ganz aufhört und bisweilen unerwartet ihn durchbricht. Denn alles Handeln nach abstrakten Maximen verhält sich zum Handeln aus ursprünglicher, angeborener Neigung, wie ein menschliches Kunstwerk, etwan eine Uhr, wo Form und Bewegung dem ihnen fremden Stoffe aufgezwungen sind, zum lebenden Organismus, bei welchem Form und Stoff von einander durchdrungen und Eines sind. An diesem Verhältniß des erworbenen zum angeborenen Charakter bestätigt sich demnach ein Ausspruch des Kaisers Napoleon: *tout ce qui n'est pas naturel est imparfait* [alles nicht Natürliche ist unvollkommen]; welcher überhaupt eine Regel ist, die von Allem und Jedem, sei es physisch, oder moralisch, gilt, und von der die einzige mir einfallende Ausnahme das, den Mineralogen bekannte, natürliche Aventurino [Goldglasstein] ist, welches dem künstlichen nicht gleich kommt.

Darum sei hier auch vor aller und jeder Affektation gewarnt. Sie erweckt allemal Geringschätzung: erstlich als Betrug, der als solcher feige ist, weil er auf Furcht beruht; zweitens als Verdammungsurtheil seiner selbst durch sich selbst, indem man scheinen will was man nicht ist und was man folglich für besser hält, als was man ist. Das Affektiren irgend einer Eigenschaft, das Sich-Brüsten damit, ist ein Selbstgeständniß, daß man sie nicht hat. Sei es Muth, oder Gelehrsamkeit, oder Geist, oder Witz, oder Glück bei Weibern, oder Reichthum, oder vornehmer Stand, oder was sonst, womit Einer groß thut; so kann man daraus schließen, daß es ihm gerade daran in etwas gebricht: denn wer wirklich eine Eigenschaft vollkommen besitzt, dem fällt es nicht ein, sie herauszulegen und zu affektiren, sondern er ist darüber ganz beruhigt. Dies ist auch der Sinn des spanischen Sprichworts: *herradura que chaco-*

lotea clavo le falta (dem klappernden Hufeisen fehlt ein Nagel). Allerdings darf, wie Anfangs gesagt, Keiner sich unbedingt den Zügel schießen lassen und sich ganz zeigen, wie er ist; weil das viele Schlechte und Bestialische unserer Natur der Verhüllung bedarf: aber Dies rechtfertigt bloß das Negative, die Dissimulation [Verheimlichung], nicht das Positive, die Simulation [Vortäuschung]. – Auch soll man wissen, daß das Affektiren erkannt wird, selbst ehe klar geworden, was eigentlich Einer affektirt. Und endlich hält es auf die Länge nicht Stich, sondern die Maske fällt ein Mal ab. *Nemo potest personam diu ferre fictam: ficta cito in naturam suam recidunt.* [Niemand kann lange eine Maske tragen: Verstellung verfällt schnell in die eigene Natur zurück.] *(Seneca* [,] *de Clementia, L. I, c, 1.)*

31) Wie man das Gewicht seines eigenen Körpers trägt, ohne es, wie doch das jedes fremden, den man bewegen will, zu fühlen; so bemerkt man nicht die eigenen Fehler und Laster, sondern nur die der Andern. – Dafür aber hat Jeder am Andern einen Spiegel, in welchem er seine eigenen Laster, Fehler, Unarten und Widerlichkeiten jeder Art deutlich erblickt. Allein meistens verhält er sich dabei wie der Hund, welcher gegen den Spiegel bellt, weil er nicht weiß, daß er sich selbst sieht, sondern meint, es sei ein anderer Hund. Wer Andere bekrittelt arbeitet an seiner Selbstbesserung. Also Die, welche die Neigung und Gewohnheit haben, das äußerliche Benehmen, überhaupt das Thun und Lassen der Andern im Stillen, bei sich selbst, einer aufmerksamen und scharfen Kritik zu unterwerfen, arbeiten dadurch an ihrer eigenen Besserung und Vervollkommnung: denn sie werden entweder Gerechtigkeit, oder doch Stolz und Eitelkeit genug besitzen, selbst zu vermeiden, was sie so oft strenge tadeln. Von den Toleranten gilt das Umgekehrte: nämlich *hanc veniam damus petimusque vicissim* [Diese Freiheit gewähren wir uns und erbitten sie gleichfalls: Horaz, *de arte poetica*, 11]. Das Evangelium moralisirt recht schön über den Splitter im fremden, den Balken im eigenen Auge: aber die Natur des Auges bringt es mit sich, daß es nach außen und nicht sich selbst sieht: daher ist, zum Innewerden der eigenen Fehler, das Bemerken und Tadeln derselben an Andern ein sehr geeignetes Mittel. Zu unserer Besserung bedürfen wir eines Spiegels.

Auch hinsichtlich auf Stil und Schreibart gilt diese Regel: wer eine neue Narrheit in diesen bewundert, statt sie zu tadeln, wird sie nachahmen. Daher greift in Deutschland jede so schnell um sich. Die Deutschen sind sehr tolerant: man merkt's. *Hanc veniam damus petimusque vicissim* ist ihr Wahlspruch.

32) Der Mensch edlerer Art glaubt, in seiner Jugend, die wesentlichen und entscheidenden Verhältnisse und daraus entstehenden Verbindungen zwischen Menschen seien die ideellen, d. h. die auf Aehnlichkeit der Gesinnung, der Denkungsart, des Geschmacks, der Geisteskräfte u. s. w. beruhenden: allein er wird später inne, daß es die reellen sind, d. h. die, welche sich auf irgend ein materielles Interesse stützen. Diese liegen fast allen Verbindungen zum Grunde: sogar hat die Mehrzahl der Menschen keinen Begriff von andern Verhältnissen. Demzufolge wird Jeder genommen nach seinem Amt, oder Geschäft, oder Nation, oder Familie, also überhaupt nach der Stellung und Rolle, welche die Konvention ihm ertheilt hat: dieser gemäß wird er sortirt und fabrikmäßig behandelt. Hingegen was er an und für sich, also als Mensch, vermöge seiner persönlichen Eigenschaften sei, kommt nur beliebig und daher nur ausnahmsweise zur Sprache, und wird von Jedem, sobald es ihm bequem ist, also meistentheils, bei Seite gesetzt und ignorirt. Je mehr nun aber es mit Diesem auf sich hat, desto weniger wird ihm jene Anordnung gefallen, er also sich ihrem Bereich zu entziehn suchen. Sie beruht jedoch darauf, daß, in dieser Welt der Noth und des Bedürfnisses, die Mittel, diesen zu begegnen, überall das Wesentliche, mithin Vorherrschende sind.

33) Wie Papiergeld statt des Silbers, so kursiren in der Welt, statt der wahren Achtung und der wahren Freundschaft, die äußerlichen Demonstrationen und möglichst natürlich mimisirten [nachgeahmten] Gebärden derselben. Indessen läßt sich andererseits auch fragen, ob es denn Leute gebe, welche Jene wirklich verdienten. Jedenfalls gebe ich mehr auf das Schwanzwedeln eines ehrlichen Hundes, als auf hundert solche Demonstrationen und Gebärden.

Wahre, ächte Freundschaft setzt eine starke, rein objektive und völlig uninteressirte Theilnahme am Wohl und Wehe des Andern voraus, und diese wieder ein wirkliches Sich mit dem Freunde identificiren. Dem steht der Egoismus der menschlichen Natur so sehr entgegen, daß wahre Freundschaft zu den Dingen gehört, von denen man, wie von den kolossalen Seeschlangen, nicht weiß, ob sie fabelhaft sind, oder irgendwo existiren. Indessen giebt es mancherlei, in der Hauptsache freilich auf versteckten egoistischen Motiven der mannigfaltigsten Art beruhende Verbindungen zwischen Menschen, welche dennoch mit einem Gran jener wahren und ächten Freundschaft versetzt sind, wodurch sie so veredelt werden, daß sie, in dieser Welt der Unvollkommenheiten, mit einigem Fug den Namen der Freundschaft führen dürfen. Sie stehn hoch über den alltäglichen Liaisons, welche vielmehr so sind, daß wir mit den meisten unserer guten Bekannten kein Wort mehr reden würden, wenn wir hörten, wie sie in unserer Abwesenheit von uns reden.

Die Aechtheit eines Freundes zu erproben, hat man, nächst den Fällen wo man ernstlicher Hülfe und bedeutender Opfer bedarf, die beste Gelegenheit in dem Augenblick, da man ihm ein Unglück, davon man soeben getroffen worden, berichtet. Alsdann nämlich malt sich, in seinen Zügen, entweder wahre, innige, unvermischte Betrübniß; oder aber sie bestätigen, durch ihre gefaßte Ruhe, oder einen flüchtigen Nebenzug, den bekannten Ausspruch des Rochefoucauld: *dans l'adversité de nos meilleurs amis, nous trouvons toujours quelque chose qui ne nous déplait pas* [Im Mißgeschick unserer besten Freunde finden wir immer etwas, was uns nicht unangenehm ist: *Maximes et réflexions*, éd. Garnier, p. 108]. Die gewöhnlichen sogenannten Freunde vermögen, bei solchen Gelegenheiten, oft kaum das Zucken zu einem leisen, wohlgefälligen Lächeln zu unterdrücken. – Es giebt wenig Dinge, welche so sicher die Leute in gute Laune versetzen, wie wenn man ihnen ein beträchtliches Unglück, davon man kürzlich getroffen worden, erzählt, oder auch irgend eine persönliche Schwäche ihnen unverhohlen offenbart. – Charakteristisch! –

Entfernung und lange Abwesenheit thun jeder Freundschaft Eintrag; so ungern man es gesteht. Denn Menschen, die wir nicht sehn, wären sie auch unsere geliebtesten Freunde, trocknen, im Laufe der Jahre, allmälig zu abstrakten Begriffen auf, wodurch unsere Theilnahme an ihnen mehr und mehr eine bloß vernünftige, ja traditionelle wird: die lebhafte und tiefgefühlte bleibt Denen vorbehalten, die wir vor Augen haben, und wären es auch nur geliebte Thiere. So sinnlich ist die menschliche Natur. Also bewährt sich auch hier Goethes Ausspruch:

»Die Gegenwart ist eine mächt'ge Göttin.«
(Tasso, Aufzug 4, Auftr. 4.)

Die Hausfreunde heißen meistens mit Recht so, indem sie mehr die Freunde des Hauses, als des Herrn, also den Katzen ähnlicher, als den Hunden sind.

Die Freunde nennen sich aufrichtig; die Feinde sind es: daher man ihren Tadel zur Selbsterkenntniß benutzen sollte, als eine bittere Arznei. –

Freunde in der Noth wären selten? – Im Gegentheil! Kaum hat man mit Einem Freundschaft gemacht; so ist er auch schon in der Noth und will Geld geliehen haben. –

34) Was für ein Neuling ist doch Der, welcher wähnt, Geist und Verstand zu zeigen wäre ein Mittel, sich in Gesellschaft beliebt zu machen! Vielmehr erregen sie, bei der unberechenbar überwiegenden Mehrzahl, einen Haß und Groll, der um so bitterer ist, als der ihn Fühlende die Ursache desselben anzuklagen nicht berechtigt ist, ja, sie vor sich selbst verhehlet. Der nähere Hergang ist dieser: merkt und empfindet Einer große geistige Ueberlegenheit an dem, mit welchem er redet, so macht er, im Stillen und ohne deutliches Bewußtseyn, den Schluß, daß in gleichem Maße der Andere seine Inferiorität und Beschränktheit merkt und empfindet. Dieses Enthymem erregt seinen bittersten Haß, Groll und Ingrimm. (Vergl. Welt als Wille und Vorstell., [Bd. III uns. Ausg., S. 265 f.] die angeführten Worte des *Dr.* Johnson's und Merck's, des Jugendfreundes Goethes.) Mit Recht sagt daher Gracian: *»para ser bien quisto, el unico medio vestirse la piel del mas simple de los brutos.«* [Um beliebt zu sein, ist das einzige Mittel, sich mit dem Fell des einfältigsten Tieres zu bekleiden.] (S. *Oraculo manual, y arte de prudencia, 240.* [*Obras, Amberes 1702, P. II, p. 287.*]) Ist doch Geist und Verstand an den Tag legen, nur eine indirekte Art, allen Andern ihre Unfähigkeit und Stumpfsinn vorzuwerfen. Zudem geräth die gemeine Natur in Aufruhr, wenn sie ihr Gegentheil ansichtig wird, und der geheime Anstifter des Aufruhrs ist der Neid. Denn die Befriedigung ihrer Eitelkeit ist, wie man täglich sehn kann, ein Genuß, der den Leuten über Alles geht, der jedoch allein mittelst der Vergleichung ihrer selbst mit Andern möglich ist. Auf keine Vorzüge aber ist der Mensch so stolz, wie auf die geistigen: beruht doch nur auf ihnen sein Vor-

rang vor den Thieren.† Ihm entschiedene Ueberlegenheit in dieser Hinsicht vorzuhalten, und noch dazu vor Zeugen, ist daher die größte Verwegenheit. Er fühlt sich dadurch zur Rache aufgefordert und wird meistens Gelegenheit suchen, diese auf dem Wege der Beleidigung auszuführen, als wodurch er vom Gebiete der Intelligenz auf das des Willens tritt, auf welchem wir, in dieser Hinsicht, Alle gleich sind. Während daher in der Gesellschaft Stand und Reichthum stets auf Hochachtung rechnen dürfen, haben geistige Vorzüge solche keineswegs zu erwarten: im günstigsten Fall werden sie ignorirt; sonst aber angesehn als eine Art Impertinenz, oder als etwas, wozu ihr Besitzer unerlaubterweise gekommen ist und nun sich untersteht damit zu stolziren; wofür ihm also irgend eine anderweitige Demüthigung angedeihen zu lassen Jeder im Stillen beabsichtigt und nur auf die Gelegenheit dazu paßt. Kaum wird es dem demüthigsten Betragen gelingen Verzeihung für geistige Ueberlegenheit zu erbetteln. Sadi sagt im Gulistan (S. 146 der Uebersetzung von Graf): »Man wisse, daß sich bei dem Unverständigen hundert Mal mehr Widerwillen gegen den Verständigen findet, als der Verständige Abneigung gegen den Unverständigen empfindet.« – Hingegen gereicht geistige Inferiorität zur wahren Empfehlung. Denn was für den Leib die Wärme, das ist für den Geist das wohlthuende Gefühl der Ueberlegenheit; daher Jeder, so instinktmäßig wie dem Ofen, oder dem Sonnenschein, sich dem Gegenstande nähert, der es ihm verheißt. Ein solcher nun ist allein der entschieden tiefer Stehende, an Eigenschaften des Geistes, bei Männern, an Schönheit, bei Weibern. Manchen Leuten gegenüber freilich unverstellte Inferiorität zu beweisen – da gehört etwas dazu. Dagegen sehe man, mit welcher herzlichen Freundlichkeit ein erträgliches Mädchen einem grundhäßlichen entgegenkommt. Körperliche Vorzüge kommen bei Männern nicht sehr in Betracht; wiewohl man sich doch behaglicher neben einem kleineren, als neben einem größeren fühlt. Demzufolge also sind, unter Männern, die dummen und unwissenden, unter Weibern die häßlichen allgemein beliebt und gesucht: sie erlangen leicht den Ruf eines überaus guten Herzens; weil Jedes für

† Den Willen, kann man sagen, hat der Mensch sich selbst gegeben: denn er ist er selbst: aber der Intellekt ist eine Ausstattung, die er vom Himmel erhalten hat, – d. h. vom ewigen, geheimnißvollen Schicksal und dessen Nothwendigkeit, deren bloßes Werkzeug seine Mutter war.

seine Zuneigung, vor sich selbst und vor Andern, eines Vorwandes bedarf. Eben deshalb ist Geistesüberlegenheit jeder Art eine sehr isolirende Eigenschaft: sie wird geflohen und gehaßt, und als Vorwand hiezu werden ihrem Besitzer allerlei Fehler angedichtet.† Gerade so wirkt unter Weibern die Schönheit: sehr schöne Mädchen finden keine Freundin, ja, keine Begleiterin. Zu Stellen als Gesellschafterinnen thun sie besser sich gar nicht zu melden: denn schon bei ihrem Vortritt verfinstert sich das Gesicht der gehofften neuen Gebieterin, als welche, sei es für sich, oder für ihre Töchter, einer solchen Folie keineswegs bedarf. – Hingegen verhält es sich umgekehrt mit den Vorzügen des Ranges; weil diese nicht, wie die persönlichen, durch den Kontrast und Abstand, sondern, wie die Farben der Umgebung auf das Gesicht, durch den Reflex wirken.

35) An unserm Zutrauen zu Andern haben sehr oft Trägheit, Selbstsucht und Eitelkeit den größten Antheil: Trägheit, wenn wir, um nicht selbst zu untersuchen, zu wachen, zu thun, lieber einem Andern trauen; Selbstsucht, wenn das Bedürfniß von unsern Angelegenheiten zu reden uns verleitet, ihm etwas anzuvertrauen; Eitelkeit, wenn es zu Dem gehört, worauf wir uns etwas zu Gute thun. Nichtsdestoweniger verlangen wir, daß man unser Zutrauen ehre.

Ueber Mißtrauen hingegen sollten wir uns nicht erzürnen: denn in demselben liegt ein Kompliment für die Redlichkeit, nämlich das aufrichtige Bekenntniß ihrer großen Seltenheit, in Folge welcher sie zu den Dingen gehört, an deren Existenz man zweifelt.

36) Von der Höflichkeit, dieser chinesischen Kardinaltugend, habe ich den einen Grund angegeben in meiner Ethik S. 201 [Bd. VI uns. Ausg., S. 237]: der andere liegt in Folgendem. Sie ist eine stillschweigende Uebereinkunft, gegen-

† Zum Vorwärtskommen in der Welt sind Freundschaften und Kamaraderien bei Weitem das Hauptmittel. Nun aber große Fähigkeiten machen allemal stolz und dadurch wenig geeignet, Denen zu schmeicheln, die nur geringe haben, ja, vor Denen man deshalb die großen verhehlen und verleugnen soll. Entgegengesetzt wirkt das Bewußtseyn nur geringer Fähigkeiten: es verträgt sich vortrefflich mit der Demuth, Leutsäligkeit, Gefälligkeit und Respekt vor dem Schlechten, verschafft also Freunde und Gönner.

Das Gesagte gilt nicht bloß vom Staatsdienst, sondern auch von den Ehrenstellen, Würden, ja, dem Ruhm in der gelehrten Welt; so daß z. B. in den Akademien die liebe Mediokrität [Mittelmäßigkeit] stets oben auf ist, Leute von Verdienst spät oder nie hineinkommen, und so bei Allem.

seitig die moralisch und intellektuell elende Beschaffenheit von einander zu ignoriren und sie sich nicht vorzurücken; – wodurch diese, zu beiderseitigem Vortheil, etwas weniger leicht zu Tage kommt.

Höflichkeit ist Klugheit; folglich ist Unhöflichkeit Dummheit: sich mittelst ihrer unnöthiger- und muthwilligerweise Feinde machen ist Raserei, wie wenn man sein Haus in Brand steckt. Denn Höflichkeit ist, wie die Rechenpfennige, eine offenkundig falsche Münze: mit einer solchen sparsam zu seyn, beweist Unverstand; hingegen Freigebigkeit mit ihr Verstand. Alle Nationen schließen den Brief mit *votre très-humble serviteur,* – *your most obedient servant,* – *suo devotissimo servo* [Ihr ergebenster Diener]: bloß die Deutschen halten mit dem »Diener« zurück, – weil es ja doch nicht wahr sei, –! Wer hingegen die Höflichkeit bis zum Opfern realer Interessen treibt gleicht Dem, der ächte Goldstücke statt Rechenpfennige gäbe. – Wie das Wachs, von Natur hart und spröde, durch ein wenig Wärme so geschmeidig wird, daß es jede beliebige Gestalt annimmt; so kann man selbst störrische und feindsälige Menschen, durch etwas Höflichkeit und Freundlichkeit, biegsam und gefällig machen. Sonach ist die Höflichkeit dem Menschen, was die Wärme dem Wachs.

Eine schwere Aufgabe ist freilich die Höflichkeit insofern, als sie verlangt, daß wir allen Leuten die größte Achtung bezeugen, während die allermeisten keine verdienen; sodann, daß wir den lebhaftesten Antheil an ihnen simuliren, während wir froh seyn müssen, keinen an ihnen zu haben. – Höflichkeit mit Stolz zu vereinigen ist ein Meisterstück. –

Wir würden bei Beleidigungen, als welche eigentlich immer in Aeußerungen der Nichtachtung bestehn, viel weniger aus der Fassung gerathen, wenn wir nicht einerseits eine ganz übertriebene Vorstellung von unserm hohen Werth und Würde, also einen ungemessenen Hochmuth hegten, und andererseits uns deutlich gemacht hätten, was, in der Regel, Jeder vom Andern, in seinem Herzen, hält und denkt. Welch ein greller Kontrast ist doch zwischen der Empfindlichkeit der meisten Leute über die leiseste Andeutung eines sie treffenden Tadels und Dem, was sie hören würden, wenn sie die Gespräche ihrer Bekannten über sie belauschten! – Wir sollten vielmehr uns gegenwärtig erhalten, daß die gewöhnliche Höflichkeit nur eine grinzende Maske ist:

dann würden wir nicht Zeter schreien, wenn sie ein Mal sich etwas verschiebt, oder auf einen Augenblick abgenommen wird. Wann aber gar Einer geradezu grob wird, da ist es, als hätte er die Kleider abgeworfen und stände *in puris naturalibus* [splitterfasernackt] da. Freilich nimmt er sich dann, wie die meisten Menschen in diesem Zustande, schlecht aus.

37) Für sein Thun und Lassen darf man keinen Andern zum Muster nehmen; weil Lage, Umstände, Verhältnisse nie die gleichen sind, und weil die Verschiedenheit des Charakters auch der Handlung einen verschiedenen Anstrich giebt, daher *duo cum faciunt idem, non est idem* [Wenn zwei dasselbe tun, ist es nicht dasselbe]. Man muß, nach reiflicher Ueberlegung und scharfem Nachdenken, seinem eigenen Charakter gemäß handeln. Also auch im Praktischen ist Originalität unerläßlich: sonst paßt was man thut nicht zu Dem, was man ist.

38) Man bestreite keines Menschen Meinung; sondern bedenke, daß wenn man alle Absurditäten, die er glaubt, ihm ausreden wollte, man Methusalems Alter erreichen könnte, ohne damit fertig zu werden.

Auch aller, selbst noch so wohlgemeinter, korrektioneller [zurechtweisender] Bemerkungen soll man, im Gespräche, sich enthalten: denn die Leute zu kränken ist leicht; sie zu bessern schwer, wo nicht unmöglich.

Wenn die Absurditäten eines Gesprächs, welches wir anzuhören im Falle sind, anfangen uns zu ärgern, müssen wir uns denken, es wäre eine Komödienscene zwischen zwei Narren. *Probatum est* [Das ist ein bewährtes Mittel]. – Wer auf die Welt gekommen ist, sie ernstlich und in den wichtigsten Dingen zu b e l e h r e n, der kann von Glück sagen, wenn er mit heiler Haut davon kommt.

39) Wer da will, daß sein Urtheil Glauben finde, spreche es kalt und ohne Leidenschaftlichkeit aus. Denn alle Heftigkeit entspringt aus dem Willen: daher wird man d i e s e m und nicht der Erkenntniß, die ihrer Natur nach kalt ist, das Urtheil zuschreiben. Weil nämlich das Radikale im Menschen der Wille, die Erkenntniß aber bloß sekundär und hinzugekommen ist; so wird man eher glauben, daß das Urtheil aus dem erregten Willen, als daß die Erregung des Willens bloß aus dem Urtheil entsprungen sei.

40) Auch beim besten Rechte dazu, lasse man sich nicht zum

Selbstlobe verführen. Denn die Eitelkeit ist eine so gewöhnliche, das Verdienst aber eine so ungewöhnliche Sache, daß, so oft wir, wenn auch nur indirekt, uns selbst zu loben scheinen, Jeder Hundert gegen Eins wettet, daß was aus uns redet die Eitelkeit sei, der es am Verstande gebricht, das Lächerliche der Sache einzusehn. – Jedoch mag, bei allen Dem, Bako von Verulam nicht ganz Unrecht haben, wenn er sagt, daß das *semper aliquid haeret* [Etwas bleibt immer hängen], wie von der Verläumdung, so auch vom Selbstlobe gelte, und daher Dieses, in mäßigen Dosen, empfiehlt. (Vgl. *de augmentis scient. Lib. 8, p. 228.)*

41) Wenn man argwöhnt, daß Einer lüge, stelle man sich gläubig: da wird er dreist, lügt stärker und ist entlarvt. Merkt man hingegen, daß eine Wahrheit, die er verhehlen möchte, ihm zum Theil entschlüpft; so stelle man sich darüber ungläubig, damit er, durch den Widerspruch provocirt, die Arriergarde [Nachhut] der ganzen Wahrheit nachrücken lasse.

42) Unsere sämmtlichen persönlichen Angelegenheiten haben wir als Geheimnisse zu betrachten, und unsern guten Bekannten müssen wir, über Das hinaus, was sie mit eigenen Augen sehn, völlig fremd bleiben. Denn ihr Wissen um die unschuldigsten Dinge kann, durch Zeit und Umstände, uns Nachtheil bringen. – Ueberhaupt ist es gerathener seinen Verstand durch Das, was man verschweigt, an den Tag zu legen, als durch Das, was man sagt. Ersteres ist Sache der Klugheit, Letzteres der Eitelkeit. Die Gelegenheit zu Beiden kommt gleich oft: aber wir ziehn häufig die flüchtige Befriedigung, welche das Letztere gewährt, dem dauernden Nutzen vor, welchen das Erstere bringt. Sogar die Herzenserleichterung, ein Mal ein Wort mit sich selbst laut zu reden, was lebhaften Personen wohl begegnet, sollte man sich versagen, damit sie nicht zur Gewohnheit werde; weil dadurch der Gedanke mit dem Worte so befreundet und verbrüdert wird, daß allmälig auch das Sprechen mit Andern ins laute Denken übergeht; während die Klugheit gebeut, daß zwischen unserm Denken und unserm Reden eine weite Kluft offen gehalten werde.

Bisweilen meinen wir, daß Andere etwas uns Betreffendes durchaus nicht glauben können, während ihnen gar nicht einfällt, es zu bezweifeln: machen wir jedoch, daß ihnen Dies einfällt, dann können sie es auch nicht mehr glauben. Aber wir verrathen uns oft bloß, weil wir wähnen, es sei unmöglich, daß man das nicht merke; – wie wir uns von einer Höhe hinabstürzen, aus Schwindel, d. h. durch den Gedanken, es sei unmöglich, hier fest zu stehn, die Quaal aber, hier zu stehn, sei so groß, daß es besser sei, sie abzukürzen: dieser Wahn heißt Schwindel.

Andererseits wieder soll man wissen, daß die Leute, selbst die, welche sonst keinen besondern Scharfsinn verrathen, vortreffliche Algebristen [Rechner] in den persönlichen Angelegenheiten Anderer sind, woselbst sie, mittelst einer einzigen gegebenen Größe, die verwickeltesten Aufgaben lösen. Wenn man z. B. ihnen eine ehemalige Begebenheit, unter Weglassung aller Namen und sonstiger Bezeichnung der Personen erzählt; so soll man sich hüten, dabei ja nicht irgend einen ganz positiven und individuellen Umstand, sei er auch noch so gering, mit einzuführen, wie etwan einen Ort, oder Zeitpunkt, oder den Namen einer Nebenperson, oder sonst etwas auch nur mittelbar damit Zusammenhängendes: denn daran haben sie sogleich eine positiv gegebene Größe, mittelst deren ihr algebraischer Scharfsinn alles Uebrige herausbringt. Die Begeisterung der Neugier nämlich ist hier so groß, daß, kraft derselben, der Wille dem Intellekt die Sporen in die Seite setzt, welcher nun dadurch bis zur Erreichung der entlegensten Resultate getrieben wird. Denn so unempfänglich und gleichgültig die Leute gegen allgemeine Wahrheiten sind, so erpicht sind sie auf individuelle.

Dem Allen gemäß ist denn auch die Schweigsamkeit von sämmtlichen Lehrern der Weltklugheit auf das Dringendeste und mit den mannigfaltigsten Argumenten anempfohlen worden; daher ich es bei dem Gesagten bewenden lassen kann. Bloß ein Paar Arabischer Maximen, welche besonders eindringlich und wenig bekannt sind, will ich noch hersetzen. »Was dein Feind nicht wissen soll, das sage deinem Freunde nicht.« – »Wenn ich mein Geheimniß verschweige, ist es mein Gefangener: lasse ich es entschlüpfen, bin ich sein Gefangener.« – »Am Baume des Schweigens hängt seine Frucht, der Friede.«

43) Kein Geld ist vortheilhafter angewandt, als das, um welches wir uns haben prellen lassen: denn wir haben dafür unmittelbar Klugheit eingehandelt.

44) Man soll, wo möglich, gegen Niemanden Animosität hegen, jedoch die *procédés* [das Benehmen] eines Jeden sich wohl merken und im Gedächtniß behalten, um danach den Werth desselben, wenigstens hinsichtlich unserer, festzustellen

und demgemäß unser Verhalten und Betragen gegen ihn zu regeln, – stets überzeugt von der Unveränderlichkeit des Charakters: einen schlechten Zug eines Menschen jemals vergessen, ist wie wenn man schwer erworbenes Geld wegwürfe. So aber schützt man sich vor thörichter Vertraulichkeit und thörichter Freundschaft. –

»Weder lieben, noch hassen« enthält die Hälfte aller Weltklugheit: »nichts sagen und nichts glauben« die andere Hälfte. Freilich aber wird man einer Welt, welche Regeln, wie diese und die nächstfolgende nöthig macht, gern den Rücken kehren.

45) Zorn oder Haß in Worten, oder Mienen blicken zu lassen ist unnütz, ist gefährlich, ist unklug, ist lächerlich, ist gemein. Man darf also Zorn, oder Haß, nie anders zeigen, als in Thaten. Letzteres wird man um so vollkommener können, als man Ersteres vollkommener vermieden hat. – Die kaltblütigen Thiere allein sind die giftigen.

46) *Parler sans accent* [Sprechen, ohne die Stimme zu erheben]: diese alte Regel der Weltleute bezweckt, daß man dem Verstande der Andern überlasse, herauszufinden, was man gesagt hat: der ist langsam, und ehe er fertig geworden, ist man davon. Hingegen *parler avec accent* [mit Ausdruck sprechen] heißt zum Gefühle reden; wo denn Alles umgekehrt ausfällt. Manchem kann man, mit höflicher Gebärde und freundlichem Ton, sogar wirkliche Sottisen [Anzüglichkeiten] sagen, ohne unmittelbare Gefahr.

D. Unser Verhalten gegen den Weltlauf und das Schicksal betreffend.

47) Welche Form auch das menschliche Leben annehme; es sind immer die selben Elemente, und daher ist es im Wesentlichen überall das selbe: es mag in der Hütte, oder bei Hofe, im Kloster, oder bei der Armee geführt werden. Mögen seine Begebenheiten, Abenteuer, Glücks- und Unglücksfälle noch so mannigfaltig seyn; so ist es doch damit, wie mit der Zuckerbäckerware. Es sind viele und vielerlei gar krause und bunte Figuren: aber Alles ist aus Einem Teig geknetet; und was dem Einen begegnete ist Dem, was dem Andern widerfuhr, viel ähnlicher, als dieser beim Erzählenhören denkt. Auch gleichen die Vorgänge unsers

Lebens den Bildern im Kaleidoskop, in welchem wir bei jeder Drehung etwas Anderes sehn, eigentlich aber immer das Selbe vor Augen haben.

48) Drei Weltmächte giebt es, sagt, sehr treffend, ein Alter: συνεσις, κρατος, και τυχη, Klugheit, Stärke und Glück. Ich glaube, daß die zuletzt genannte am meisten vermag. Denn unser Lebensweg ist dem Lauf eines Schiffes zu vergleichen. Das Schicksal, die τυχη, die *secunda aut adversa fortuna* [das freundliche oder feindliche Geschick], spielt die Rolle des Windes, indem sie uns schnell weit fördert, oder weit zurückwirft; wogegen unser eigenes Mühen und Treiben nur wenig vermag. Dieses nämlich spielt dabei die Rolle der Ruder: wenn solche, durch viele Stunden langes Arbeiten, uns eine Strecke vorwärts gebracht haben, wirft ein plötzlicher Windstoß uns eben so weit zurück. Ist er hingegen günstig, so fördert er uns dermaaßen, daß wir der Ruder nicht bedürfen. Diese Macht des Glückes drückt unübertrefflich ein spanisches Sprichwort aus: *da ventura a tu hijo, y echa lo en el mar* (gieb deinem Sohne Glück und wirf ihn ins Meer).

Wohl ist der Zufall eine böse Macht, der man so wenig wie möglich anheimstellen soll. Jedoch wer ist, unter allen Gebern, der einzige, welcher, indem er giebt, uns zugleich auf's deutlichste zeigt, daß wir gar keine Ansprüche auf seine Gaben haben, daß wir solche durchaus nicht unserer Würdigkeit, sondern ganz allein seiner Güte und Gnade zu danken haben und daß wir eben hieraus die freudige Hoffnung schöpfen dürfen, noch ferner manche unverdiente Gabe demuthsvoll zu empfangen? – Es ist der Zufall: er, der die königliche Kunst versteht, einleuchtend zu machen, daß gegen seine Gunst und Gnade alles Verdienst ohnmächtig ist und nichts gilt. –

Wenn man auf seinen Lebensweg zurücksieht, den »labyrinthisch irren Lauf« [*Faust* I, 14] desselben überschaut und nun so manches verfehlte Glück, so manches herbeigezogene Unglück sehn muß; so kann man in Vorwürfen gegen sich selbst leicht zu weit gehn. Denn unser Lebenslauf ist keineswegs schlechthin unser eigenes Werk; sondern das Produkt zweier Faktoren, nämlich der Reihe der Begebenheiten und der Reihe unserer Entschlüsse, welche stets in einander greifen und sich gegenseitig modificiren. Hiezu kommt noch, daß in Beiden unser Horizont immer sehr beschränkt ist, indem wir unsere Entschlüsse nicht schon von Weitem vorhersagen und noch weniger die Begebenheiten voraussehn können, sondern von Beiden uns eigentlich nur die gegenwärtigen recht bekannt sind. Deshalb können wir, so lange unser Ziel noch fern liegt, nicht ein Mal gerade darauf hinsteuern; sondern nur approximativ und nach Muthmaaßungen unsere Richtung dahin lenken, müssen also oft lawiren. Alles nämlich, was wir vermögen, ist unsere Entschlüsse allezeit nach Maaßgabe der gegenwärtigen Umstände zu fassen, in der Hoffnung, es so zu treffen, daß es uns dem Hauptziel näher bringe. So sind denn meistens die Begebenheiten und unsere Grundabsichten zweien, nach verschiedenen Seiten ziehenden Kräften zu vergleichen und die daraus entstehende Diagonale ist unser Lebenslauf. – Terenz hat gesagt: *in vita est hominum quasi cum ludas tesseris: si illud, quod maxime opus est jactu, non cadit, illud quod cecidit forte, id arte ut corrigas* [Im Menschenleben ist es wie beim Würfelspiel: Fällt auch der Wurf nicht so, wie du's am meisten brauchst, so muß die Kunst verbessern, was der Zufall bot: *Adelphi*, IV, 7, v. 739–741]; wobei er eine Art Triktrak [Brettwürfelspiel] vor Augen gehabt haben muß. Kürzer können wir sagen: das Schicksal mischt die Karten und wir spielen. Meine gegenwärtige Betrachtung auszudrücken, wäre aber folgendes Gleichniß am geeignetesten. Es ist im Leben wie im Schachspiel: wir entwerfen einen Plan: dieser bleibt jedoch bedingt durch Das, was im Schachspiel dem Gegner, im Leben dem Schicksal, zu thun belieben wird. Die Modifikationen, welche hiedurch unser Plan erleidet, sind meistens so groß, daß er in der Ausführung kaum noch an einigen Grundzügen zu erkennen ist.

Uebrigens giebt es in unserm Lebenslaufe noch etwas, welches über das Alles hinausliegt. Es ist nämlich eine triviale und nur zu häufig bestätigte Wahrheit, daß wir oft thörichter sind, als wir glauben: hingegen ist, daß wir oft weiser sind, als wir selbst vermeinen, eine Entdeckung, welche nur Die, so in dem Fall gewesen, und selbst dann erst spät, machen. Es giebt etwas Weiseres in uns, als der Kopf ist. Wir handeln nämlich, bei den großen Zügen, den Hauptschritten unsers Lebenslaufes, nicht sowohl nach deutlicher Erkenntniß des Rechten, als nach einem innern Impuls, man möchte sagen Instinkt, der aus dem tiefsten Grunde unsers Wesens kommt, und bemäkeln nachher unser Thun nach deutlichen, aber auch dürftigen, erworbenen, ja, erborgten Begriffen, nach allgemeinen Regeln, fremden Beispielen u. s. w., ohne das »Eines schickt sich nicht für Alle« [Goethe, »Beherzigung«] genugsam zu erwägen: da werden wir leicht ungerecht gegen uns selbst. Aber am Ende zeigt es sich, wer Recht gehabt hat; und nur das glücklich erreichte Alter ist, subjektiv und objektiv, befähigt, die Sache zu beurtheilen.

Vielleicht steht jener innere Impuls unter uns unbewußter Leitung prophetischer, beim Erwachen vergessener Träume, die eben dadurch unserm Leben die Gleichmäßigkeit des Tones und die dramatische Einheit ertheilen, die das so oft schwankende und irrende, so leicht umgestimmte Gehirnbewußtseyn ihm zu geben nicht vermöchte, und in Folge welcher z. B. der zu großen Leistungen einer bestimmten Art Berufene Dies von Jugend auf innerlich und heimlich spürt und darauf hinarbeitet, wie die Bienen am Bau ihres Stocks. Für Jeden aber ist es Das, was Baltasar Gracian *la gran sindéresis* nennt [die große Urteilskraft]: die instinktive große Obhut seiner selbst, ohne welche er zu Grunde geht. – Nach abstrakten Grundsätzen handeln ist schwer und gelingt erst nach vieler Uebung, und selbst da nicht jedesmal: auch sind sie oft nicht ausreichend. Hingegen hat Jeder gewisse angeborene konkrete Grundsätze, die ihm in Blut und Saft stecken, indem sie das Resultat alles seines Denkens, Fühlens und Wollens sind. Er kennt sie meistens nicht *in abstracto*, sondern wird erst beim Rückblick auf sein Leben gewahr, daß er sie stets befolgt hat und von ihnen, wie von einem unsichtbaren Faden, ist gezogen worden. Je nachdem sie sind, werden sie ihn zu seinem Glück oder Unglück leiten.

49) Man sollte beständig die Wirkung der Zeit und die Wandelbarkeit der Dinge vor Augen haben und daher bei Allem, was jetzt Statt findet, sofort das Gegentheil davon imaginiren; also im Glücke das Unglück, in der Freundschaft die Feindschaft, im schönen Wetter das schlechte, in der Liebe den Haß, im Zutrauen und Eröffnen den Verrath und die Reue, und so auch umgekehrt, sich lebhaft vergegenwärtigen. Dies würde eine bleibende Quelle wahrer Weltklugheit abgeben, indem wir stets besonnen bleiben und nicht so leicht getäuscht werden würden. Meistens würden wir dadurch nur die Wirkung der Zeit anticipirt haben. – Aber vielleicht ist zu keiner Erkenntniß die Erfahrung so unerläßlich, wie zur richtigen Schätzung des Unbestands

und Wechsels der Dinge. Weil eben jeder Zustand, für die Zeit seiner Dauer, nothwendig und daher mit vollstem Rechte vorhanden ist; so sieht jedes Jahr, jeder Monat, jeder Tag aus, als ob nun endlich er Recht behalten wollte, für alle Ewigkeit. Aber keiner behält es, und der Wechsel allein ist das Beständige. Der Kluge ist Der, welchen die scheinbare Stabilität nicht täuscht und der noch dazu die Richtung, welche der Wechsel zunächst nehmen wird, vorhersieht.† Daß hingegen die Menschen den einstweiligen Zustand der Dinge, oder die Richtung ihres Laufes, in der Regel für bleibend halten, kommt daher, daß sie die Wirkungen vor Augen haben, aber die Ursachen nicht verstehn, diese es jedoch sind, welche den Keim der künftigen Veränderungen in sich tragen; während die Wirkung, welche für Jene allein daist, hievon nichts enthält. An diese halten sie sich und setzen voraus, daß die ihnen unbekannten Ursachen, welche solche hervorzubringen vermochten, auch im Stande seyn werden, sie zu erhalten. Sie haben dabei den Vortheil, daß wenn sie irren, es immer *unisono* [einhellig] geschieht; daher denn die Kalamität, welche in Folge davon sie trifft, stets eine allgemeine ist, während der denkende Kopf, wenn er geirrt hat, noch dazu allein steht. – Beiläufig haben wir daran eine Bestätigung meines Satzes, daß der Irrthum stets aus dem Schluß von der Folge auf den Grund entsteht. Siehe »Welt als W. und V.« Bd. 1, S. 90 [Bd. 1 uns. Ausg., S. 120].

Jedoch nur theoretisch und durch Vorhersehn ihrer Wirkung soll man die Zeit anticipiren, nicht praktisch, nämlich nicht so, daß man ihr vorgreife, indem man vor der Zeit verlangt was erst die Zeit bringen kann. Denn wer Dies thut wird erfahren, daß es keinen schlimmeren, unnachlassendern Wucherer giebt, als eben die Zeit, und daß sie, wenn zu Vorschüssen gezwungen, schwerere Zinsen nimmt, als irgend ein Jude. Z. B. man kann, durch ungelöschten Kalk und Hitze, einen Baum der-

† Der Zufall hat bei allen menschlichen Dingen so großen Spielraum, daß wenn wir einer von ferne drohenden Gefahr gleich durch Aufopferungen vorzubeugen suchen, diese Gefahr oft durch einen unvorhergesehenen Stand, den die Dinge annehmen, verschwindet, und jetzt nicht nur die gebrachten Opfer verloren sind, sondern die durch sie herbeigeführte Veränderung nunmehr, beim veränderten Stande der Dinge, gerade ein Nachtheil ist. Wir müssen daher in unsern Vorkehrungen nicht zu weit in die Zukunft greifen, sondern auch auf den Zufall rechnen und mancher Gefahr kühn entgegen sehn, hoffend, daß sie, wie so manche schwarze Gewitterwolke, vorüberzieht.

maaßen treiben, daß er binnen weniger Tage Blätter, Blüthen und Früchte trägt: dann aber stirbt er ab. – Will der Jüngling die Zeugungskraft des Mannes schon jetzt, wenn auch nur auf etliche Wochen ausüben und im neunzehnten Jahre leisten was er im dreißigsten sehr wohl könnte; so wird allenfalls die Zeit den Vorschuß leisten, aber ein Theil der Kraft seiner künftigen Jahre, ja, ein Theil seines Lebens selbst, ist der Zins. – Es giebt Krankheiten, von denen man gehörig und gründlich nur dadurch genest, daß man ihnen ihren natürlichen Verlauf läßt, nach welchem sie von selbst verschwinden, ohne eine Spur zu hinterlassen. Verlangt man aber sogleich und jetzt, nur gerade jetzt, gesund zu seyn; so muß auch hier die Zeit Vorschuß leisten: die Krankheit wird vertrieben: aber der Zins ist Schwäche und chronische Uebel, Zeit Lebens. – Wenn man in Zeiten des Krieges, oder der Unruhen, Geld gebraucht und zwar sogleich, gerade jetzt; so ist man genöthigt liegende Gründe, oder Staatspapiere, für $^1/_3$ und noch weniger ihres Werthes zu verkaufen, den man zum Vollen erhalten würde, wenn man der Zeit ihr Recht widerfahren lassen, also einige Jahre warten wollte: aber man zwingt sie, Vorschuß zu leisten. – Oder auch man bedarf einer Summe zu einer weiten Reise: binnen eines oder zweier Jahre könnte man sie von seinem Einkommen zurückgelegt haben. Aber man will nicht warten: sie wird also geborgt, oder einstweilen vom Kapital genommen: d. h. die Zeit muß vorschießen. Da ist ihr Zins eingerissene Unordnung in der Kasse, ein bleibendes und wachsendes Deficit, welches man nie mehr los wird. – Dies also ist der Wucher der Zeit: seine Opfer werden Alle, die nicht warten können. Den Gang der gemessen ablaufenden Zeit beschleunigen zu wollen, ist das kostspieligste Unternehmen. Also hüte man sich, der Zeit Zinsen schuldig zu werden.

50) Ein charakteristischer und im gemeinen Leben sehr oft sich hervorthuender Unterschied zwischen den gewöhnlichen und den gescheuten Köpfen ist, daß Jene, bei ihrer Ueberlegung und Schätzung möglicher Gefahren, immer nur fragen und berücksichtigen, was der Art bereits g e s c h e h n s e i ; Diese hingegen selbst überlegen, was möglicherweise g e s c h e h n k ö n n e ; wobei sie bedenken, daß, wie ein spanisches Sprichwort sagt, *lo que no acaece en un año, acaece en un rato* (was binnen eines Jahres nicht geschieht, geschieht binnen weniger

Minuten). Der in Rede stehende Unterschied ist freilich natürlich: denn was geschehn kann zu überblicken erfordert Verstand, was geschehn ist, bloß Sinne.

Unsere Maxime aber sei: opfere den bösen Dämonen! D. h. man soll einen gewissen Aufwand von Mühe, Zeit, Unbequemlichkeit, Weitläuftigkeit, Geld, oder Entbehrung nicht scheuen, um der Möglichkeit eines Unglücks die Thüre zu verschließen: und je größer dieses wäre, desto kleiner, entfernter, unwahrscheinlicher mag jene seyn. Die deutlichste Exemplifikation dieser Regel ist die Assekuranzprämie [Versicherungsprämie]. Sie ist ein öffentlich und von Allen auf den Altar der bösen Dämonen gebrachtes Opfer.

51) Ueber keinen Vorfall sollte man in großen Jubel, oder große Wehklage ausbrechen; theils wegen der Veränderlichkeit aller Dinge, die ihn jeden Augenblick umgestalten kann; theils wegen der Trüglichkeit unsers Urtheils über das uns Gedeihliche, oder Nachtheilige; in Folge welcher fast Jeder ein Mal gewehklagt hat über Das, was nachher sich als sein wahres Bestes auswies, oder gejubelt über Das, was die Quelle seiner größten Leiden geworden ist. Die hier dagegen empfohlene Gesinnung hat Shakespeare schön ausgedrückt:

I have felt so many quirks of joy and grief,
That the first face of neither, on the start,
*Can woman me unto it.**
(All's well, A. 3. sc. 2.)

Ueberhaupt aber zeigt Der, welcher bei allen Unfällen gelassen bleibt, daß er weiß, wie kolossal und tausendfältig die möglichen Uebel des Lebens sind; weshalb er das jetzt eingetretene ansieht als einen sehr kleinen Theil dessen, was kommen könnte: Dies ist die stoische Gesinnung, in Gemäßheit welcher man niemals *conditionis humanae oblitus* [der menschlichen Lebensbedingungen vergessend], sondern stets eingedenk seyn soll, welch ein trauriges und jämmerliches Loos das menschliche Daseyn überhaupt ist, und wie unzählig die Uebel sind, denen es ausge-

* So viele Anfälle von Freude und Gram habe ich schon empfunden, daß ich nie mehr vom ersten Anblicke des Anlasses zu einem von Beiden sogleich mich weibisch hinreißen lasse.

setzt ist; diese Einsicht aufzufrischen, braucht man überall nur einen Blick um sich zu werfen: wo man auch sei, wird man es bald vor Augen haben, dieses Ringen und Zappeln und Quälen, um die elende, kahle, nichts abwerfende Existenz. Man wird demnach seine Ansprüche herabstimmen, in die Unvollkommenheit aller Dinge und Zustände sich finden lernen und Unfällen stets entgegensehn, um ihnen auszuweichen, oder sie zu ertragen. Denn Unfälle, große und kleine, sind das Element unsers Lebens: Dies sollte man also stets gegenwärtig haben; darum jedoch nicht, als ein δυσκολος [Unzufriedener; S. 357], mit Beresford, über die stündlichen *miseries of human life* [Mißgeschicke des Lebens] lamentiren und Gesichter schneiden, noch weniger *in pulicis morsu Deum invocare* [wegen eines Flohbisses Gott anrufen], sondern, als ein ευλαβης [Bedächtiger], die Behutsamkeit im Zuvorkommen und Verhüten der Unfälle, sie mögen von Menschen, oder von Dingen ausgehn, so weit treiben und so sehr darin raffiniren, daß man, wie ein kluger Fuchs, jedem großen oder kleinen Mißgeschick (welches meistens nur ein verkapptes Ungeschick ist) säuberlich aus dem Wege geht.

Daß ein Unglücksfall uns weniger schwer zu tragen fällt, wenn wir zum Voraus ihn als möglich betrachtet und, wie man sagt, uns darauf gefaßt gemacht haben, mag hauptsächlich daher kommen, daß wenn wir den Fall, ehe er eingetreten, als eine bloße Möglichkeit, mit Ruhe überdenken, wir die Ausdehnung des Unglücks deutlich und nach allen Seiten übersehn und so es wenigstens als ein endliches und überschaubares erkennen; in Folge wovon es, wenn es nun wirklich trifft, doch mit nicht mehr, als seiner wahren Schwere wirken kann. Haben wir hingegen Jenes nicht gethan, sondern werden unvorbereitet getroffen; so kann der erschrockene Geist, im ersten Augenblick, die Größe des Unglücks nicht genau ermessen: es ist jetzt für ihn unübersehbar, stellt sich daher leicht als unermeßlich, wenigstens viel größer dar, als es wirklich ist. Auf gleiche Art läßt Dunkelheit und Ungewißheit jede Gefahr größer erscheinen. Freilich kommt noch hinzu, daß wir für das als möglich anticipirte Unglück zugleich auch die Trostgründe und Abhülfen überdacht, oder wenigstens uns an die Vorstellung desselben gewöhnt haben.

Nichts aber wird uns zum gelassenen Ertragen der uns treffenden Unglücksfälle besser befähigen, als die Ueberzeugung von der Wahrheit, welche ich in meiner Preisschrift über die Freiheit des Willens aus ihren letzten Gründen abgeleitet und festgestellt habe, nämlich, wie es daselbst, S. 62 [Bd. VI uns. Ausg., S. 99], heißt: »Alles was geschieht, vom Größten bis zum Kleinsten, geschieht n o t h w e n d i g.« Denn in das unvermeidlich Nothwendige weiß der Mensch sich bald zu finden, und jene Erkenntniß läßt ihn Alles, selbst das durch die fremdartigsten Zufälle Herbeigeführte, als eben so nothwendig ansehn, wie das nach den bekanntesten Regeln und unter vollkommener Voraussicht Erfolgende. Ich verweise hier auf Das, was ich (Welt als W. u. V. Bd. I, S. 345 u. 46 [Bd. II uns. Ausg., S. 383 f.]) über die beruhigende Wirkung der Erkenntniß des Unvermeidlichen und Nothwendigen gesagt habe. Wer davon durchdrungen ist wird zuvörderst willig thun was er kann, dann aber willig leiden was er muß.

Die kleinen Unfälle, die uns stündlich vexiren, kann man betrachten als bestimmt, uns in Uebung zu erhalten, damit die Kraft, die großen zu ertragen, im Glück nicht ganz erschlaffe. Gegen die täglichen Hudeleien, kleinlichen Reibungen im menschlichen Verkehr, unbedeutende Anstöße, Ungebührlichkeiten Anderer, Klatschereien u. dgl. m. muß man ein gehörnter Siegfried seyn, d. h. sie gar nicht empfinden, viel weniger sich zu Herzen nehmen und darüber brüten; sondern von dem Allen nichts an sich kommen lassen, es von sich stoßen, wie Steinchen, die im Wege liegen, und keineswegs es aufnehmen in das Innere seiner Ueberlegung und Rumination [reiflichen Erwägung].

52) Was aber die Leute gemeiniglich das Schicksal nennen sind meistens nur ihre eigenen dummen Streiche. Man kann daher nicht genugsam die schöne Stelle im Homer *(Ilias XXIII, 313 sqq.)* beherzigen, wo er die μητις, d. i. die kluge Ueberlegung, empfiehlt. Denn wenn auch die schlechten Streiche erst in jener Welt gebüßt werden; so doch die dummen schon in dieser; – wiewohl hin und wieder ein Mal Gnade für Recht ergehn mag.

Nicht wer grimmig, sondern wer klug dareinschaut sieht furchtbar und gefährlich aus: – so gewiß des Menschen Gehirn eine furchtbarere Waffe ist, als die Klaue des Löwen. –

Der vollkommene Weltmann wäre der, welcher nie in Unschlüssigkeit stockte und nie in Uebereilung geriethe.

53) Nächst der Klugheit aber ist Muth eine für unser Glück sehr wesentliche Eigenschaft. Freilich kann man weder die eine

noch die andere sich geben, sondern ererbt jene von der Mutter und diesen vom Vater: jedoch läßt sich durch Vorsatz und Uebung dem davon Vorhandenen nachhelfen. Zu dieser Welt, wo »die Würfel eisern fallen« [Anfang von Schillers Gedicht »Die Schlacht«], gehört ein eiserner Sinn, gepanzert gegen das Schicksal und gewaffnet gegen die Menschen. Denn das ganze Leben ist ein Kampf, jeder Schritt wird uns streitig gemacht und Voltaire sagt mit Recht: *on ne réussit dans ce monde, qu'à la pointe de l'épée, et on meurt les armes à la main* [Man kommt in dieser Welt nur mit gezücktem Degen voran, und man stirbt mit den Waffen in der Hand]. Daher ist es eine feige Seele, die, sobald Wolken sich zusammenziehn, oder wohl gar nur am Horizont sich zeigen, zusammenschrumpft, verzagen will und jammert. Vielmehr sei unser Wahlspruch:

tu ne cede malis, sed contra audentior ito.

[Weiche dem Übel nicht aus, nur tapferer geh ihm entgegen!
Vergil, *Aeneis*, VI, 95.]

So lange der Ausgang einer gefährlichen Sache nur noch zweifelhaft ist, so lange nur noch die Möglichkeit, daß er ein glücklicher werde, vorhanden ist, darf an kein Zagen gedacht werden, sondern bloß an Widerstand; wie man am Wetter nicht verzweifeln darf, so lange noch ein blauer Fleck am Himmel ist. Ja, man bringe es dahin zu sagen:

Si fractus illabatur orbis,
Impavidum ferient ruinae.

[Und wenn die Welt zusammenbricht,
einen Unerschrockenen werden die Trümmer treffen.
Horaz, *carm.* III, 3.]

Das ganze Leben selbst, geschweige seine Güter, sind noch nicht so ein feiges Beben und Einschrumpfen des Herzens werth:

Quocirca vivite fortes,
Fortiaque adversis opponite pectora rebus.

[Darum lebt tapfer
und werft den Schicksalsschlägen tapfer die Brust entgegen.
Horaz, *sermones*, II, 2.]

Und doch ist auch hier ein Exceß möglich: denn der Muth kann in Verwegenheit ausarten. Sogar ist ein gewisses Maaß von Furchtsamkeit zu unserm Bestande in der Welt nothwendig: die Feigheit ist bloß das Ueberschreiten desselben. Dies hat Bako von Verulam gar treffend ausgedrückt, in seiner etymologischen Erklärung des *terror Panicus,* welche die ältere, vom Plutarch *(de Iside et Osir. c. 14),* uns erhaltene, weit hinter sich läßt. Er leitet nämlich denselben ab vom Pan, als der personificirten Natur, und sagt: *Natura enim rerum omnibus viventibus indidit metum, ac formidinem, vitae atque essentiae suae conservatricem, ac mala ingruentia vitantem et depellentem. Verumtamen eadem natura modum tenere nescia est: sed timoribus salutaribus semper vanos et inanes admiscet; adeo ut omnia (si intus conspici darentur) Panicis terroribus plenissima sint, praesertim humana.* [Denn die Natur der Dinge hat allen Lebenden eine Furcht und Angst eingegeben, als Erhalterin ihres Lebens und Wesens und zur Vermeidung und Abwehr hereinbrechender Übel. Jedoch dieselbe Natur weiß dabei nicht maßzuhalten, sondern mischt den heilsamen Befürchtungen immer eitle und leere bei, so daß alle Dinge (wenn man sie von innen her sehen könnte) von panischem Schrecken voll sind, besonders die menschlichen.] *(De sapientia veterum VI.)* Uebrigens ist das Charakteristische des Panischen Schreckens, daß er seiner Gründe sich nicht deutlich bewußt ist, sondern sie mehr voraussetzt, als kennt, ja, zur Noth, geradezu die Furcht selbst als Grund der Furcht geltend macht.

Kapitel VI.

Vom Unterschiede der Lebensalter.

Ueberaus schön hat Voltaire gesagt:

> *Qui n'a pas l'esprit de son âge,*
> *De son âge a tout le malheur.*
>
> [Wer nicht im Geist auf sein Alter eingestimmt ist,
> hat das ganze Ungemach seines Alters zu tragen.
> Stances à Mme du Châtelet, 1741, str. 3.]

Daher wird es angemessen seyn, daß wir, am Schlusse dieser eudämonologischen Betrachtungen, einen Blick auf die Veränderungen werfen, welche die Lebensalter an uns hervorbringen.

Unser ganzes Leben hindurch haben wir immer nur die Gegenwart inne, und nie mehr. Was dieselbe unterscheidet ist bloß, daß wir am Anfang eine lange Zukunft vor uns, gegen das Ende aber eine lange Vergangenheit hinter uns sehn; sodann, daß unser Temperament, wiewohl nicht unser Charakter, einige bekannte Veränderungen durchgeht, wodurch jedesmal eine andere Färbung der Gegenwart entsteht. –

In meinem Hauptwerke, Bd. 2, Kap. 31, S. 394 ff. [Bd. IV uns. Ausg., S. 466 ff.], habe ich auseinandergesetzt, daß und warum wir in der Kindheit uns viel mehr erkennend, als wollend verhalten. Gerade hierauf beruht jene Glücksäligkeit des ersten Viertels unsers Lebens, in Folge welcher es nachher wie ein verlorenes Paradies hinter uns liegt. Wir haben in der Kindheit nur wenige Beziehungen und geringe Bedürfnisse, also wenig Anregung des Willens: der größere Theil unsers Wesens geht demnach im Erkennen auf. – Der Intellekt ist, wie das Gehirn, welches schon im 7. Jahre seine volle Größe erreicht, früh entwickelt, wenn auch nicht reif, und sucht unaufhörlich Nahrung, in einer ganzen Welt des noch neuen

Daseyns, wo Alles, Alles mit dem Reize der Neuheit überfirnißt ist. Hieraus entspringt es, daß unsere Kinderjahre eine fortwährende Poesie sind. Nämlich das Wesen der Poesie, wie aller Kunst, besteht im Auffassen der Platonischen Idee, d. h. des Wesentlichen und daher der ganzen Art Gemeinsamen, in jedem Einzelnen; wodurch jedes Ding als Repräsentant seiner Gattung auftritt, und ein Fall für tausend gilt. Obgleich nun es scheint, daß wir in den Scenen unserer Kinderjahre stets nur mit dem jedesmaligen individuellen Gegenstande, oder Vorgange, beschäftigt seien, und zwar nur sofern er unser momentanes Wollen interessirt; so ist dem doch im Grunde anders. Nämlich das Leben, in seiner ganzen Bedeutsamkeit, steht noch so neu, frisch und ohne Abstumpfung seiner Eindrücke durch Wiederholung, vor uns; daß wir, mitten unter unserm kindischen Treiben, stets im Stillen und ohne deutliche Absicht beschäftigt sind, an den einzelnen Scenen und Vorgängen, das Wesen des Lebens selbst, die Grundtypen seiner Gestalten und Darstellungen, aufzufassen. Wir sehn alle Dinge und Personen, wie Spinoza [*Ethica*, v. prop. 31, schol. u.ö.] es ausdrückt, *sub specie aeternitatis* [unter dem Gesichtspunkt der Ewigkeit]. Je jünger wir sind, desto mehr vertritt jedes Einzelne seine ganze Gattung. Dies nimmt immer mehr ab, von Jahr zu Jahr: und hierauf beruht der so große Unterschied des Eindrucks, den die Dinge in der Jugend und im Alter auf uns machen. Daher werden die Erfahrungen und Bekanntschaften der Kindheit und frühen Jugend nachmals die stehenden Typen und Rubriken aller spätern Erkenntniß und Erfahrung, gleichsam die Kategorien derselben, denen wir alles Spätere subsumiren, wenn auch nicht stets mit deutlichem Bewußtseyn.† So bildet sich demnach schon in den Kinderjahren die feste Grundlage unserer Weltansicht, mithin auch das Flache, oder Tiefe, derselben: sie wird später ausgeführt und vollendet; jedoch nicht im Wesentlichen verändert. Also in Folge dieser rein objektiven und dadurch poetischen Ansicht, die dem Kindesalter wesentlich ist und davon unterstützt wird, daß der Wille noch lange nicht mit seiner vollen Energie auftritt, verhalten wir uns, als Kinder, bei Weitem mehr rein erkennend als wollend. Daher der ernste, schauende

† O, in der Kindheit! wann die Zeit noch so langsam geht, daß die Dinge beinahe fest zu stehn scheinen um in alle Ewigkeit bleiben zu wollen, wie jetzt.

Blick mancher Kinder, welchen Raphael zu seinen Engeln, zumal denen der Sistinischen Madonna, so glücklich benutzt hat. Eben dieserhalb sind denn auch die Kinderjahre so sälig, daß die Erinnerung an sie stets von Sehnsucht begleitet ist. – Während wir nun, mit solchem Ernst, dem ersten anschaulichen Verständniß der Dinge obliegen, ist andererseits die Erziehung bemüht, uns Begriffe beizubringen. Allein Begriffe liefern nicht das eigentlich Wesentliche: vielmehr liegt dieses, also der Fonds und ächte Gehalt aller unserer Erkenntnisse, in der anschaulichen Auffassung der Welt. Diese aber kann nur von uns selbst gewonnen, nicht auf irgend eine Weise uns beigebracht werden. Daher kommt, wie unser moralischer, so auch unser intellektueller Werth nicht von außen in uns, sondern geht aus der Tiefe unsers eigenen Wesens hervor, und können keine Pestalozzische Erziehungskünste aus einem geborenen Tropf einen denkenden Menschen bilden: nie! er ist als Tropf geboren und muß als Tropf sterben. – Aus der beschriebenen, tiefsinnigen Auffassung der ersten anschaulichen Außenwelt erklärt sich denn auch, warum die Umgebung und Erfahrungen unserer Kindheit sich so fest dem Gedächtniß einprägen. Wir sind nämlich ihnen ungetheilt hingegeben gewesen, nichts hat uns dabei zerstreut und wir haben die Dinge, welche vor uns standen, angesehn, als wären sie die einzigen ihrer Art, ja, überhaupt allein vorhanden. Später nimmt uns die dann bekannte Menge der Gegenstände Muth und Geduld. – Wenn man nun hier sich zurückrufen will, was ich S. 372 ff. [Bd. IV uns. Ausg. S. 440 ff.] des oben erwähnten Bandes meines Hauptwerkes dargethan habe, daß nämlich das objektive Daseyn aller Dinge, d. h. ihr Daseyn in der bloßen Vorstellung, ein durchweg erfreuliches, hingegen ihr subjektives Daseyn, als welches im Wollen besteht, mit Schmerz und Trübsal stark versetzt ist; so wird man als kurzen Ausdruck der Sache auch wohl den Satz gelten lassen: alle Dinge sind herrlich zu sehn, aber schrecklich zu seyn. Dem Obigen nun zufolge sind, in der Kindheit, die Dinge uns viel mehr von der Seite des Sehns, also der Vorstellung, der Objektivität, bekannt, als von der Seite des Seyns, welche die des Willens ist. Weil nun jene die erfreuliche Seite der Dinge ist, die subjektive und schreckliche uns aber noch unbekannt bleibt; so hält der junge Intellekt alle jene Gestalten, welche Wirklichkeit und Kunst ihm vorführen, für eben so viele glücksälige Wesen: er meint, so schön sie zu sehn sind, und noch viel schöner, wären sie zu s e y n. Demnach liegt die Welt vor ihm, wie ein Eden: dies ist das Arkadien, in welchem wir Alle geboren sind. Daraus entsteht etwas später der Durst nach dem wirklichen Leben, der Drang nach Thaten und Leiden, welcher uns ins Weltgetümmel treibt. In diesem lernen wir dann die andere Seite der Dinge kennen, die des Seyns, d. i. des Wollens, welches bei jedem Schritte durchkreuzt wird. Dann kommt allmälig die große Enttäuschung heran, nach deren Eintritt es heißt *l'âge des illusions est passé* [Das Alter der Illusionen ist vorbei]: und doch geht sie noch immer weiter, wird immer vollständiger. Demzufolge kann man sagen, daß in der Kindheit das Leben sich uns darstellt wie eine Theaterdekoration von Weitem gesehn; im Alter, wie dieselbe in der größten Nähe.

Zum Glücke der Kindheit trägt endlich noch Folgendes bei. Wie im Anfange des Frühlings alles Laub die gleiche Farbe und fast die gleiche Gestalt hat; so sind auch wir, in früher Kindheit, alle einander ähnlich, harmoniren daher vortrefflich. Aber mit der Pubertät fängt die Divergenz an und wird, wie die der Radien eines Cirkels, immer größer.

Was nun den Rest der ersten Lebenshälfte, die so viele Vorzüge vor der zweiten hat, also das jugendliche Alter, trübt, ja unglücklich macht, ist das Jagen nach Glück, in der festen Voraussetzung, es müsse im Leben anzutreffen seyn. Daraus entspringt die fortwährend getäuschte Hoffnung und aus dieser die Unzufriedenheit. Gaukelnde Bilder eines geträumten, unbestimmten Glückes schweben, unter kaprizios gewählten Gestalten, uns vor, und wir suchen vergebens ihr Urbild. Daher sind wir in unsern Jünglingsjahren mit unserer Lage und Umgebung, welche sie auch sei, meistens unzufrieden; weil wir ihr zuschreiben, was der Leerheit und Armsäligkeit des menschlichen Lebens überall zukommt, und mit der wir jetzt die erste Bekanntschaft machen, nachdem wir ganz andere Dinge erwartet haben. – Man hätte viel gewonnen, wenn man, durch zeitige Belehrung, den Wahn, daß in der Welt Viel zu holen sei, in den Jünglingen ausrotten könnte. Aber das Umgekehrte geschieht dadurch, daß meistens uns das Leben früher durch die Dichtung, als durch die Wirklichkeit bekannt wird. Die von jener geschilderten Scenen prangen, im Morgenroth unserer eigenen Jugend, vor unserm Blick, und nun peinigt uns die Sehnsucht, sie verwirklicht zu sehn, – den Regenbogen zu fassen. Der Jüngling erwartet seinen Lebenslauf in Form eines interessanten Romans. So entsteht die Täuschung, welche ich S. 374 [Bd. IV uns. Ausg., S. 443] des schon erwähnten zweiten Bandes, bereits geschildert habe. Denn was allen jenen Bildern ihren Reiz verleiht, ist gerade Dies, daß sie bloße Bilder und nicht wirklich sind, und wir daher, bei ihrem Anschauen, uns in der Ruhe und Allgenugsamkeit des reinen Erkennens befinden. Verwirklicht werden heißt mit dem Wollen ausgefüllt werden, welches Wollen unausweichbare Schmerzen herbeiführt. Auch noch auf die Stelle S. 427 [S. 503] des erwähnten Bandes sei der theilnehmende Leser hier hingewiesen.

Ist sonach der Charakter der ersten Lebenshälfte unbefriedigte Sehnsucht nach Glück; so ist der der zweiten Besorgniß vor Unglück. Denn mit ihr ist, mehr oder weniger deutlich, die Erkenntniß eingetreten, daß alles Glück chimärisch, hingegen das Leiden real sei. Jetzt wird daher, wenigstens von den vernünftigeren Charakteren, mehr bloße Schmerzlosigkeit und ein unangefochtener Zustand, als Genuß angestrebt. – Wenn, in meinen Jünglingsjahren, es an meiner Thüre schellte, wurde ich vergnügt: denn ich dachte, nun käme es. Aber in spätern Jahren hatte meine Empfindung, bei dem selben Anlaß, vielmehr etwas dem Schrecken Verwandtes: ich dachte: »da kommt's.« – Hinsichtlich der Menschenwelt giebt es, für ausgezeichnete und begabte Individuen, die, eben als solche, nicht so ganz eigentlich zu ihr gehören und demnach, mehr oder weniger, je nach dem Grad ihrer Vorzüge, allein stehn, ebenfalls zwei entgegengesetzte Empfindungen: in der Jugend hat man häufig die, von ihr v e r l a s s e n zu seyn; in spätern Jahren hingegen die, ihr e n t r o n n e n zu seyn. Die erstere, eine unangenehme, beruht auf Unbekanntschaft, die zweite, eine angenehme, auf Bekanntschaft mit ihr. – In Folge davon enthält die zweite Hälfte des Lebens, wie die zweite Hälfte einer musikalischen Periode, weniger Strebsamkeit, aber mehr Beruhigung, als die erste, welches überhaupt darauf beruht, daß man in der Jugend denkt, in der Welt sei Wunder was für Glück und Genuß anzutreffen, nur schwer dazu zu gelangen; während man im Alter weiß, daß da nichts zu holen ist, also, vollkommen darüber beruhigt, eine erträgliche Gegenwart genießt, und sogar an Kleinigkeiten Freude hat. –

Was der gereifte Mann durch die Erfahrung seines Lebens

erlangt hat und wodurch er die Welt anders sieht, als der Jüngling und Knabe, ist zunächst Unbefangenheit. Er allererst sieht die Dinge ganz einfach und nimmt sie für Das, was sie sind; während dem Knaben und Jüngling ein Trugbild, zusammengesetzt aus selbstgeschaffenen Grillen, überkommenen Vorurtheilen und seltsamen Phantasien, die wahre Welt bedeckte, oder verzerrte. Denn das Erste, was die Erfahrung zu thun vorfindet, ist uns von den Hirngespinsten und falschen Begriffen zu befreien, welche sich in der Jugend angesetzt haben. Vor diesen das jugendliche Alter zu bewahren, wäre allerdings die beste Erziehung, wenn gleich nur eine negative; ist aber sehr schwer. Man müßte, zu diesem Zwecke, den Gesichtskreis des Kindes Anfangs möglichst enge halten, innerhalb desselben jedoch ihm lauter deutliche und richtige Begriffe beibringen, und erst nachdem es alles darin Gelegene richtig erkannt hätte, denselben allmälig erweitern, stets dafür sorgen, daß nichts Dunkeles, auch nichts halb oder schief Verstandenes, zurück bliebe. In Folge hievon würden seine Begriffe von Dingen und menschlichen Verhältnissen, immer noch beschränkt und sehr einfach, dafür aber deutlich und richtig seyn, so daß sie stets nur der Erweiterung, nicht der Berichtigung bedürften; und so fort bis ins Jünglingsalter hinein. Diese Methode erfordert insbesondere, daß man keine Romane zu lesen erlaube, sondern sie durch angemessene Biographien ersetze, wie z. B. die Franklin's, den Anton Reiser von Moritz u. dgl. –

Wann wir jung sind, vermeinen wir, daß die in unserm Lebenslauf wichtigen und folgenreichen Begebenheiten und Personen mit Pauken und Trompeten auftreten werden: im Alter zeigt jedoch die retrospektive Betrachtung, daß sie alle ganz still, durch die Hinterthür und fast unbeachtet hereingeschlichen sind.

Man kann ferner, in der bis hieher betrachteten Hinsicht, das Leben mit einem gestickten Stoffe vergleichen, von welchem Jeder, in der ersten Hälfte seiner Zeit, die rechte, in der zweiten aber die Kehrseite zu sehn bekäme: letztere ist nicht so schön, aber lehrreicher; weil sie den Zusammenhang der Fäden erkennen läßt. –

Die geistige Ueberlegenheit, sogar die größte, wird, in der Konversation, ihr entschiedenes Uebergewicht erst nach dem vierzigsten Jahre geltend machen. Denn die Reife der Jahre und die Frucht der Erfahrung kann durch jene wohl vielfach übertroffen, jedoch nie ersetzt werden: sie aber giebt auch dem gewöhnlichsten Menschen ein gewisses Gegengewicht gegen die Kräfte des größten Geistes, so lange dieser jung ist. Ich meine hier bloß das Persönliche, nicht die Werke. –

Jeder irgend vorzügliche Mensch, jeder, der nur nicht zu den von der Natur so traurig dotirten 5/6 der Menschheit gehört, wird, nach dem vierzigsten Jahre, von einem gewissen Anfluge von Misanthropie schwerlich frei bleiben. Denn er hatte, wie es natürlich ist, von sich auf Andere geschlossen und ist allmälig enttäuscht worden, hat eingesehn, daß sie entweder von der Seite des Kopfes, oder des Herzens, meistens sogar Beider, ihm in Rückstand bleiben und nicht quitt mit ihm werden; weshalb er sich mit ihnen einzulassen gern vermeidet; wie denn überhaupt Jeder nach Maaßgabe seines inneren Werthes die Einsamkeit, d. h. seine eigene Gesellschaft, lieben oder hassen wird. Von dieser Art der Misanthropie handelt auch Kant, in der Krit. d. Urtheilskraft, gegen das Ende der allgemeinen Anmerkung zum § 29 des ersten Theils.

An einem jungen Menschen ist es, in intellektueller und auch in moralischer Hinsicht, ein schlechtes Zeichen, wenn er im Thun und Treiben der Menschen sich recht früh zurechte zu finden weiß, sogleich darin zu Hause ist, und, wie vorbereitet, in dasselbe eintritt: es kündigt Gemeinheit an. Hingegen deutet, in solcher Beziehung, ein befremdetes, stutziges, ungeschicktes und verkehrtes Benehmen auf eine Natur edlerer Art.

Die Heiterkeit und der Lebensmuth unserer Jugend beruht zum Theil darauf, daß wir, bergauf gehend, den Tod nicht sehn; weil er am Fuß der andern Seite des Berges liegt. Haben wir aber den Gipfel überschritten, dann werden wir den Tod, welchen wir bis dahin nur von Hörensagen kannten, wirklich ansichtig, wodurch, da zu der selben Zeit die Lebenskraft zu ebben beginnt, auch der Lebensmuth sinkt; so daß jetzt ein trüber Ernst den jugendlichen Uebermuth verdrängt und auch dem Gesichte sich aufdrückt. So lange wir jung sind, man mag uns sagen, was man will, halten wir das Leben für endlos und gehn danach mit der Zeit um. Je älter wir werden, desto mehr ökonomisiren wir unsere Zeit. Denn im spätern Alter erregt jeder verlebte Tag eine Empfindung, welche der verwandt ist, die bei jedem Schritt ein zum Hochgericht geführter Delinquent hat.

Vom Standpunkte der Jugend aus gesehn, ist das Leben eine unendlich lange Zukunft; vom Standpunkte des Alters aus, eine sehr kurze Vergangenheit; so daß es Anfangs sich uns darstellt wie die Dinge, wann wir das Objektivglas des Opernkuckers ans Auge legen, zuletzt aber wie wann das Okular. Man muß alt geworden seyn, also lange gelebt haben, um zu erkennen, wie kurz das Leben ist. – Die Zeit selbst hat in unserer Jugend einen viel langsameren Schritt; daher das erste Viertel unsers Lebens nicht nur das glücklichste, sondern auch das längste ist, so daß es viel mehr Erinnerungen zurückläßt, und Jeder, wenn es darauf ankäme, aus demselben mehr zu erzählen wissen würde, als aus zweien der folgenden. Sogar werden, wie im Frühling des Jahres, so auch in dem des Lebens, die Tage zuletzt von einer lästigen Länge. Im Herbste Beider werden sie kurz, aber heiterer und beständiger.

Wenn das Leben zu Ende geht, weiß man nicht, wo es geblieben ist. Warum nun aber erblickt man, im Alter, das Leben, welches man hinter sich hat, so kurz? Weil man es für so kurz hält, wie die Erinnerung desselben ist. Aus dieser nämlich ist alles Unbedeutende und viel Unangenehmes herausgefallen, daher wenig übrig geblieben. Denn, wie unser Intellekt überhaupt sehr unvollkommen ist, so auch das Gedächtniß: das Erlernte muß geübt, das Vergangene ruminirt werden, wenn nicht Beides allmälig in den Abgrund der Vergessenheit versinken soll. Nun aber pflegen wir nicht das Unbedeutende, auch meistens nicht das Unangenehme zu ruminiren; was doch nöthig wäre, um es im Gedächtniß aufzubewahren. Des Unbedeutenden wird aber immer mehr: denn durch die öftere und endlich zahllose Wiederkehr wird Vielerlei, das Anfangs uns bedeutend erschien, allmälig unbedeutend; daher wir uns der früheren Jahre besser, als der spätern erinnern. Je länger wir nun leben, desto wenigere Vorgänge scheinen uns wichtig, oder bedeutend genug, um hinterher noch ruminirt zu werden, wodurch allein sie im Gedächtniß sich fixiren könnten: sie werden also vergessen, sobald sie vorüber sind. So läuft denn die Zeit immer spurloser ab. – Nun ferner das Unangenehme ruminiren wir nicht gern, am wenigsten aber dann, wann es unsere Eitelkeit verwundet, welches sogar meistens der Fall ist; weil wenige Leiden uns ganz ohne unsere Schuld getroffen haben. Daher also wird ebenfalls viel Unangenehmes vergessen. Beide Ausfälle nun sind es, die unsere Erinnerung so kurz machen, und verhältnißmäßig immer kürzer, je länger ihr Stoff wird. Wie die Gegenstände auf dem Ufer, von welchem man zu Schiffe sich entfernt, immer kleiner, unkenntlicher und schwerer zu unterscheiden werden; so unsere vergangenen Jahre, mit ihren Erlebnissen und ihrem Thun. Hiezu kommt, daß bisweilen Erinnerung und Phantasie uns eine längst vergangene Scene unsers Lebens so lebhaft vergegenwärtigen, wie den gestrigen Tag; wodurch sie dann ganz nahe an uns herantritt: dies entsteht dadurch, daß es unmöglich ist, die lange, zwischen jetzt und damals verstrichene Zeit uns eben so zu vergegenwärtigen; indem sie sich nicht so in Einem Bilde überschauen läßt, und überdies auch die Vorgänge in derselben größtentheils vergessen sind, und bloß eine allgemeine Erkenntniß *in abstracto* von ihr übrig geblieben ist, ein bloßer Begriff, keine Anschauung. Daher nun also erscheint das längst Vergangene im Einzelnen uns so nahe, als wäre es erst gestern gewesen, die dazwischen liegende Zeit aber verschwindet und das ganze Leben stellt sich als unbegreiflich kurz dar. Sogar kann bisweilen im Alter die lange Vergangenheit, die wir hinter uns haben, und damit unser eigenes Alter, im Augenblick uns beinahe fabelhaft vorkommen; welches hauptsächlich dadurch entsteht, daß wir zunächst noch immer die selbe, stehende Gegenwart vor uns sehn. Dergleichen innere Vorgänge beruhen aber zuletzt darauf, daß nicht unser Wesen an sich selbst, sondern nur die Erscheinung desselben in der Zeit liegt, und daß die Gegenwart der Berührungspunkt zwischen Objekt und Subjekt ist. – Und warum nun wieder erblickt man in der Jugend das Leben, welches man noch vor sich hat, so unabsehbar lang? Weil man Platz haben muß für die gränzenlosen Hoffnungen, mit denen man es bevölkert, und zu deren Verwirklichung Methusalem zu jung stürbe; sodann weil man zum Maaßstabe desselben die wenigen Jahre nimmt, welche man schon hinter sich hat, und deren Erinnerung stets stoffreich, folglich lang ist, indem die Neuheit alles bedeutend erscheinen ließ, weshalb es hinterher noch ruminirt, also oft in der Erinnerung wiederholt und dadurch ihr eingeprägt wurde.

Bisweilen glauben wir, uns nach einem fernen O r t e zurückzusehnen, während wir eigentlich uns nur nach der Z e i t zurücksehnen, die wir dort verlebt haben, da wir jünger und frischer waren. So täuscht uns alsdann die Zeit unter der Maske des Raumes. Reisen wir hin, so werden wir der Täuschung inne. –

Ein hohes Alter zu erreichen, giebt es, bei fehlerfreier Konstitution, als *conditio sine qua non* [unerläßliche Bedingung], zwei Wege, die man am Brennen zweier Lampen erläutern kann: die eine brennt lange, weil sie, bei wenigem Oel, einen sehr dünnen Docht hat; die andere, weil sie, zu einem starken Docht, auch viel Oel hat: das Oel ist die Lebenskraft, der Docht der Verbrauch derselben, auf jede Art und Weise.

Hinsichtlich der Lebenskraft sind wir, bis zum 36sten Jahre, Denen zu vergleichen, welche von ihren Zinsen leben: was heute ausgegeben wird ist morgen wieder da. Aber von jenem Zeitpunkt an ist unser Analogon der Rentenier [von Zinsen Lebende], welcher anfängt, sein Kapital anzugreifen. Im Anfang ist die Sache gar nicht merklich: der größte Theil der Ausgabe stellt sich immer noch von selbst wieder her: ein geringes Deficit dabei wird nicht beachtet. Dieses aber wächst allmälig, wird merklich, seine Zunahme selbst nimmt mit jedem Tage zu: sie reißt immer mehr ein, jedes Heute ist ärmer, als das Gestern, ohne Hoffnung auf Stillstand. So beschleunigt sich, wie der Fall der Körper, die Abnahme immer mehr, – bis zuletzt nichts mehr übrig ist. Ein gar trauriger Fall ist es, wenn beide hier Verglichene, Lebenskraft und Eigenthum wirklich zusammen im Wegschmelzen begriffen sind: daher eben wächst mit dem Alter die Liebe zum Besitze. – Hingegen Anfangs, bis zur Volljährigkeit und noch etwas darüber hinaus, gleichen wir, hinsichtlich der Lebenskraft, Denen, welche von den Zinsen noch etwas zum Kapitale legen: nicht nur das Ausgegebene stellt sich von selbst wieder ein, sondern das Kapital wächst. Und wieder ist auch Dieses bisweilen, durch die Fürsorge eines redlichen Vormundes, zugleich mit dem Gelde der Fall. O glückliche Jugend! o trauriges Alter! – Nichtsdestoweniger soll man die Jugendkräfte schonen. Aristoteles bemerkt *(Polit. L. ult. c. 5)*, daß von den Olympischen Siegern nur zwei oder drei ein Mal als Knaben und dann wieder als Männer gesiegt hätten; weil durch die frühe Anstrengung, welche die Vorübung erfordert, die Kräfte so erschöpft werden, daß sie nachmals, im Mannesalter, fehlen. Wie Dies von der Muskelkraft gilt, so noch mehr von der Nervenkraft, deren Aeußerung alle intellektuelle Leistungen sind:

daher werden die *ingenia praecocia*, die Wunderkinder, die Früchte der Treibhauserziehung, welche als Knaben Erstaunen erregen, nachmals sehr gewöhnliche Köpfe. Sogar mag die frühe, erzwungene Anstrengung zur Erlernung der alten Sprachen Schuld haben an der nachmaligen Lahmheit und Urtheilslosigkeit so vieler gelehrter Köpfe. –

Ich habe die Bemerkung gemacht, daß der Charakter fast jedes Menschen Einem Lebensalter vorzugsweise angemessen zu seyn scheint; so daß er in diesem sich vortheilhafter ausnimmt. Einige sind liebenswürdige Jünglinge, und dann ist's vorbei; Andere kräftige, thätige Männer, denen das Alter allen Werth raubt; Manche stellen sich am vortheilhaftesten im Alter dar, als wo sie milder, weil erfahrener und gelassener sind: Dies ist oft bei Franzosen der Fall. Die Sache muß darauf beruhen, daß der Charakter selbst etwas Jugendliches, Männliches, oder Aeltliches an sich hat, womit das jedesmalige Lebensalter übereinstimmt, oder als Korrektiv entgegenwirkt.

Wie man, auf einem Schiffe befindlich, sein Vorwärtskommen nur am Zurückweichen und demnach Kleinerwerden der Gegenstände auf dem Ufer bemerkt; so wird man sein Alt- und älterwerden daran inne, daß Leute von immer höhern Jahren Einem jung vorkommen.

Schon oben ist erörtert worden, wie und warum Alles, was man sieht, thut und erlebt, je älter man wird, desto wenigere Spuren im Geiste zurückläßt. In diesem Sinne ließe sich behaupten, daß man allein in der Jugend mit vollem Bewußtseyn lebte; im Alter nur noch mit halbem. Je älter man wird, mit desto wenigerem Bewußtseyn lebt man. Die Dinge eilen vorüber, ohne Eindruck zu machen; wie das Kunstwerk, welches man tausend Mal gesehn hat, keinen macht: man thut was man zu thun hat, und weiß hinterher nicht, ob man es gethan. Indem nun also das Leben immer unbewußter wird, je mehr es der gänzlichen Bewußtlosigkeit zueilt, so wird eben dadurch sein Verlauf auch immer schleuniger. In der Kindheit bringt die Neuheit aller Gegenstände und Begebenheiten Jegliches zum Bewußtseyn: daher ist der Tag unabsehbar lang. Das Selbe widerfährt uns auf Reisen, wo deshalb e i n Monat länger erscheint, als vier zu Hause. Diese Neuheit der Dinge verhindert jedoch nicht, daß die, in beiden Fällen, länger scheinende Zeit uns auch in beiden oft wirklich »lang wird«, mehr als im Alter, oder mehr als zu

Hause. Allmälig aber wird, durch die lange Gewohnheit der selben Wahrnehmungen, der Intellekt so abgeschliffen, daß immer mehr Alles wirkungslos darüber hingleitet; wodurch dann die Tage immer unbedeutender und dadurch kürzer werden: die Stunden des Knaben sind länger, als die Tage des Alten. Demnach hat die Zeit unsers Lebens eine beschleunigte Bewegung, wie die einer herabrollenden Kugel; und wie auf einer sich drehenden Scheibe jeder Punkt um so schneller läuft, als er weiter vom Centro abliegt; so verfließt Jedem, nach Maaßgabe seiner Entfernung vom Lebensanfange, die Zeit schneller und immer schneller. Man kann demzufolge annehmen, daß, in der unmittelbaren Schätzung unsers Gemüthes, die Länge eines Jahres im umgekehrten Verhältnisse des Quotienten desselben in unser Alter steht: wann z. B. das Jahr $1/5$ unsers Alters beträgt, erscheint es uns 10 Mal so lang, als wann es nur $1/50$ desselben ausmacht. Diese Verschiedenheit in der Geschwindigkeit der Zeit hat auf die ganze Art unsers Daseyns in jedem Lebensalter den entschiedensten Einfluß. Zunächst bewirkt sie, daß das Kindesalter, wenn auch nur etwan 15 Jahre umfassend, doch die längste Zeit des Lebens, und daher die reichste an Erinnerungen ist; sodann daß wir durchweg der Langenweile im umgekehrten Verhältniß unsers Alters unterworfen sind. Kinder bedürfen beständig des Zeitvertreibs, sei er Spiel oder Arbeit; stockt er, so ergreift sie augenblicklich entsetzliche Langeweile. Auch Jünglinge sind ihr noch sehr unterworfen und sehn mit Besorgniß auf unausgefüllte Stunden. Im männlichen Alter schwindet die Langeweile mehr und mehr: Greisen wird die Zeit stets zu kurz und die Tage fliegen pfeilschnell vorüber. Versteht sich, daß ich von Menschen, nicht von alt gewordenem Vieh rede. Durch diese Beschleunigung des Laufes der Zeit, fällt also in spätern Jahren meistens die Langeweile weg, und da andererseits auch die Leidenschaften, mit ihrer Quaal, verstummen; so ist, wenn nur die Gesundheit sich erhalten hat, im Ganzen genommen, die Last des Lebens wirklich geringer, als in der Jugend: daher nennt man den Zeitraum, welcher dem Eintritt der Schwäche und der Beschwerden des höheren Alters vorhergeht, »die besten Jahre«. In Hinsicht auf unser Wohlbehagen mögen sie es wirklich seyn: hingegen bleibt den Jugendjahren, als wo Alles Eindruck macht und Jedes lebhaft ins Bewußtseyn tritt, der Vorzug, die befruchtende Zeit für den Geist, der Blüthen-ansetzende Frühling desselben zu seyn. Tiefe Wahrheiten nämlich lassen sich nur erschauen, nicht errechnen, d. h. ihre erste Erkenntniß ist eine unmittelbare und wird durch den momentanen Eindruck hervorgerufen: sie kann folglich nur eintreten, so lange dieser stark, lebhaft und tief ist. Demnach hängt, in dieser Hinsicht, Alles von der Benutzung der Jugendjahre ab. In den späteren können wir mehr auf Andere, ja, auf die Welt einwirken; weil wir selbst vollendet und abgeschlossen sind und nicht mehr dem Eindruck angehören: aber die Welt wirkt weniger auf uns. Diese Jahre sind daher die Zeit des Thuns und Leistens; jene aber die des ursprünglichen Auffassens und Erkennens.

In der Jugend herrscht die Anschauung, im Alter das Denken vor: daher ist jene die Zeit für Poesie; dieses mehr für Philosophie. Auch praktisch läßt man sich in der Jugend durch das Angeschaute und dessen Eindruck, im Alter nur durch das Denken bestimmen. Zum Theil beruht dies darauf, daß erst im Alter anschauliche Fälle in hinlänglicher Anzahl dagewesen und den Begriffen subsumirt worden sind, um diesen volle Bedeutung, Gehalt und Kredit zu verschaffen und zugleich den Eindruck der Anschauung, durch die Gewohnheit, zu mäßigen. Hingegen ist in der Jugend, besonders auf lebhafte und phantasiereiche Köpfe, der Eindruck des Anschaulichen, mithin auch der Außenseite der Dinge, so überwiegend, daß sie die Welt ansehn als ein Bild; daher ihnen hauptsächlich angelegen ist, wie sie darauf figuriren und sich ausnehmen, – mehr, als wie ihnen innerlich dabei zu Muthe sei. Dies zeigt sich schon in der persönlichen Eitelkeit und Putzsucht der Jünglinge.

Die größte Energie und höchste Spannung der Geisteskräfte findet, ohne Zweifel, in der Jugend Statt, spätestens bis ins 35ste Jahr: von dem an nimmt sie, wiewohl sehr langsam, ab. Jedoch sind die späteren Jahre, selbst das Alter, nicht ohne geistige Kompensation dafür. Erfahrung und Gelehrsamkeit sind erst jetzt eigentlich reich geworden: man hat Zeit und Gelegenheit gehabt, die Dinge von allen Seiten zu betrachten und zu bedenken, hat jedes mit jedem zusammengehalten und ihre Berührungspunkte und Verbindungsglieder herausgefunden; wodurch man sie allererst jetzt so recht im Zusammenhange versteht. Alles hat sich abgeklärt. Deshalb weiß man selbst Das, was man schon in der Jugend wußte, jetzt viel gründlicher; da man zu jedem Begriffe viel mehr Belege hat: Was man in der Jugend zu wissen glaubte, Das weiß man im Alter wirklich, überdies weiß man auch wirklich viel mehr und hat eine nach allen Seiten durchdachte und dadurch ganz eigentlich zusammenhängende Erkenntniß; während in der Jugend unser Wissen stets lückenhaft und fragmentarisch ist. Nur wer alt wird, erhält eine vollständige und angemessene Vorstellung vom Leben, indem er es in seiner Ganzheit und seinem natürlichen Verlauf, besonders aber nicht bloß, wie die Uebrigen, von der Eingangs-, sondern auch von der Ausgangsseite übersieht, wodurch er dann besonders die Nichtigkeit desselben vollkommen erkennt; während die Uebrigen stets noch in dem Wahne befangen sind, das Rechte werde noch erst kommen. Dagegen ist in der Jugend mehr Konception; daher man alsdann aus dem Wenigen, was man kennt, mehr zu machen im Stande ist: aber im Alter ist mehr Urtheil, Penetration und Gründlichkeit. Den Stoff seiner selbsteigenen Erkenntnisse, seiner originalen Grundansichten, also Das, was ein bevorzugter Geist der Welt zu schenken bestimmt ist, sammelt er schon in der Jugend ein: aber seines Stoffes Meister wird er erst in späten Jahren. Demgemäß wird man meistentheils finden, daß die großen Schriftsteller ihre Meisterwerke um das funfzigste Jahr herum geliefert haben. Dennoch bleibt die Jugend die Wurzel des Baumes der Erkenntniß; wenn gleich erst die Krone die Früchte trägt. Wie aber jedes Zeitalter, auch das erbärmlichste, sich für viel weiser hält, als das ihm zunächst vorhergegangene, nebst früheren; eben so jedes Lebensalter des Menschen: doch irren Beide sich oft. In den Jahren des leiblichen Wachsthums, wo wir auch an Geisteskräften und Erkenntnissen täglich zunehmen, gewöhnt sich das Heute mit Geringschätzung auf das Gestern herabzusehn. Diese Gewohnheit wurzelt ein und bleibt auch dann, wann das Sinken der Geisteskräfte eingetreten ist und das Heute vielmehr mit Verehrung auf das Gestern blicken sollte; daher wir dann sowohl die Leistungen, wie die Urtheile, unserer jungen Jahre oft zu gering anschlagen.†

Ueberhaupt ist hier zu bemerken, daß, ob zwar, wie der Charakter, oder das Herz des Menschen, so auch der Intellekt, der Kopf, seinen Grundeigenschaften nach, angeboren ist, den-

† Meistens jedoch gehn wir in der Jugend, da unsere Zeit am kostbarsten ist, verschwenderisch mit ihr um und fangen erst im Alter an, mit ihr zu geizen.

noch dieser keineswegs so unveränderlich bleibt, wie jener, sondern gar manchen Umwandelungen unterworfen ist, die sogar, im Ganzen, regelmäßig eintreten; weil sie theils darauf beruhen, daß er eine physische Grundlage, theils darauf, daß er einen empirischen Stoff hat. So hat seine eigene Kraft ihr allmäliges Wachsthum, bis zur Akme [zum Höhepunkt], und dann ihre allmälige Dekadenz, bis zur Imbecillität. Dabei nun aber ist andererseits der Stoff, der alle diese Kräfte beschäftigt und in Thätigkeit erhält, also der Inhalt des Denkens und Wissens, die Erfahrung, die Kenntnisse, die Uebung und dadurch die Vollkommenheit der Einsicht, eine stets wachsende Größe, bis etwan zum Eintritt entschiedener Schwäche, die Alles fallen läßt. Dies Bestehn des Menschen aus einem schlechthin Unveränderlichen und einem regelmäßig, auf zweifache und entgegengesetzte Weise, Veränderlichen erklärt die Verschiedenheit seiner Erscheinung und Geltung in verschiedenen Lebensaltern.

Im weitern Sinne kann man auch sagen: die ersten vierzig Jahre unsers Lebens liefern den Text, die folgenden dreißig den Kommentar dazu, der uns den wahren Sinn und Zusammenhang des Textes, nebst der Moral und allen Feinheiten desselben, erst recht verstehn lehrt.

Gegen das Ende des Lebens nun gar geht es wie gegen das Ende eines Maskenballs, wann die Larven abgenommen werden. Man sieht jetzt, wer Diejenigen, mit denen man, während seines Lebenslaufes, in Berührung gekommen war, eigentlich gewesen sind. Denn die Charaktere haben sich an den Tag gelegt, die Thaten haben ihre Früchte getragen, die Leistungen ihre gerechte Würdigung erhalten und alle Trugbilder sind zerfallen. Zu diesem Allen nämlich war Zeit erfordert. – Das Seltsamste aber ist, daß man sogar sich selbst, sein eigenes Ziel und Zweck, erst gegen das Ende des Lebens eigentlich erkennt und versteht, zumal in seinem Verhältniß zur Welt, zu den Andern. Zwar oft, aber nicht immer, wird man dabei sich eine niedrigere Stelle anzuweisen haben, als man früher vermeint hatte; bisweilen auch eine höhere; welches dann daher kommt, daß man von der Niedrigkeit der Welt keine ausreichende Vorstellung gehabt hatte und demnach sein Ziel höher steckte, als sie. Man erfährt beiläufig was an Einem ist. –

Man pflegt die Jugend die glückliche Zeit des Lebens zu nennen, und das Alter die traurige. Das wäre wahr, wenn die Leidenschaften glücklich machten. Von diesen wird die Jugend hin und her gerissen, mit wenig Freude und vieler Pein. Dem kühlen Alter lassen sie Ruhe, und alsbald erhält es einen kontemplativen Anstrich: denn die Erkenntniß wird frei und erhält die Oberhand. Weil nun diese, an sich selbst, schmerzlos ist, so wird das Bewußtseyn, je mehr sie darin vorherrscht, desto glücklicher. Im Alter versteht man besser die Unglücksfälle zu verhüten; in der Jugend, sie zu ertragen. Man braucht nur zu erwägen, daß aller Genuß negativer, der Schmerz positiver Natur ist, um zu begreifen, daß die Leidenschaften nicht beglücken können und daß das Alter deshalb, daß manche Genüsse ihm versagt sind, nicht zu beklagen ist. Denn jeder Genuß ist immer nur die Stillung eines Bedürfnisses: daß nun mit diesem auch jener wegfällt, ist so wenig beklagenswerth, wie daß Einer nach Tische nicht mehr essen kann und nach ausgeschlafener Nacht wach bleiben muß. Viel richtiger schätzt Plato (im Eingang zur Republik) das Greisenalter glücklich, sofern es den bis dahin uns unablässig beunruhigenden Geschlechtstrieb endlich los ist. Sogar ließe sich behaupten, daß die mannigfaltigen und endlosen Grillen, welche der Geschlechtstrieb erzeugt, und die aus ihnen entstehenden Affekte, einen beständigen, gelinden Wahnsinn im Menschen unterhalten, so lange er unter dem Einfluß jenes Triebes oder jenes Teufels, von dem er stets besessen ist, steht; so daß er erst nach Erlöschen desselben ganz vernünftig würde. Gewiß aber ist, daß, im Allgemeinen und abgesehn von allen individuellen Umständen und Zuständen, der Jugend eine gewisse Melancholie und Traurigkeit, dem Alter eine gewisse Heiterkeit eigen ist: und der Grund hievon ist kein anderer, als daß die Jugend noch unter der Herrschaft, ja dem Frohndienst jenes Dämons steht, der ihr nicht leicht eine freie Stunde gönnt und zugleich der unmittelbare oder mittelbare Urheber fast alles und jedes Unheils ist, das den Menschen trifft oder bedroht: das Alter aber hat die Heiterkeit Dessen, der eine lange getragene Fessel los ist und sich nun frei bewegt. – Andererseits jedoch ließe sich sagen, daß nach erloschenem Geschlechtstrieb der eigentliche Kern des Lebens verzehrt und nur noch die Schaale desselben vorhanden sei, ja, daß es einer Komödie gliche, die von Menschen angefangen, nachher von Automaten, in deren Kleidern, zu Ende gespielt werde.

Wie dem auch sei, die Jugend ist die Zeit der Unruhe; das

Alter die der Ruhe: schon hieraus ließe sich auf ihr beiderseitiges Wohlbehagen schließen. Das Kind streckt seine Hände begehrlich aus, ins Weite, nach Allem, was es da so bunt und vielgestaltet vor sich sieht: denn es wird dadurch gereizt; weil sein Sensorium noch so frisch und jung ist. Das Selbe tritt, mit größerer Energie, beim Jüngling ein. Auch er wird gereizt von der bunten Welt und ihren vielfältigen Gestalten: sofort macht seine Phantasie mehr daraus, als die Welt je verleihen kann. Daher ist er voll Begehrlichkeit und Sehnsucht in's Unbestimmte: diese nehmen ihm die Ruhe, ohne welche kein Glück ist. Während demnach der Jüngling meint, daß Wunder was in der Welt zu holen sei, wenn er nur erfahren könnte wo; ist der Alte vom Kohelethischen »es ist Alles eitel« [Prediger Salomo] durchdrungen und weiß, daß alle Nüsse hohl sind, wie sehr sie auch vergoldet seyn mögen. Denn im Alter hat sich das Alles gelegt; theils weil das Blut kühler und die Reizbarkeit des Sensoriums minder geworden ist; theils weil Erfahrung über den Werth der Dinge und den Gehalt der Genüsse aufgeklärt hat, wodurch man die Illusionen, Chimären und Vorurtheile, welche früher die freie und reine Ansicht der Dinge verdeckten und entstellten, allmälig losgeworden ist; so daß man jetzt Alles richtiger und klärer erkennt und es nimmt für Das, was es ist, auch, mehr oder weniger, zur Einsicht in die Nichtigkeit aller irdischen Dinge gekommen ist. Dies eben ist es, was fast jedem Alten, selbst dem von sehr gewöhnlichen Fähigkeiten, einen gewissen Anstrich von Weisheit giebt, der ihn vor den Jüngeren auszeichnet. Hauptsächlich aber ist durch dies Alles Geistesruhe herbeigeführt worden: diese aber ist ein großer Bestandtheil des Glücks; eigentlich sogar die Bedingung und das Wesentliche desselben.

Ferner meint man, das Loos des Alters sei Krankheit und Langeweile. Erstere ist dem Alter gar nicht wesentlich, zumal nicht, wenn dasselbe hoch gebracht werden soll: denn *crescente vita, crescit sanitas et morbus* [mit wachsendem Alter wachsen Gesundheit und Krankheit: Celsus (?)]. Und was die Langeweile betrifft, so habe ich oben gezeigt, warum das Alter ihr sogar weniger, als die Jugend, ausgesetzt ist: auch ist dieselbe durchaus keine nothwendige Begleiterin der Einsamkeit, welcher, aus leicht abzusehenden Ursachen, das Alter uns allerdings entgegenführt; sondern sie ist es nur für Diejenigen, welche keine andern, als sinnliche und gesellschaftliche Genüsse gekannt, ihren Geist unbereichert und ihre Kräfte unentwickelt gelassen haben. Zwar nehmen, im höheren Alter, auch die Geisteskräfte ab: aber wo viel war, wird zur Bekämpfung der Langenweile immer noch genug übrig bleiben. Sodann nimmt, wie oben gezeigt worden, durch Erfahrung, Kenntniß, Uebung und Nachdenken, die richtige Einsicht immer noch zu, das Urtheil schärft sich und der Zusammenhang wird klar; man gewinnt, in allen Dingen, mehr und mehr eine zusammenfassende Uebersicht des Ganzen: so hat dann, durch immer neue Kombinationen der aufgehäuften Erkenntnisse und gelegentliche Bereicherung derselben, die eigene innerste Selbstbildung, in allen Stücken, noch immer ihren Fortgang, beschäftigt, befriedigt und belohnt den Geist. Durch dieses Alles wird die erwähnte Abnahme in gewissem Grade kompensirt. Zudem läuft, wie gesagt, im Alter die Zeit viel schneller; was der Langenweile entgegenwirkt. Die Abnahme der Körperkräfte schadet wenig, wenn man ihrer nicht zum Erwerbe bedarf. Armuth im Alter ist ein großes Unglück. Ist diese gebannt und die Gesundheit geblieben; so kann das Alter ein sehr erträglicher Theil des Lebens seyn. Bequemlichkeit und Sicherheit sind seine Hauptbedürfnisse: daher liebt man im Alter, noch mehr als früher, das Geld; weil es den Ersatz für die fehlenden Kräfte giebt. Von der Venus entlassen, wird man gern eine Aufheiterung beim Bakchus suchen. An die Stelle des Bedürfnisses zu sehn, zu reisen und zu lernen ist das Bedürfniß zu lehren und zu sprechen getreten. Ein Glück aber ist es, wenn dem Greise noch die Liebe zu seinem Studium, auch zur Musik, zum Schauspiele und überhaupt eine gewisse Empfänglichkeit für das Aeußere geblieben ist; wie diese allerdings bei Einigen bis ins späteste Alter fortdauert.

Erst im spätern Alter erlangt der Mensch ganz eigentlich das Horazische *nil admirari* [sich durch nichts aus der Fassung bringen lassen], d. h. die unmittelbare, aufrichtige und feste Ueberzeugung von der Eitelkeit aller Dinge und der Hohlheit aller Herrlichkeiten der Welt: die Chimären sind verschwunden. Er wähnt nicht mehr, daß irgendwo, sei es im Palast oder der Hütte, eine besondere Glücksäligkeit wohne, eine größere, als im wesentlichen auch er überall genießt, wenn er von leiblichen oder geistigen Schmerzen eben frei ist. Das Große und das Kleine, das Vornehme und Geringe, nach dem Maaßstab der Welt, sind für ihn nicht mehr unterschieden. Dies giebt dem Alten eine besondere

Gemüthsruhe, in welcher er lächelnd auf die Gaukeleien der Welt herabsieht. Er ist vollkommen enttäuscht und weiß, daß das menschliche Leben, was man auch thun mag es herauszuputzen und zu behängen, doch bald, durch allen solchen Jahrmarktsflitter, in seiner Dürftigkeit durchscheint und, wie man es auch färbe und schmücke, doch überall im Wesentlichen das selbe ist, ein Daseyn, dessen wahrer Werth jedesmal nur nach der Abwesenheit der Schmerzen, nicht nach der Anwesenheit der Genüsse, noch weniger des Prunkes, zu schätzen ist. *(Hor. epist. L. I, 12, v. 1–4.)* Der Grundcharakterzug des höhern Alters ist das Enttäuschtseyn: die Illusionen sind verschwunden, welche bis dahin dem Leben seinen Reiz und der Thätigkeit ihren Sporn verliehen; man hat das Richtige und Leere aller Herrlichkeiten der Welt, zumal des Prunkes, Glanzes und Hoheitsscheins, erkannt; man hat erfahren, daß hinter den meisten gewünschten Dingen und ersehnten Genüssen gar wenig steckt und ist so allmälig zu der Einsicht in die große Armuth und Leere unsers ganzen Daseyns gelangt. Erst im 70. Jahre versteht man ganz den ersten Vers des Koheleth. Dies ist es aber auch, was dem Alter einen gewissen grämlichen Anstrich giebt. – Was Einer »an sich selbst hat«, kommt ihm nie mehr zu Gute, als im Alter.

Die Meisten freilich, als welche stets stumpf waren, werden im höhern Alter mehr und mehr zu Automaten: sie denken, sagen und thun immer das Selbe, und kein äußerer Eindruck vermag mehr etwas daran zu ändern, oder etwas Neues aus ihnen hervorzurufen. Zu solchen Greisen zu reden, ist wie in den Sand zu schreiben: der Eindruck verlischt fast unmittelbar darauf. Ein Greisenthum dieser Art ist denn freilich nur das *caput mortuum* [der tote Rückstand] des Lebens. – Den Eintritt der zweiten Kindheit im hohen Alter scheint die Natur durch das, in seltenen Fällen, alsdann sich einstellende dritte Zahnen symbolisiren zu wollen.

Das Schwinden aller Kräfte im zunehmenden Alter, und immer mehr und mehr, ist allerdings sehr traurig: doch ist es nothwendig, ja wohlthätig; weil sonst der Tod zu schwer werden würde, dem es vorarbeitet. Daher ist der größte Gewinn, den das Erreichen eines sehr hohen Alters bringt, die Euthanasie das überaus leichte, durch keine Krankheit eingeleitete, von keiner Zuckung begleitete und gar nicht gefühlte Sterben; von welchem man im zweiten Bande meines Hauptwerkes, Kap.

41, S. 470 [Bd. IV uns. Ausg., S. 549], eine Schilderung findet.†

Denn wenn man auch noch so lange lebt, hat man doch nie mehr inne, als die untheilbare Gegenwart: die Erinnerung aber verliert täglich mehr durch die Vergessenheit, als sie durch den Zuwachs gewinnt. – Je älter man wird, desto kleiner erscheinen die menschlichen Dinge sammt und sonders: das Leben, welches in der Jugend als fest und stabil vor uns stand, zeigt sich uns jetzt als die rasche Flucht ephemerer Erscheinungen: die Nichtigkeit des Ganzen tritt hervor.

Der Grundunterschied zwischen Jugend und Alter bleibt immer, daß jene das Leben im Prospekt hat, dieses den Tod; daß also jene eine kurze Vergangenheit und lange Zukunft besitzt; dieses umgekehrt. Das Leben in den Jahren des Alters gleicht dem fünften Akt eines Trauerspiels: man weiß, daß ein tragisches Ende nahe ist; aber man weiß noch nicht, welches es seyn wird. Allerdings hat man, wann man alt ist, nur noch den Tod vor sich; aber wann man jung ist, hat man das Leben vor sich; und es frägt sich, welches von Beiden bedenklicher sei, und ob nicht, im Ganzen genommen, das Leben eine Sache sei, die es besser ist hinter sich, als vor sich zu haben: sagt doch schon Koheleth (7, 2): »Der Tag des Todes ist besser denn der Tag der Geburt.« Ein sehr langes Leben zu begehren, ist jedenfalls ein verwegener Wunsch. Denn *quien larga vida vive*

† Das menschliche Leben ist eigentlich weder lang, noch kurz zu nennen; weil es im Grunde das Maaß ist, wonach wir alle andern Zeitlängen abschätzen. – Im Upanischad des Veda *(Oupnekhat, Vol. II, p. 53)* wird die natürliche Lebensdauer auf 100 Jahre angegeben. Ich glaube, mit Recht; weil ich bemerkt habe, daß nur Die, welche das 90. Jahr überschritten haben, der Euthanasie theilhaft werden, d. h. ohne alle Krankheit, auch ohne Apoplexie [Schlaganfall], ohne Zuckung, ohne Röcheln, ja bisweilen ohne zu erblassen, meistens sitzend, und zwar nach dem Essen, sterben, oder vielmehr gar nicht sterben, sondern nur zu leben aufhören. In jedem früheren Alter stirbt man bloß an Krankheiten, also vorzeitig. – Im Alten Testament wird (Psalm 90, *10*) die menschliche Lebensdauer auf 70 und, wenn es hoch kommt, 80 Jahre gesetzt, und, was mehr auf sich hat, Herodot (I, 32 und III, 22) sagt das Selbe. Es ist aber doch falsch und ist bloß das Resultat einer rohen und oberflächlichen Auffassung der täglichen Erfahrung. Denn, wenn die natürliche Lebensdauer 70–80 Jahre wäre; so müßten die Leute zwischen 70 und 80 Jahren vor Alter sterben: Dies aber ist gar nicht der Fall: sie sterben, wie die jüngeren, an Krankheiten; die Krankheit aber ist wesentlich eine Abnormität: also ist dies nicht das natürliche Ende. Erst zwischen 90 und 100 Jahren sterben die Menschen, dann aber in der Regel, vor Alter, ohne Krankheit, ohne Todeskampf, ohne Röcheln, ohne Zuckung, bisweilen ohne zu erblassen; welches die Euthanasie heißt. Daher hat auch hier der Upanischad Recht, als welcher die natürliche Lebensdauer auf 100 Jahre setzt.

mucho mal vive [Wer lange lebt, erlebt viel Schlimmes] sagt das spanische Sprichwort. –

Zwar ist nicht, wie die Astrologie es wollte, der Lebenslauf der Einzelnen in den Planeten vorgezeichnet; wohl aber der Lebenslauf des Menschen überhaupt, sofern jedem Alter desselben ein Planet, der Reihenfolge nach, entspricht und sein Leben demnach successive von allen Planeten beherrscht wird. – Im zehnten Lebensjahr regiert Merkur. Wie dieser bewegt der Mensch sich schnell und leicht, im engsten Kreise: er ist durch Kleinigkeiten umzustimmen; aber er lernt viel und leicht, unter der Herrschaft des Gottes der Schlauheit und Beredsamkeit. – Mit dem zwanzigsten Jahre tritt die Herrschaft der Venus ein: Liebe und Weiber haben ihn ganz im Besitze. Im dreißigsten Lebensjahre herrscht Mars: der Mensch ist jetzt heftig, stark, kühn, kriegerisch und trotzig. – Im vierzigsten regieren die 4 Planetoiden: sein Leben geht demnach in die Breite: er ist *frugi* [haushälterisch], d. h. fröhnt dem Nützlichen, kraft der Ceres: er hat seinen eigenen Heerd, kraft der Vesta: er hat gelernt was er zu wissen braucht, kraft der Pallas: und als Juno regiert die Herrin des Hauses, seine Gattin.* – Im funfzigsten Jahre aber herrscht Jupiter. Schon hat der Mensch die Meisten überlebt, und dem jetzigen Geschlechte fühlt er sich überlegen. Noch im vollen Genuß seiner Kraft, ist er reich an Erfahrung und Kenntniß: er hat (nach Maaßgabe seiner Individualität und Lage) Auktorität über Alle, die ihn umgeben. Er will demnach sich nicht mehr befehlen lassen, sondern selbst befehlen. Zum Lenker und Herrscher, in seiner Sphäre, ist er jetzt am geeignetesten. So kulminirt Jupiter und mit ihm der Funfzigjährige. – Dann aber folgt, im sechzigsten Jahre, Saturn und mit ihm die Schwere, Langsamkeit und Zähigkeit des Bleies:

But old folks, many feign as they were dead;
*Unwieldy, slow, heavy und pale as lead.***

Rom. and Jul. A. 2. sc. 5.

---

* Die circa 50 seitdem noch hinzu entdeckten Planetoiden sind eine Neuerung, von der ich nichts wissen will. Ich mache es daher mit ihnen, wie mit mir die Philosophieprofessoren: ich ignorire sie; weil sie nicht in meinen Kram passen.

** Viel' Alte scheinen schon den Todten gleich:
Wie Blei, schwer, zähe, ungelenk und bleich.

Zuletzt kommt Uranus: da geht man, wie es heißt, in den Himmel. Den Neptun (so hat ihn leider die Gedankenlosigkeit getauft) kann ich hier nicht in Rechnung ziehn; weil ich ihn nicht bei seinem wahren Namen nennen darf, der Eros ist. Sonst wollte ich zeigen, wie sich an das Ende der Anfang knüpft, wie nämlich der Eros mit dem Tode in einem geheimen Zusammenhange steht, vermöge dessen der Orkus [Schattenreich], oder Amenthes [Totenreich] der Aegypter (nach Plutarch *de Iside et Os. c. 29),* der λαμβανων και διδους, also nicht nur der Nehmende, sondern auch der Gebende und der Tod das große Reservoir des Lebens ist. Daher also, daher, aus dem Orkus, kommt Alles, und dort ist schon Jedes gewesen, das jetzt Leben hat: – wären wir nur fähig, den Taschenspielerstreich zu begreifen, vermöge dessen Das geschieht; dann wäre Alles klar.

Schopenhauers Meister-Schüler

Wilhelm Busch
Studienausgabe in sieben Bänden

Herausgegeben von Friedrich Bohne, in Zusammenarbeit mit der Wilhelm-Busch-Gesellschaft, Hannover. Alle Bildergeschichten sind nach Originalvorlagen, nach Andrucken von den Originalhölzern oder nach ausgesuchten Erst- und Frühdrucken reproduziert. Alle Texte sind nach Handschriften, Verlagsabschriften und Erstausgaben neu durchgesehen und mit einem kritischen und erklärenden Anhang versehen.

Gedichte

Frühe Verse. Kritik des Herzens. Gesammelte Gedichte 1876–1904. Zu guter Letzt. Nachlese. – Register. detebe 60/I

Max und Moritz

Eine Bubengeschichte in sieben Streichen. Vierfarbendrucke. detebe 60/II

Die fromme Helene

in sechzehn Kapiteln. detebe 60/III

Tobias Knopp

Abenteuer eines Junggesellen. Herr und Frau Knopp. Julchen. detebe 60/IV

Hans Huckebein · Fipps der Affe
Plisch und Plum

Drei Bildergeschichten. detebe 60/V

Balduin Bählamm · Maler Klecksel

Zwei lange Bildergeschichten. detebe 60/VI

Prosa

Was mich betrifft. Von mir über mich. Eduards Traum. Der Schmetterling. – Nachwort des Herausgebers zu dieser Ausgabe. detebe 60/VII

Deutsche Klassiker und moderne Klassiker

Gottfried Benn
Ausgewählte Gedichte. Herausgegeben und mit einem Nachwort von Gerd Haffmans. detebe 56

Joseph von Eichendorff
Aus dem Leben eines Taugenichts. Novelle. Mit einem Vorwort von Thomas Mann. detebe 158

Heinrich Heine
Gedichte. Ausgewählt, mit Anmerkungen und einem Vorwort von Ludwig Marcuse. detebe 139

Hermann Hesse
Die Fremdenstadt im Süden. Ausgewählte Erzählungen. Herausgegeben und mit einem Nachwort von Volker Michels. detebe 134

Erich Kästner
Das Erich Kästner Lesebuch. Herausgegeben von Christian Strich. detebe 157

Gottfried Keller
Zürcher Ausgabe. Werke in 8 Bänden in der Edition von Gustav Steiner und 1 Band ›Über Gottfried Keller‹. detebe 160/1–8 und 167

Heinrich Mann
Liebesspiele. Mit einem Vorwort von Hugo Loetscher und Zeichnungen von George Grosz. detebe 57

Thomas Mann
Der Bajazzo. Ausgewählte Erzählungen. Herausgegeben von Gerd Haffmans. detebe 168

Arthur Schnitzler
Spiel im Morgengrauen. Herausgegeben und mit einem Nachwort von Hans Weigel. detebe 96

Robert Walser
Der Spaziergang. Ausgewählte Geschichten und Aufsätze. Mit einem Nachwort von Urs Widmer und Zeichnungen von Karl Walser. detebe 43

Klassiker und moderne Klassiker

Balzac
Die Menschliche Komödie in 40 Bänden und 1 Band ›Über Balzac‹. detebe 130/1–40 und 152

Baudelaire
Die Tänzerin Fanfarlo. Sämtliche Prosadichtungen. detebe 144

Čechov
Das dramatische Werk · Das erzählende Werk · Briefe in Einzelbänden in der Neuedition von Peter Urban. detebe 50/1–25

Faulkner
Werkausgabe in bisher 17 Einzelbänden. detebe 30/1–17

Flaubert
Briefe. Herausgegeben von Helmut Scheffel. detebe 143

Gogol
Die toten Seelen in zeitgenössischer Übersetzung. detebe 141

D. H. Lawrence
Sämtliche Erzählungen und Kurzromane in 8 Einzelbänden. Neuübersetzungen von Elisabeth Schnack. detebe 90/1–8

McCullers
Werkausgabe in 8 Einzelbänden. detebe 20/1–8

Maugham
Gesammelte Erzählungen in 10 Einzelbänden. detebe 125/1–10

Melville
Moby-Dick. Deutsch von Thesi Mutzenbecher und Ernst Schnabel. detebe 142

O'Casey
Das dramatische Werk · Das autobiographische Werk in Einzelbänden. detebe 2/1–2 und 155/1

O'Connor
Gesammelte Erzählungen in 6 Einzelbänden. Deutsch von Elisabeth Schnack. detebe 85/1–6

Molière
Komödien und Materialien. 7 Bände Komödien in der Nachdichtung von Hans Weigel und 1 Band ›Über Molière‹. detebe 95/1–7 und 37

E. A. Poe
Der Untergang des Hauses Usher. Ausgewählte Erzählungen. detebe 105

Shakespeare
Sonette in der Nachdichtung von Karl Kraus. detebe 137